해양문화 산업의 이해

❶

김성민 · 윤홍주 · 송성수 · 김은철 · 표중규 · 정한석 지음

도서출판 Wisdom PL

Prologue

산업은 이제 더 이상 공장과 기계가 연상되는 제조업이 아니다.
부가가치와 비물질, 서비스 아니 문화자체가 산업인 것이다.

잘 알려져 있듯이 르네상스(Renaissance)는 프랑스어로 재생, 부흥이라는 의미이다. 14세기에 이탈리아에서 고대문화가 되살아남으로써 근대를 향한 근본적인 변화가 시작되었다는 것이다. 이런 의미에서 유럽인들은 르네상스를 중세에서 근대로 넘어가는 역사의 전환점으로 받아들인다. 15~16세기 유럽의 대항해시대의 경제적 기반을 통해 18세기의 계몽사상은 유럽의 정신문화 발전과 더불어 경제, 사회, 문화에 혁명적 발전의 계기를 마련했다. 서양과 유럽의 해양문화의 방향도 또한 그러하다. 1890년 마한(Alfred T. Mahan)은 그의 저서를 통해서 "해양력이 역사의 진로와 국가의 번영에 훌륭한 영향을 미쳤으며 해양력의 역사는 해양에서 또는 해양에 의해서 국민을 위대해지게 하는 모든 것을 광범위하게 포함한다."라고 주장함으로써 해양력의 중요성을 강조하였다. 해양력은 해양문화의식을 바탕으로 생각하는 패러다임에서 나온다.

해양문화의식은 인류가 "해양을 어떻게 바라보는가?"에 대한 행위와 사상을 결정짓는다. 이를 통해 해양문화의식은 해양경제발전의 방향을 제시하여 인간과 해양의 나아가야 할 동반자의 의미의 문화 패러다임을 제시한다. 이런 해양의식이 "문화화"되면 경제활동에서 합리적인 규범을 만들어낼 뿐만 아니라, 해양경제 생산품에 대해 상표, 기호, 유행 등의 부가가치를 창출한다. 해양문화와 해양경제의 가장 직접적인 결합은 해양문화산업이다. 일반적인 '문화산업' 정의에 따르면 해양문화산업은 주요하게 해양문학, 해양영화와 영상매체, 해양예술, 해양문화 네트워크, 해양자원. 해양 과학기술산업 등을 가리킨다. 경제생산 측면에서 해양문화산업은 해양문화자원을 이용하고, 문화상품 생산을 통해 소비자의 경제사회문화적인 요구를 만족시키는 산업이라고 볼 수 있다.

책은 전체적으로 14장으로 구성되어 있다. 이를 두 권으로 나누어 저술하였다. 해양문화산업 Ⅰ권은 총 6장으로 구성되어 있다. 1장은 해양문화와 문화산업 그리고 해양문화콘텐츠를 정의와 적용범위를 이해하는데 목적을 둔다. 2장은 문화를 이해하는 가장 기본적인 학문중 하나인 인류학을 통해 해양 인류학에 모습과 해양 고고학을 이해한다. 3장에서는 해양 문화산업 중 해양 미술에 대해 이해한다. 암각화, 산수화, 근현대 해양 미술, 서양 해양 회화, 대지 미술, 해양생물공예 등의 이해와 작가들을 알아본다. 4장에서는 설화와 민요를 바탕으로 한국해양음악과 노래, 동서양의 오페라 및 클래식 그리고 대중음악 등을 통해 해양음악의 이해를 높이고 5장에서는 해양 영화의 정의와 한국 영화와 외국영화 그리고 애니메이션 등을 통해 그 해양영화의 의미를 알아본다. 6장에서는 주제별로 동서양의 해양시와 해양 소설 등의 해양문학을 이해하기 위해 작품 별로 분석해 본다.

해양문화산업 Ⅰ권에 이어 해양문화산업 Ⅱ는 총 8장으로 구성되어 있다. 7장은 해양레저스포츠의 정의와 여러 해양스포츠의 특징 및 문화산업적 의미를 이해하는데 목적을 둔다. 8장은 해양수산자원산업과 해양바이오산업을 통해 수산자원의 의미와 어업과 양식업 및 여러 수산자원의 특성을 알아보며 해양바이오 산업의 의미와 현황을 이해한다. 9장에서는 해양교육의 정의와 우리나라의 해양교육 및 해외 해양교육 이해와 특징을 알아본다. 10장에서는 해양문화콘텐츠 시설인 해양박물관의 국내외 현황을 이해하며 11장에서는 해양생태관광, 해양문화관광, 크루즈 관광의 정의와 특징을 파악한다. 12장에서는 해양 정책과 해양력을 통해 해양 헤게모니(Hegemonie)를 이해하며 13장에서는 해양문화공간으로 등대, 섬, 해변과 해수욕장의 역사문화, 산업적 특징을 분석해 본다. 마지막으로 14장 해양문화산업의 미래부분에서는 향후 해양문화산업의 발전방향을 모색해 본다. 또한 추가적으로 전문가들의 보론을 통해 한국 조선 산업의 성장과 기술발전, 니체가 바라보는 바다, 부산 북항 재개발을 통해 바라 본 대한민국 해양문화 전환의 기대에 대해 알아본다,

아직 미흡한 점도 많고 부족한 점도 많다. 방대한 양으로 인해 「해양문화산업의 이해」를 두 권으로 제작함을 이해하기 바라며 모쪼록 해양문화산업을 통해 한층 더 해양을 이해하고 21세기가 요구하는 해양문화강국을 모습을 갖추는데 조금이나마 힘이 되기를 바란다. 이 책은 이전에 출판된 「해양인문학의 이해」를 바탕으로 내용들이 추가된 연속출판이라 할 수 있어 선행독서 후 본 도서를 탐독한다면 더욱더 이해하는데 도움이 될 것이라고 믿는다. 또한 K-MOOC 의 「해양인문학의 이해」, 「해양문화산업의 이해」 강의와 병행한다면 해양인문학과 해양문화산업 모두를 이해하는데 큰 도움이 될 것임을 밝혀둔다. 책을 출판하는데 힘써 주신 송기수 위즈덤플 사장님께 감사의 말씀을 전한다.

잊지 말자!!

바다의 힘으로 미래를 열수 있다는 것을.......

2024년 1월 저자 일동

해양문화산업의 이해 I

Prologue

차례

1장 해양문화와 해양문화산업 / 1

1.1 해양문화란 무엇인가? ··· 3
1.2 해양 문화 산업이란 무엇인가? ··· 9
  1.2.1 문화산업 ··· 9
  1.2.2 해양문화 콘텐츠 ··· 14

2장 해양인류학의 이해 / 25

2.1 해양인류학이란 무엇인가? ··· 27
2.2 해양(수중)고고학의 이해 ··· 37

3장 해양미술의 이해 / 47

3.1 울산 반구대 암각화 ··· 52
3.2 심사정(沈師正)의 해암백구풍범도(海巖白鷗風帆圖)와 선유도(船遊圖) ··· 59
3.3 김홍도(金弘道)의 해산선학(海山仙鶴) ··· 62
3.4 유일한 현대 한국해양화가 박진용 ··· 64
3.5 바다의 화가 전혁림 ··· 68

3.6 해양화가 선구자 살로몬 반 루이수달(Salomon van Ruysdael) ······ 70
3.7 빌렘 반 데 벨드 2세 (willem van de velde II) ······ 73
3.8 윌리엄 터너(Joseph Mallord William Turner) ······ 76
3.9 이반 콘스탄티노비치 아이바조프스키(Ivan Konstantinovich Aivazovsky) ······ 80
3.10 라울 뒤피(Raoul Dufy) ······ 83
3.11 대지미술(land art) ······ 87
3.12 가나가와 앞바다의 큰 물결(The Great Wave off Kanagawa) ······ 91
3.13 해양생물공예 - 나전칠기 ······ 95

4장 해양음악 / 107

4.1 한국설화와 전설에서 등장하는 해양음악 해가 [海歌] ······ 111
4,2 민요속의 해양음악 "이어도 사나소리" ······ 117
4.3 대중음악속의 해양음악 "바다의 교향시" ······ 124
4.4 멘델스존의 해양서곡음악〈잔잔한 바다와 즐거운 항해〉 ······ 126
4.5 쇼팽의 해양음악 "뱃노래" ······ 128
4.6 바그너의 해양음악 오페라 서곡〈방황하는 네덜란드인〉 ······ 129
4.7 드뷔시의 해양음악 "바다 - 관현악을 위한 세 개의 교향곡 소묘" ······ 130
4.8 랄프 본 윌리암스의 해양음악 교향곡 1번 '바다' ······ 131
4.9 짐머만의 해양음악 "닻을 올려라" ······ 134
4.10 로드 스튜어트(Rod Stewart) "sailing" ······ 137

5장 해양영화 / 153

5.1 명량 ······ 157
5.2 해운대 ······ 158

5.3 해적: 바다로 간 산적 ······ 160
5.4 자산어보 ······ 161
5.5 그랑 블루 ······ 163
5.6 워터월드 ······ 165
5.7 캐리비안의 해적 ······ 166
5.8 어비스 ······ 168
5.9 포세이돈 어드벤처 ······ 170
5.10 퍼펙트 스톰 ······ 171
5.11 캐스트 어웨이(Cast Away) ······ 173
5.12 하트 오브 더 씨(In the Heart of the Sea) ······ 175
5.13 벼랑 위에 포뇨 ······ 176
5.14 모아나 ······ 179

6장 해양문학 / 183

6.1 해양시 ······ 187
6.1.1 최치원(崔致遠)의 「범해(泛海)」 ······ 187
6.1.2 윤선도 어부사시사(漁父四時詞),이현보 어부단가(漁父短歌) ······ 190
6.1.3 최남선(崔南善) 해에게서 소년에게 ······ 199
6.1.4 김기림의 바다와 나비 ······ 203
6.1.5 심호섭의 해양시 바다 기슭 1 - 관측 ······ 206
6.1.6 뱃노래 "쉐난도어" Shenandoah ······ 209
6.1.7. 월트 휘트먼(Walter Whitman)의 해양시 ······ 211
6.1.8 존 메이스필드(John Masefield)의 해양시 ······ 213
6.1.9 러드여드 키플링(Joseph Rudyard Kipling)의 해양시 ······ 219

6.2 해양산문문학 ···· 221
6.2.1 한국의 인어설화 ···· 221
6.2.2 최부의 표해록(漂海錄)과 그 외의 표해기 ···· 227
6.2.3 최남선 〈해상대한사〉 ···· 237
6.2.4 이상춘 〈서해풍파〉 ···· 240
6.2.5 정한숙(鄭漢淑)의「이여도 IYEU島」 ···· 242
6.2.6. 천금성(千金城) 해양문학 ···· 245
6.2.7 옥태권의 해양소설 ···· 248
6.2.8 천승세(千勝世)의 희곡 〈만선〉 ···· 251
6.2.9 어니스트 헤밍웨이 〈노인과 바다〉 ···· 258
6.2.10 조지프 콘래드의 해양소설 ···· 262
6.2.11 대니얼 디포의 해양소설 〈로빈슨 크루소〉 ···· 265

참고문헌

해양문화산업의 이해 II

Prologue

차례

7장 해양레저스포츠 / 1

7.1 윈드서핑(Windsurfing) ………… 13
7.2 세일링 요트(Sailing Yacht) ………… 17
7.3 수상 모터사이클(Personal Water Craft) ………… 21
7.4 모터요트(Motor Yacht) ………… 26
7.5 수상 스키(Water Ski) ………… 31
7.6 스포츠 잠수 (Skin Diving, Scuba Diving) ………… 35
7.7 해양 래프팅(Sea Rafting) ………… 40

8장 해양수산자원과 해양바이오산업 / 53

8.1 해양수산자원 ………… 55
8.2 어업과 양식업 ………… 117
8.3 해양바이오산업 ………… 126

9장 해양교육 / 133

9.1 해양교육의 정의와 우리나라의 해양교육 ········· 135
9.2 해외 해양교육 ········· 139

10장 해양문화콘텐츠 시설-해양박물관 / 145

10.1 국립해양박물관(부산) ········· 148
10.2 국립해양유물전시관(목포) ········· 150
10.3 수산과학관(부산) ········· 152
10.4 고래문화특구(장생포) ········· 153
10.5 해녀박물관(제주) ········· 157
10.6 셰르부르 해양 박물관(프랑스) ········· 158
10.7 호주 국립해양박물관(호주 시드니) ········· 160
10.8 벤쿠버 해양 박물관(캐나다) ········· 161
10.9 독일 해양 박물관(독일 브레메하펜) ········· 163
10.10 배의 과학관(일본) ········· 164
10.11 런던 국립 해양 박물관(영국) ········· 165
10.12 네덜란드 해양 박물관(네덜란드 암스테르담) ········· 167
10.13 아쿠아리움(수족관) ········· 169

11장 해양관광 / 185

11.1 해양생태관광 ········· 190
11.2 해양문화관광 ········· 192
11.3 크루즈 관광 ········· 200

12장 해양 정책과 해양력 / 207

12.1 해양 정책 ········· 209
12.2 해양력 ········· 226

13장 해양문화공간 / 257

13.1 등대 ········· 259
13.2 섬 ········· 272
13.3 해변과 해수욕장 ········· 284

14장 해양문화산업의 미래 / 299

참고문헌

1 해양문화와 해양문화산업

1.1 해양문화란 무엇인가?
1.2 해양문화산업이란 무엇인가?

1.1 해양문화란 무엇인가?

문화는 라틴어 Colere(쟁기), Cultura, Cultus에서 유래했으며 농사(경작, 재배) 또는 육체와 정신을 돌봄(공경)의 의미한다. 마음과 예를 개발하고 세련되게 한다는 뜻도 가지고 있다.

어원학적으로 고대 로마의 웅변가 키케로가 그의 Tusculanae 논쟁(기원전 45년경 키케로가 쓴 5권의 책 시리즈로, 스토아 철학을 포함한 고대 로마에서 그리스 철학을 대중화하려고 시도)에서 사용한 용어에 기반을 두고 있으며, 여기서 그는 영혼의 배양 또는 "cultura animi"에 대해 썼으며, 목적론적으로 인간 발달을 위한 가장 높은 이상으로 이해되는 철학적 영혼의 발달을 위한 농업 은유를 사용했다. 17세기 독일계몽주의 선구자이자 정치철학자인 사무엘 푸펜도르프(Samuel Pufendorf)는 이 은유를 현대적 맥락에서 이어받았는데, "인간이 원래의 야만성을 극복하고 기교를 통해 완전한 인간이 되는 모든 설명을 의미한다.

1986년 철학자 에드워드 S. 케이시(Edward S. Casey)는 "문화라는 단어 자체가 중세 영어로 '경작된 장소'를 의미했으며, 같은 단어는 라틴어 콜레레(거주하다, 돌보다, 경작하다, 예배하다)와 컬투스(컬트, 특히 종교적인 것)로 말할 수 있다고 주장한다. 그는 문화적이라는 것, 문화를 갖는다는 것은 그것을 가꾸기에 충분히 강렬하게 그곳에 거주하는 것, 즉 그것에 대해 책임을 지고, 그것에 반응하고, 배려하는 것이라고 말한다.

문화(文化)는 한 사회의 주요한 행동 양식이나 상징체계를 말하며 문화 앞에 제한적인 용어를 사용하기도 하는데 문화인, 문화민족, 문화계, 문화생활, 해양문화, 문화영화, 대중문화, 동양문화, 서구문화 미국문화와 같은 복합명사로 사용되기도 한다. 문화라는 말은 좁은 의미와 넓은 의미로 다양하게 사용되고 있다.

사회가 있는 곳에는 반드시 문화가 존재이며 한민족이나 사회의 정신적, 예술적 표현의 총체이자 한 사회구성원들의 생활양식이 기초하고 있는 관념 또는 개념체계라고도 할 수 있으며 오랜 역사성을 지니고 있다. 인간의 삶 전체 및 사회전체와 연관되어있는 광범위한 개념이다. 인간집단의 전체 생활양식으로서 문화는 매우 폭넓고 다양하다. 문화를 관념론적으로 파악하는 사람들은 실제 소통되는 말과 그것을 지배하는 규칙 내지 원리를 구별하고, 문화를 단지 그 규칙 내지 원리에 한정시킨다. 문화는 구체적으로 관찰되는 행동 그 자체가 아니고, 그런 행위를 위하거나 그것을 규제하는 규칙의 체계로써 사람들은 그러한 규칙에 따라 행동한다. 학자들마다 정의하는 개념이 다양해 질수 있다.

학자들의 문화의 정의

- **클러콘(Kluckhohn)** : 한 집단의 독특한 생활양식이며 그 집단의 완전한 생활설계
- **비슬러(Bissler)** : 여러 사람들의 생활양식
- **토인비(Toynbee)** : 인간과 자연, 인간과 인간, 인간이 보이지 않는 힘과의 만남의 결과. 그것은 자연도 아니며, 인간, 보이지 않는 힘 자체도 아님
- **허비코비트(Herskovit)** : 환경 중에서 인간이 만든 부분
- **화이트(White)** : 행위의 변화를 가져오는 원동력
- **굳맨(Goodman)** : 어떤 사회구성원들의 행동을 규제하는 학습된 신념, 가치, 관습의 총체
- **김용옥** : 오늘을 살고 있는 우리들의 삶 자체
- **이상희** : 인간들이 만들어낸 비자연적인 모든 것
- **최병용** : 사회의 한 성원인 인간에 의해 획득한 갖가지 지식, 신념, 예술, 도덕, 법률, 관습 및 기타의 능력이나 관습의 복합체
- **홍승직** : 한 사회 내에서 사람들이 질서 있게 상호작용 하는데 필요한 가치와 규범의 총체

문화의 다양성

문화는 학습되고 축적된 인간의 경험이여서 구체적인 사물이나 제도가 아니라 추출된 하나의 추상에 불과할 수도 있다. 하지만 구체적 생활양식과 관념론적 체계를 포함하는 생활양식의 총체로 의식주, 결혼관례, 종교의식, 여가방식, 규범, 사회제도 등으로 보여 질 수 있다. 도구, 행동, 제도 등을 단지 우리가 관찰할 수 있는 행동으로 이르게 하는 기준, 표준, 규칙으로 표현된다.

한 인간집단의 생활양식의 총체로서 어원적 정의로 인공성을 나타내며 문명론적 정의로는 심미성을 추구한다. 예술, 교양론적으로 예술성을, 생활 양식론으로는 사회성, 고유성, 의미 체계론적 정의로써 상징성, 권력성을 의미한다.

문화는 인간이 만든 것이고, 인간에 의해서 학습되고, 전승되며 내용은 축적되고, 공유되며, 일정한 체계를 이루고, 보편적이면서도 다양하다. 일정한 유형으로 고정된 것이 아니고 항상 변화한다.

문화는 그 지역의 환경을 바탕으로 형성된다. 지역마다 자연환경과 사회・경제적 환경이 달라 다양한 문화가 나타난다. 자연환경의 차이로 사람들이 기후, 지형 등 자연환경에 적응하거나 극복하면서 의식주 생활, 농업 방식 등이 지역에 따라 다르게 형성되고 그 차이로 생산되는 음식 재료가 다르기 때문에 지역에 따라 다양한 음식 문화가 발달한다. 기후에 적응하기 위해 다양한 형태의 의복이, 주변 지역에서 쉽게 구할 수 있는 재료를 이용하여 기후, 지형 조건을 극복할 수 있는 해상가옥등이 그 예이다.

자연환경이 비슷한 지역에서도 종교, 언어, 제도, 경제 수준 등에 따라 다른 문화가 나타난다. 예를 들어 종교에 따라 관습이나 규범이 달라 다양한 문화 경관이 나타나는데 그 예로 기원전 3000년 전의 남태평양 폴리네시아인들의 이동과 이스터 섬의 거석 등의 예를 들 수 있다. 불교, 이슬람교, 크리스트교, 힌두교 등의 전파도 그러하다.

이를 바탕으로 해양문화의 정의와 개념에 대해 알아보자. 해양문화의 정의에 관해서는 “인류와 바다의 관계에서 이루어지는 친 해양 성향 또는 해양 지향의 문화일반”이라고 하는 학자도 있고 “인간과 바다의 관계에서 형성되어 고착된 공통의 정서”라고 정의하는 학자도 있다

문화는 경작과 배양을 통해 자연물에 무늬를 놓은 것이다

또한 철학적 개념으로서의 해양문화를 "인류가 바다라는 자연 상태에서 벗어나 일정한 목적 또는 생활이상을 실현하려는 과정 내지는 그 과정에서 얻은 소득"으로 정의하는 경우도 있다. 그런가 하면 "바다를 통해 나타나는 관습이나 제도, 사회구성원들에게 공유되는 지식의 체계"라고 정의하는 사람도 있다.

해양교육 및 해양문화의 활성화에 관한 법률 2조 2항에는 "해양문화"란 해양과 인간의 상호작용으로 나타난 정신적·물질적 산물의 총체로서 해양과 관련하여 지금까지 전승되어 온 전통과 유산 및 생활방식 등을 지속적으로 보존하고 계승하며 해양을 활용하여 보고, 즐기고, 체험할 수 있는 모든 인간 활동이라 정의 되어 있다.

이런 맥락에서 해양문화의 개념을 바다를 통한 삶, 해양과 관련된 정신, 예술과 문명, 해양과 관련된 사회의 발전과정, 해양과 관계되어 살아가는 사람들이 나누어 가지는 의미, 가치, 생활양식 그리고 해양과 관련하여 의미를 만들고 실천하는 일이라고 정의할 수 있다.

쉽게 말하자면, 바다를 배경으로 하여 사람들이 살아가는 모든 현상이 결국 해양문화인 것이다. 선사시대 수렵생활에서부터 시작하여 오늘날 해양과학기술 분야에 이르기까지 바다라는 것을 매개로 하여 생활해 온 그 모든 것들 즉, 정치, 경제, 사회, 예술, 역사, 교육, 여가활동 등등 심지어 군사나 체육활동까지, 바다와 관련된 사회 전반의 모든 활동이 결국 해양문화일 것이다.

바다와 섬과 연안과 항만은 인간의 삶의 터전이며 경제 활동의 장소이며 자연과 소통하는 공간이다. 삶과 일과 놀이와 상상의 공간으로서 바다와 항만은 인류의 역사와 함께 발전하고 변모해 왔으며 시간과 지역에 따라 여러 모습으로 다양성을 포괄하는 문화의 형태로 발전되게 된다. 해양문화는 바다와 해안, 섬, 항만이라는 공간적 현장에서 어떤 지역의 사람들이 오랫동안 살며, 일하며, 쉬는 동안에 축적되고 삶 속에 배어 있는 가치관과 삶의 양태이며, 과거, 현재,

미래라는 시간적 범주 속에서 지향하는 가치로서 궁극적으로 인간의 삶의 질을 결정하기도 하며, 결과적으로 창출되어 온 삶과 일과 놀이의 형태라 할 수 있다.

대표적인 사례로서 주요 국가들의 해양문화의 도입 실태를 해양 관련 주요 활동을 중심으로 살펴보면 유럽의 로테르담항, 암스테르담항, 함부르크항 등과 아시아의 싱가포르항, 고베항 등은 오랜 역사 속에서 바다와 항만의 활동이 지역 주민과 사회 · 문화적으로 조화되고, 교육되며, 체험의 현장으로 이해되고 있다.

또한 도시 개발과 바다와 항만의 개발 등이 상호보완적으로 조화를 이루고, 생태적으로 지속 가능한(sustainable) 바다의 보전과 섬과 항만의 개발이 이루어지고 있다.

해양문화의 영역(범주)

공간적 영역		
off-line	해상	바다, 항해 등대, 수산 섬, 도서문화
	해샹 + 육지	해안, 비치, 연안, 호수(하수)
on-line	인터넷	인터넷을 통한 해양문화 활동
	TV, Radio	TV, Radio와 해양문화 연계
	CATV mobile twiter	첨단통신기술과 해양문화 연계

기능(활동)적 영역	
경제, 경영 활동	해양법, 해양정보 해양경제, 해운, 항문물류, 선박, 수산, 어로
사화, 문화 활동	해양문예, 해양음식, 해양주거, 건축
관광, 놀이	T해양풍경, 바다/ 자연경관, 해양관광, 해양스포츠, Marina 해양생태 체험 갯벌, 해양인물

시간적 영역	
과거	해양역사, 해양문화사 해운, 항만문류 역사 수산역사, 선박역사
현재	해양활동, 해양정착 항만활동, 해운활동 수산활동
미래	미래해양, Vision Blue Ocean 청색혁명 Dream Society

해양문화의 분류

1.2 해양 문화 산업이란 무엇인가?

1.2.1 문화산업

일반적으로 문화 산업이란 문화 작품을 상품이자 재화로 취급하여 시장에서 거래하는 것으로 정의 할 수 있다. 특히 일부 특정 계층이 아닌 일반 대중의 정서적인 수요를 충족하기 위해 상품과 서비스를 대량으로 생산, 유통, 소비시키는 모든 활동을 의미 한다고 볼 수 있다. 결국 문화 산업은 창조적 작품의 세계에서 출발하지만 결국 복제 및 유통의 세계로 확장된다. 한국의 문화산업기본법(2013)에 따르면 문화 산업이란 "문화 상품의 기획, 개발, 제작, 생산, 유통 소비 등과 이에 관련된 서비스를 하는 산업을 말한다. 영화, 음악, 게임, 출판, 방송, 문화재, 만화, 애니메이션, 디자인, 광고, 저장, 검색, 유통 등과 이에 관련된 서비스를 하는 산업 등"으로 매우 폭넓게 규정되고 있다. "문화 산업"이라는 용어는 독일의 사회철학자 위르겐 하버마스(Jürgen Habermas)가 "세계에서 가장 어두운 책"이라고 평했던 "계몽의 변증법(Dialektik der Aufklärung)"에서 등장한다.

독일 프랑크푸르트학파의 대표적 학자인 테오도르 아도르노(Theodor W. Adorno)와 막스 호르크하이머(Max Horkheimer)의 공동 저술인 이 책은 1947년에 처음 출판되었다.

이 책은 18세기 이래 계몽을 통해 과학과 진보를 경험했던 인류가 "왜 진정한 인간적 상태에 들어서기보다는 새로운 야만 상태에 빠졌는가?" 라고 인류에 대해 던지는 뼈아픈 질문과 비판적 고찰이 주된 내용이다.

이 책에서 아도르노는 후기자본주의 시대의 대중문화(popular culture)와 구분하기 위해 문화 산업(culture industry)라는 새로운 용어를 고안했다. 왜냐하면 대중문화라는 용어를 쓸 경우 '대중 스스로에 의해 자발적으로 생겨난 문화'라는 뉘앙스를 가질 수 있음을 염려했기 때문이다. 즉, 아도르노는 '문화 산업'이라는 용어를 통해 오늘날의 문화가 철저하게 이윤을 추구하는 비즈니스가 되었음을 강조함과 동시에 대량 생산된 문화를 아무 의식 없이 향유하는 대중에 대한 비판을 보여주었다.

그러나 오늘날 문화 산업은 문화를 담는 용기에 해당되는 미디어의 발전으로 인하여 산업화 현상이 심화되고 심지어 문화 상품의 경제적 효과뿐만 아니라 그 파급 효과가 국가마다 전략 산업으로 육성하려는 정책적 의지가 강력하게 나타나고 있다.

그러므로 여기서 문화산업은 자본주의적으로 대량생산된 대중문화를 의미들이 포함할 수 밖에 없다. 대신 문화산업이란 용어를 사용한 것은 다시 말해 그것이 대중에 의해 생산된 것이 아니라 산업적 구조에 의해 상품으로서 생산된 것이기 때문이다.

테오도르 아도르노(Theodor W. Adorno)와 막스 호르크하이머(Max Horkheimer)의 계몽의 변증법

문화 산업은 눈에 띄는 효과나 성과 또는 기술적 사항들이 작품 자체보다 더 높게 평가되는 추세와 병행하여 발달해 왔다. 문화 산업이 효과에만 매달리면서 효과의 고유한 특성(마음대로 만들에 낼 수 없다는 특성)은 무시되고, 효과는 상투화된 형식에 종속된다. 그리하여 전체(작품)는 부분(효과)과의 필연적 연관성을 상실하게 된다. 이처럼 문화산업은 모든 것을, 전혀 생각할 수 도 없었던 것조차 기계적으로 복제 가능한 틀 속에 천편일률적으로 끼워 넣는다. 하지만 더욱 중요한 것은 문화 산업의 이러한 왜곡된 양식이 과거의 진정한 양식에 대해 무엇인가를 알려준다는 사실이다. 문화 산업을 통해 진정한 양식이라는 관념은 '지배'의 심미적 등가물임이 드러난다.(p.197) 즉 어떤 표현이 양식을 가지게 된다는 것은 진정한 보편성과 화해하려는 희망 속에서 지배적 보편성의 형식 속으로 들어가는 것을 의미한다. 양식은 사회적 위계질서에 대한 순종이며, 그러므로 문화 산업은 정신적 생산이 이루어지는 모든 부분을 동일한 방식에 의해 동일한 목적 아래 굴복시킨다는 점에서 어떤 양식보다도 강한 양식이다.(p.199)

–계몽의 변증법(Dialektik der Aufklärung)

고도의 도구적 합리성이 지배하고 관료화한 후기 자본주의 사회에서 문화는 이윤의 도구가 되었다. 그렇게 이윤의 도구가 된 문화산업, 즉 대중문화는 사물화된 의식을 조장하고 대중을 무력화함으로써 독점자본주의 체제가 유지되고 재생산될 수 있도록 기능한다는 것이 프랑크푸르트학파의 문화 산업론의 주장이다.

문화산업론은 산업을 문화의 측면에서 받아들이려는 주장이다. 종래에는 콜린 클라크의 제1차, 제2차, 제3차 산업이라는 식의 산업분류방법이 실시되어 생산 측면으로부터 받아들여지는 방식이었다. 그러나 경제가 고도화하고 「탈공업화」 「3차산업화」 「서비스경제화」가 진행됨에 따라 소비 측면으로부터 산업을 받아들이는 일 혹은 최종수요산업에서부터 접근하는 것이 필요하다는 주장이 나왔다. 최종수요산업가운데 생활의 기쁨이나 삶의 보람의 추구 등 정서적 만족을 창조하는 상품과 서비스를 파는 산업을 문화산업이라 이름 짓고 산업 속에서 이러한 것들이 성장하는 것을 문화 산업화라 부른다.

프랑크푸르트학파의 이론과 무관하게 일상적인 용법으로 사용되는 문화산업(Cultural Industry)은 글자 그대로 문화를 생산하는 산업을 의미한다. 유네스코나 관세 및 무역에 관한 일반협정(GATT)의 규정에 따르면 문화산업은 저작권의 보호를 받는 문화적 성격의 상품과 서비스(예를 들면 음악, 방송, 영화, 출판, 디자인 등)의 창조와 생산, 유통에 관련된 산업(창조산업:Creative Industry)을 의미한다. 현재 일반적으로 사용되는 문화산업이란 용어는 후자의 의미를 갖는 경우가 많다. 이런 문화산업은 새로운 디지털 기술의 발전과 글로벌화의 진전과 함께 전 지구적 규모의 시장을 두고 각축을 벌이는 거대 규모의 독점적 문화 산업체들에 의해 주도되고 있다.

그럼 문화산업의 결과물인 문화상품에 대해 알아보자.

문화상품은 영화, 방송, 음악 등 지적이거나 창의적이고 정서적인 정보와 의미를 담고 있는 생산물이 상품화된 것을 말한다. 전통적으로 문화 산물은 경제적인 대상이라기보다는 교양적인 대상으로 여겨져 왔다. 문화에 대해 경제적인 논리를 적용하고 상품의 관점에서 보는 시각이 활발하게 논의되기 시작한 것은 비교적 최근의 일이다. 이는 자본주의의 발전 과정 속에서 문화산업이 엄청난 규모의 경제적 이윤을 발생시키는 고부가가치 산업으로 인식되기 시작하면서부터다. 한국의 경우에도 마찬가지다. 수출중심, 중공업 위주의 경제 성장 정책이 추구되었던 개발독재 시절에 대중문화나 문화산업의 영역은 그리 중요한 경제적 대상으로 여겨지지 않았다. 하지만 민주화가 진전되고 전 세계적인 규모로 정보화가 이루어지면서 문화산업의 경제성이 주목되기 시작했고 그와 함께 문화 산물을 상품의 관점으로 보는 논의가 활발하게 이루어지게 되었다. 이른바

콘텐츠(contents)라는 용어가 보편적으로 사용되기 시작한 것도 문화를 상품으로 보는 시각이 일반화되면서부터이다. 문화상품은 상품 자체가 정보나 의미를 표현하고 있는 것이기 때문에 공산품과는 조금 다른 상품적 성격을 갖고 있다. 우선 문화상품은 그것의 시장 가치를 예측하기가 대단히 어렵고 불확실하다. 문화상품은 경험재의 속성을 갖고 있기 때문에 그것의 가치는 소비자가 완전히 소비를 끝냈을 때에만 인식된다. 따라서 사전에 시장에서의 성공 여부를 예측하기가 어렵고 그만큼 시장 실패의 위험(risk)이 크다. 그런 까닭에 문화상품의 생산자들은 가급적 예측가능하고 안정적인 수요를 노리는 투자를 하게 된다. 문화상품에서 특히 선도 상품을 모방하는 경향이 많고 그런 가운데 유행 현상이 자주 나타나는 까닭이 그런 것이다.

문화상품은 대량 복제를 통해 생산되기 때문에 한계생산비가 극히 낮다. 또한 기술 발전 속에서 새로운 창구(window)가 개발됨에 따라 똑같은 콘텐츠를 활용하는 새로운 시장이 창출될 수 있다. 또 문화상품은 소모되는 것이 아니라서 똑같은 상품이 시점을 달리해 소비될 수 있다. 예컨대 오래 전에 만들어진 영화도 언제든 다시 상영되면서 판매될 수 있는 것이다. 또 같은 콘텐츠라고 해도 그것을 담는 용기에 따라 각기 다른 비용이 발생하고 따라서 가격도 달라진다. 예컨대 똑같은 음악도 CD에 담기느냐 파일로 유통되느냐에 따라 가격이 달라진다.

문화상품의 소비는 그 자체로 기호적인 성격을 갖는다. 즉 문화상품의 소비는 단지 시장에서의 경제적 효율성이라는 차원에서 결정되는 것이 아니라 그 문화상품이 표상하는 어떤 의미에 의해 결정되는 경우가 많다. 예컨대 특정 영화를 소비한다거나 특정 디자인의 옷을 입는 것은 그 영화나 디자인이 표상하는 어떤 사회적 의미에 공감하고 이를 표상한다는 것을 뜻하게 된다. 이 말은 문화상품의 소비가 단지 경제적 능력에 좌우되는 것이 아니라 특정한 문화적 기호에 대한 이해와 훈련에 의해 영향 받는다는 것을 의미한다. 이런 기호적 성격

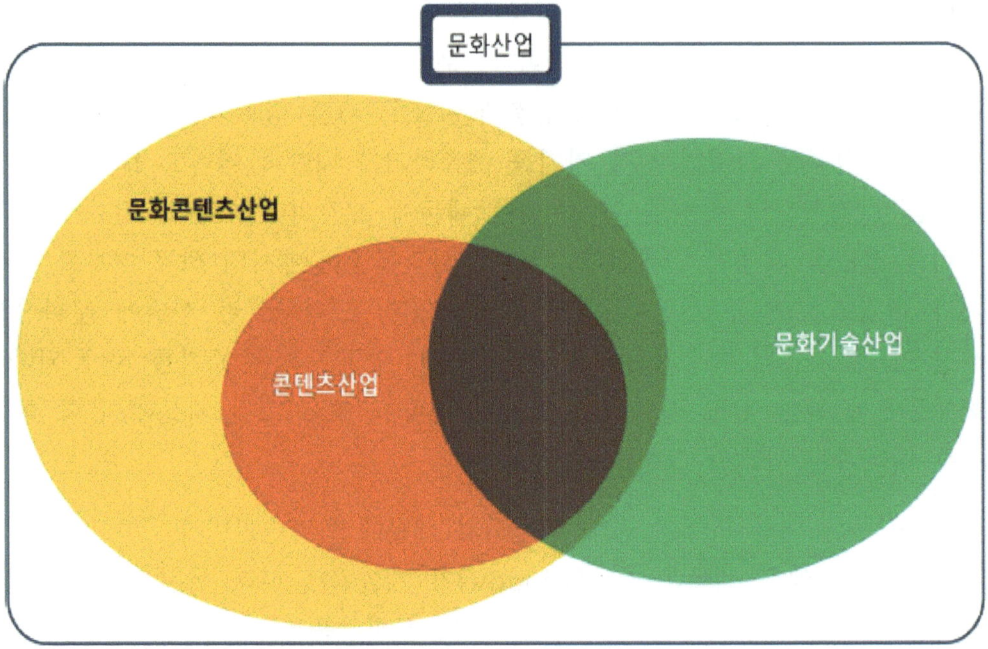

문화산업의 이해 모식도

이야말로 문화상품이 여타의 공산품에 비해 가지는 가장 중요한 차이라 할 수 있을 것이다.

1.2.2 해양문화 콘텐츠

해양문화콘텐츠(Ocean Culture Contents)는 해양 문화(Ocean culture)와 콘텐츠(contents)의 합성어다. 문화에 대한 정의는 현재까지 진행형이기 때문에 일반적으로 생각하는 문화라고 생각해도 별 문제가 없다. 해양문화콘텐츠를 둘러싼 정의의 핵심은 문화가 포함된 'contents'에 있다. 즉 시대와 상황에 따라

문화는 변하며 그 변화에 맞는 콘텐츠를 만드는데 있다. 문화콘텐츠란 어떤 소재나 내용에 여러 가지의 문화적 공정을 통해 가치를 부여하거나 가치를 드높인 것이라고 정의할 수 있다.

다시 말해 해양문화콘텐츠를 "해양과 관련된 문화, 예술, 학술적 내용의 창작 또는 제작물뿐만 아니라 창작물을 이용하여 재생산된 모든 가공물 그리고 창작물의 수집, 가공을 통해서 상품화된 결과물들을 모두 포함하는 포괄적 개념"으로 정의할 수 있다. 즉 해양 문화적 요소를 지닌 내용물이 문화적 무형과 유형의 모습으로 나타난 것을 통칭하여 해양문화콘텐츠라고 할 수 있다. 원래 콘텐츠는 서적이나 논문 등의 내용, 목차를 일컫는 말이었지만, 지금은 디지털화된 정보까지도 통칭하게 되었다. 최근 해양문화콘텐츠의 개념은 오프라인 매체만이 아니라 온라인영역에서 사람들이 지적 · 정서적으로 향유하는 모든 종류의 유형과 무형자산을 포괄적으로 지목하는 것으로 범위를 확장하기도 한다.

해양문화콘텐츠는 곧 문화의 원형(original form+archetype) 또는 문화적 요소를 발굴하고 그 속에 담긴 의미와 가치(원형성, 잠재성, 활용성)를 찾아내어 매체(on-off line)에 결합하는 새로운 문화의 창조과정이다. 현재 해양문화콘텐츠 분야가 새로운 응용학문 분야로 주목받을 수 있는 배경이자 특성은 '타학문의 통합성과 다양한 문화가치의 창출, 그리고 시공을 초월한 활용성', '체험과 공감을 통한 인간 본연의 모습을 찾는 인간중심적 개념체계'라고도 정의할 수 있다.

더 구체적으로 정의하면 해양문화콘텐츠는 「콘텐츠산업진흥법」에서 규정하고 있는 장르를 포함하여 창조산업인문화서비스, 미디어, 관광, 지역문화, 공간 디자인등 감성, 상상력, 창조성이 개입된 해양문화 관련콘텐츠를 의미한다. 예를 들어 해양레저, 해양관광, 해양시설, 해양공간, 해양체험, 해양문화재, 해양의식, 해양교육 등을 들 수 있다.

해양문화콘텐츠는 대륙지향사유에서 해양지향사유로의 인식전환과 21세기 신 해양시대와 문화융성시대를 이끌어 갈 신 성장 동력 창출, 해양문화산업과 해양 공간환경 융복합발전 및 고부가가치 해양문화콘텐츠 창출을 통한 경제 활성화 및 국제적 해양관련 교육기관 네트워크구축, 인문·공간융 복합의 필요성 등을 목적으로 한다.

문화는 공유되는 상징과 규범의 체계라는 고전적 의미만으로 더 이상 정의되지 않고, 사람들의 실천(practice)을 통해 끊임없이 생성되며 또는 재확인되거나 변형되거나 때로는 부인된다. 이러한 문화의 역동성과 가변성이 해양문화콘텐츠 영역을 통해 포착되고 끊임없이 시험된다. 실제로 해양문화콘텐츠는 다양한 사회구성들 사이에 문화가 어떻게 서로 다르게 이해되고 그러한 이해가 실천을 통해 복원(restoration)과 재현(represent)되는지가 중요한 과정이 된다. 이 점은 해양문화콘텐츠가 다양한 문화가치의 창출기반인 동시에 현실적 적용과 구현이라는 활용성을 본질로 하고 있음을 잘 보여준다. 그런 의미에서 해양문화콘텐츠는 '해양을 통한 실용학문의 허브'인 동시에 '21세기형 해양 실크로드로 가는 현실적인 학문'이라는 실천적 가치를 지니고 있다고 볼 수 있다.

이것을 바탕으로 해양문화 콘텐츠의 범위를 자세히 살펴보면 첫째, 생활양식으로서의 해양 문화콘텐츠로는 해양 민속, 해양 설화, 해양 민요, 해양 역사, 해양 종교 등이 있다.

둘째, 해양 문화 기반 시설-해양 문화 하드웨어로는 해양 전시관 및 박물관, 해양 수족관, 해양 체험관, 마리나와 리조트, 비전문적 장소의 대중적 전시기획, 테마파크 등의 공간 콘텐츠 등이 있다.

셋째, 해양 문화 콘텐츠-해양 문화소프트웨어로는 해양 문학, 해양 예술, 해양 출판, 해양 영상과 영화, 해양 축제와 공연이벤트, 해양 관광콘텐츠, 해양 스토리텔링, 해양 디지털콘텐츠, 해양 교육지식콘텐츠등이 있다.

해양풍습 "풍어제"

마리나 시설

넷째, 해양 문화로서의 연안 공간, 대양문화, 극지 해양문화, 해변, 해양 문화 도시, 포구, 어항, 항구, 선박, 친수 공간, 등대, 등이 있다.

연안 항구

다섯째, 해양 응용문화콘텐츠로서 해양조선산업 및 해운, 해양식품, 해양바이오의학, 해양자원, 해양조사 및 탐험, 해양체험 레저 등이 있다.

해양문화콘텐츠는 인문학적 상상력이나 사고에서 출발하지만 산업적 기반을 갖지 못하면 그 문화적 가치를 인정받지 못하는 한계를 지니고 있을 수도 있다. 또한 기술적인 구현이 아무리 뛰어나도 사람들의 감정을 움직이는 감성적 요소가 없으면 그 콘텐츠는 실패한다. 기술이 아무리 탁월해도 인문적 상상력과 결합되지 않은 문화콘텐츠가 경영과 마케팅만 강조한다고 해서 시장에서 성공한 사례는 거의 없다. 결국 해양문화콘텐츠는 학문적이고 다양한 문화적, 사회적 융합적 사고를 기본으로 하여 인문적 가치, 기술적 가치, 산업적 전략 등이 균형 있게 결합되어야 한다.

다시 말해 해양문화콘텐츠는 의도된 기획이 될 수도 있고 디지털화를 통한 정보 가공이 될 수도 있으며 새로운 아이디어의 결합을 통한 재창조가 될 수도 있다. 이렇게 가치부여를 통해 만들어진 콘텐츠는 교육적, 인문학적, 산업적, 상업적, 문화적인 가치를 가진 상품이 될 수 있다. 그러므로 해양문화콘텐츠는 21세기 새로운 고부가가치의 원천이 될 수 있다. 물론 그 가치실현의 결과가 꼭 시장을 통해 거래되어야만 하는 것은 아니다. 수업이나 교육에서 잘 활용할 수 있게 만들어진 좋은 지식정보나 프로그램은 교육콘텐츠이지만 반드시 시장에서 거래되는 상품일 필요는 없다. 일상이나 업무 속에서도 해양문화콘텐츠는 가치창조와 가치혁신을 통해 우리 삶의 질을 드높여주는 기능을 하고 있다.

이를 위한 구체적인 사업으로는 대양진출기상 및 해양문화사상 고취를 위한 문화사업, 자라나는 세대에 대한 체험을 통한 해양문화교육사업 및 해양문화홍보, 우수 해양문화수산인력양성을 위한 장학사업, 해양수산 유관단체 및 선원문화교육 기관 지원, 해양관련 학술문화연구사업 지원, 정부의 위임 · 위탁사업 및 법인의 목적사업을 위한 해양문화부대사업이 필요할 것이다.

이것이 이루어진다면 앞으로 21세기 해양문화콘텐츠는 해양콘텐츠 서비스를 중심으로 콘텐츠 생산자와 콘텐츠 소비자 간에 감성적 교감을 유발시켜, 해양에 대한 정보와 지식, 그리고 정신적 해방감과 힐링을 얻게 하는 일종의 무형과 유형의 산물이 될 것이다. 이를 위해 인간은 해양문화콘텐츠를 통해 직접 체험하고 느끼며 공감하는 문화의 콘텐츠로 그것을 바라봐야 할 것이다.

해양인문학	해양문화	해양민속학. 지역학	해양종교, 해양풍습
		해양인류학	해양의식주
		해양박물학	해양물
	해양사	해양과학사	해양개척,항해술
		해양해전사	
		해양정치사	
		해양경영경제사	
		해양고고학	해양수중유물
		해양선박사	한선,고대선박
	해양철학	해양윤리학	
		해양사상	
		해양심리학,치료학	해양에 대한 인간심리
		해양 사회학	
	해양문학	해양시	
		해양소설	
		해양수필	
		해양희곡	
	해양예술	해양미술	
		해양영화	
		해양음악	
		해양건축토목	등대, 해양도시, 항만
		해양사진, 영상, 출판	
	해양과학기술산업	해양지구과학	
		해양공학	해양개발
		해양바이오의학	
		해양자원	
		해양조선선박	
		해운	
		해양생물(생태)학	

해양인문학	해양레저	해양박물관, 전시관	
		해양스포츠	
		해양축제	
		해양관광, 크루즈(course)산업	
		해양체험	
		해양e-콘텐츠 cyber, PC 게임	
	해양교육	해양 환경보호	
		해양안전	
		해양승선, 운항	
		해양의식	해양성(海洋性)
		해양교육인력양성	
	해양 정책	해양수산어업	
		해양법	
		해양력(해군력)	
		해양국제관계학	국가 간 정치경제, 무역
		해양영토	독도, 영유권, 극지

해양인문학을 바탕으로 한 해양문화콘텐츠의 범주

더 생각해 보기

1. 해양문화콘텐츠가 인간에게 미치는 영향을 인류의 발전사를 토대로 논해보자.

2. 해양문화가 산업의 모습으로 발전해 나갔거나 나갈 수 있는 구체적인 경향과 형태를 제시해 보자.

2 해양인류학의 이해

2.1 해양인류학이란 무엇인가?
2.2 해양(수중)고고학의 이해

2.1 해양인류학이란 무엇인가?

인류학이란 과거로부터 지금까지 인간을 포함해 인간 행동 및 인간 생물학, 정치, 경제, 문화, 사회, 언어와 관련된 인류에 대한 과학적이며 관념적 연구이다.

인류학은 우리의 진화적 기원, 종으로서의 우리의 독특함, 그리고 전 세계와 시간을 통해 우리의 사회 존재 형태의 큰 다양성을 이해하는 것을 목표로 하는 인류에 대한 체계적인 연구다. 인류학의 초점은 우리의 공유된 인류애와 다양성을 이해하고 세계에 존재하는 다양한 방법에 참여하는 데 있다.

Anthropology라는 용어의 사용은 르네상스시대 독일에서 Magnus Hundt와 Otto Casmann의 작품에서 처음 나타났다. 그들의 새로운 라틴어조합에 의해 인류학은 그리스어 안트로포스(ἄνθρωπος, "인간")와 로고스(λόγος, "연구")의 결합 형태에서 파생되었다. 형용사 형태는 아리스토텔레스의 작품에 나타났다. 또한 18세기 초에 프랑스 인류학을 통해 영어로 사용되기 시작했다고 추정된다. 문화적 존재로서의 인간을 탐구하는 인류학은 일반적으로 사회과학(社會科學, social science)의 한 분야로 간주되지만, 다른 사회과학에 비해 덜 정형화되어 있고 정량적 (定量的) 자료보다 정성적(定性的) 자료가 핵심이 되는 경우가 많다. 인류학은 인간의 행위와 사고, 세계관을 개별 문화의 특정 맥락에 위치시켜 가능한 한 총체적으로 접근하고자 한다. 인류학이 독립된 분과학문으로 발전해가던 초기에는 서구의 산업사회에서 멀리 떨어진 단순하고 소규모 사회에 대한 연구가 중요한 위치를 차지했다. 그러나 현재 인류학은 타자에 대한 것만큼이나 자아에 대한 연구, 전 산업사회뿐만 아니라 고도로 산업화된 현대사회를 연구 한다.

그로 인해 인류학은 현대에 들어오면서 인류학의 연구 대상과 영역도 변화하였다. 초기엔 주로 유럽, 미국 출신의 인류학자들이 비서구 지역의 소규모 단순사회에 대한 연구를 많이 했었지만, 현대 인류학에서는 산업화된 현대 복합사회에 대한 연구를 많이 하고 있으며 타문화뿐만 아니라 자문화에 대한 연구도 활발히 진행되고 있다. 연구현장도 전통적인 마을 연구뿐만 아니라 도시의 다양한 현장들, 공장과 기업, 의료기관이나 과학자들의 실험실, 문화산업과 대중문화현장 등 다양하며, 세계화가 확산됨에 따라 특정 지역에 국한되지 않고 연구 대상자들의 이동을 따라가는 다현지(multi-sited) 연구방법도 증가하고 있다.

나아가 문제 해결을 위한 인류학, 즉 응용인류학적 연구가 교육, 개발, 국제원조 등의 문제와 관련해 이루어지고 있으며 기업의 상품개발이나 마케팅 등의 영역에서도 인류학적 지식과 방법이 활용되고 있다. 즉 인류학은 이국적 현상을 쫒는 비현실적인 학문이 아니라 바로 현재 인간의 삶의 모습에 대한 이해를 높이고자 노력하고 있으며, 인류가 처한 여러 문제에 대한 고유의 답을 추구하고 있다.

인간을 본질로 삼는 인류학

학문 간의 범위를 넘어 다채로운 경제사회문화산업의 형태로 발전하고 있다. 인류학은 크게 다음의 세 가지 하위 분야로 나눌 수 있다.

사회문화적 인류학

일반적으로 사회 인류학은 행동 패턴을 연구의 분야이며 문화 인류학은 규범과 가치를 포함한 문화적 의미를 연구한다. 언어 인류학은 언어가 사회생활에 어떻게 영향을 미치는지 연구한다. 사회 문화적 인류학자들은 특정 문화의 내용을 해석하고, 문화 간의 변화를 설명하며, 문화적 변화와 사회 변화의 과정을 연구한다. 세부 부분으로는 인간 생태학, 성 관계학, 문화와 이데올로기, 인구 통계 및 가족 시스템, 인종, 계급 및 성 불평등, 저항 운동, 식민주의, 신 식민주의, 지역발전 그리고 서양의 문화 정치로 나눌 수 있다. 사회 문화 인류학은 문화 인류학과 사회 인류학의 주요 내용을 결합한 것이다. 문화 인류학은 사람들이 주변 세계를 이해하는 다양한 방식에 대한 비교 연구이며, 사회 인류학은 개인과 집단 간의 관계에 대한 연구이다. 문화 인류학은 철학, 문학 및 예술에서 문화가 자신과 집단의 경험에 어떻게 영향을 미치는지, 사람들의 지식, 관습 및 제도에 대한 보다 완전한 이해를 위한 목적과 더 관련이 있는 반면, 사회 인류학은 사회학 및 역사와 더 관련이 있다. 그 점에서 일반적으로 다른 사람과 다른 인구(예: 소수자, 하위 그룹, 반체제 인사 등)의 사회 구조에 대한 이해를 발전시키는 데 도움이 된다. 둘 사이에는 엄격한 구분이 없으며 이러한 범위는 상당한 정도로 겹치는 경유가 많다.

사회 문화적 인류학의 탐구는 부분적으로 문화 상대주의, 즉 자신의 문화적 상징과 가치의 관점에서 다른 사회를 이해하려는 시도에 의해 이해된다. 다른 문화를 자신의 용어로 받아들이는 것은 문화 간 비교에서 환원주의를 진정시켜 준다. 보통 민족지학 분야에서 보이는 데 그 방법론으로써 민족지학은 공동체 또는 기타 연구 지역 내의 장기적인 현장 조사를 기반으로 한다. 참여 관찰은 사회 및 문화 인류학의 기본 방법 중 하위 민족학 연구에 일반적으로 쓰이며 서로 다른 문화를 체계적으로 비교하는 방법론이다. 친족 관계와 사회 조직에 대한 연구는 친족 관계가 인간의 보편적이기 때문에 사회 문화적 인류학의 중심 초점이 된다. 사회 문화 인류학은 또한 경제 및 정치 조직, 법률 및 갈등 해결, 소비 및 교환 패턴, 물질문화, 기술, 인프라, 성별 관계, 민족, 육아 및 사회화, 종교, 신화, 상징, 가치, 에티켓, 세계관, 스포츠, 음악, 영양, 레크리에이션, 게임, 음식, 축제 및 언어를 그 대상으로 한다. 문화 간 비교는 산업화 및 탈산업화 된 서구를 포함한 사회 문화적 인류학의 핵심 요소이다.

생물 인류학

생물학적 또는 물리적 인류학은 인간의 생물학적 발달을 연구하는 분야이다. 생물 인류학자들은 인간 진화 생물학의 다양한 측면을 연구한다. 어떤 사람들은 화석을 조사하고 그것들의 관찰을 인간의 진화를 이해하는 데 적용하고 다른 사람들은 살아있는 인간의 형태학적, 생화학적 유전적 및 생리적 적응을 환경과 비교한다. 또 다른 사람들은 인간 행동의 뿌리를 이해하기 위해 인간과 비인간 영장류 (원숭이와 유인원)의 행동을 관찰한다. 인류학의 하위 분야로서 생물 인류학 자체는 여러 분야로 더 나뉜다. 모든 분야는 인간 생물학과 행동을 이해하기 위해 진화론의 공통 방향으로 통합된다. 생물 고고학은 고고학적 맥락에서 인간 유해의 조사를 통해 과거 인간 문화에 대한 연구한다. 검사된 인간의 유해는 일반적으로 뼈에 국한되지만 보존된 연조직을 포함할 수 있다. 생물 고고학 연구원은 인간 골학, 병리학 및 고고학의 기술을 결합하고 진화 생물학은 단일 공통 조상에서 시작하여 지구상의 생명의 다양성을 생성한 진화 과정에 대한 연구이다. 이러한 과정에는 자연 선택, 공통 혈통 및 종 분화가 포함된다. 진화 심리학은 현대 진화론적 관점에서 심리적 구조를 연구하는 것이다. 어떤 인간의 심리적 특성이 진화된 적응인지, 즉 인간 진화에서 자연 선택 또는 성적 선택의 기능적 산물인지 확인하려는 분야이다. 법의인류학(forensic anthropology)은 법적 환경에서 물리적 인류학 및 인간 골학의 과학을 적용하는 것으로, 피해자의 유해가 분해의 진행 단계에 있는 형사 사건에서 가장 흔하다. 인간 행동 생태학은 진화 및 생태학적 관점에서 행동 적응 (채집, 번식, 개체 발생)에 대한 연구이다. 이는 행동 생태학과 유사하다. 환경 스트레스에 대한 인간의 적응 반응 (생리적, 발달적, 유전적)에 중점을 둔다. 인간 생물학은 생물학, 생물인류학, 영양 및 의학의 학제 간 분야로, 건강, 진화, 해부학, 생리학, 분자 생물학, 신경 과학 및 유전학에 대한 국제적, 인구 수준의 관점과 관련이 있다. 고인류학은 인간 진화에 대한 화석 증거에 대한 연구로, 주로 멸종된 종의 유골을 사용하여 인간 혈통의 형태학적 및 행동적 변화와 인간 진화가 발생한 환경을 결정한다. 고병리학은 고대의 질병에 대한 연구이다. 이 연구는 뼈 또는 미라 연조직에서 관찰 할 수 있는 병원성 상태뿐만 아니라 영양 장애, 시간 경과에 따른 뼈의 키 또는 형태의 변화, 신체적 외상의 증거 또는 직업적으로 파생된 생체 역학 스트레스의 증거에 중점을 둔다.

영장류학은 인간이 아닌 영장류의 행동, 형태학 및 유전학에 대한 연구이다. 영장류 학자들은 계통 발생학적 방법을 사용하여 인간이 다른 영장류와 공유하는 특성과 인간 고유의 적응을 추론하는 학문이다.

고고학

고고학은 물질적 유적을 통해 인간의 과거에 대한 연구이다. 유물, 동물 유적 및 인간이 변경한 풍경은 과거 사회의 문화적, 물질적 삶의 증거이다. 고고학자들은 과거의 인간 행동과 문화적 관행의 패턴을 추론하기 위해 물질적 유적을 조사한다. 민족 고고학은 비슷한 방식으로 살았던 것으로 추정되는 과거 인간 집단이 남긴 증거를 더 잘 이해하기 위해 살아있는 인간 집단의 관행과 물질적 유적을 연구하는 고고학의 한 유형이다. 종종 '과거의 인류학'으로 불리는 고고학 인류학은 물리적 증거에 대한 조사를 통해 인간 활동을 연구한다. 이는 북미와 아시아에서 인류학의 한 분야로 간주되는 반면, 유럽에서는 고고학이 그 자체로 학문으로 간주되거나 역사 및 고생물학과 같은 다른 관련 분야로 그룹화 된다. 또한 고고학자들은 현재와 과거의 문화 체계의 물질적 유적을 연구하여 그 체계의 기술적, 사회적, 정치적 조직과 그 뒤에 서있는 더 큰 문화 진화 과정을 이해한다.

고고학의 목적은 과거 사회와 인류의 발전에 대해 더 많이 배우는 것이다. 고고학은 과거 사람들의 존재와 행동을 배울 수 있는 유일한 수단을 제공한다. 하위 분야로는 역사 고고학, 민족 고고학, 실험 고고학, 분석 과학고고학, 문화자원관리고고학 등이 있다. 역사 고고학은 어떤 형태의 글쓰기로 문화를 연구하고 과거의 사물과 문제를 다룬다. 예를 들어 중세 유럽에서 고고학자들은 중세 텍스트와 묘지에서 세례 받지 않은 어린이의 불법 매장을 탐구했다. 뉴욕시 시내에서 고고학자들은 아프리카 매장지의 18세기 유적을 발굴했고 제2차 세계대전 때 지그프리트 선(ship)의 잔해가 파괴되었을 때, 역사 고고학 발굴이 적용 되었다. 민족고고학은 고고학 기록에 대한 우리의 해석을 돕기 위해 고안된 살아있는 사람들에 대한 민족지학적 연구이다. 이 접근 방식은 1960년대의 tkghlrntjdwndml 운동 중에 처음 두각을 나타냈으며 계속해서 후기 사회구설주의 및 기타 현재 고고학적 접근 방식의 관심 연구 구성 요소이다.

수렵 채집 또는 채집 사회에 초점을 맞춘 초기 민족 고고학 연구와 오늘날 민족 고고학 연구는 훨씬 더 광범위한 인간 행동을 포함한다. 실험 고고학은 고고학 기록을 생성하고 영향을 미치는 과정에 관찰을 통해 실험 방법의 적용을 하는 분야이다. 고고학적 인식론의 과학적 엄격함을 개선하려는 목표를 가진 과정주의는 논리적 실증주의의 맥락에서 실험 방법은 중요해졌다. 실험 기술은 고고학 기록을 해석하기 위한 중요한 구성 요소가 된다. 분석과학 고고학은 고고학적 측정을 체계화하는 것을 목표로 한다. 물리학, 화학 및 공학의 분석 기술 적용을 강조한다. 출처 분석을 위해 고고학 유적의 화학적 조성을 연구하기도 하고 공간 구문 기술 및 측지학과 같은 방법과 지리 정보 시스템 기술과 같은 컴퓨터 기반 도구를 사용하여 다양한 공간 특성과 희토류 등의 원소 패턴 연구도 사용할 수 있다. 비교적 초기의 하위 분야는 인간 활동과 관련된 재료의 구조와 특성에 대한 과학적 분석을 통해 선사 시대 및 비산업 문화에 대한 이해를 높이기 위해 고안된 고고학 자료의 하위 분야이다.

문화자원관리고고학은 공공 및 사유지에서 문화 유적지의 식별, 보존 및 유지관리와 제안과 함께 인간 활동에 의해 파괴 될 수 있는 지역과 유물을 문화적으로 가치 있는 자료를 관리하는 데 있다.

이중 해양인류학은 인류학과 해양문화로 대표되는 사회문화적 인류학의 한 분야이다. 인간생활의 터전이 되는 해양문화와 해양사회에 대하여 연구하며, 인류 진화의 역사의 과정을 통해 발전해 온 과정을 시대와 사건 순으로 하는 해양 전반의 인류학적 사회문화체계를 연구 대상으로 삼는다.

세부 분야로는 자연환경, 인간의 체질적 특성과 가족, 혼인제도, 친족제도, 경제제도, 물질문화산업, 정치조직, 민족, 사회의 역사와 지역, 법률체계, 종교, 언어, 예술, 인간심성, 심리 등의 모든 측면을 포함한다. 해양인류학자들이 생활양식으로서 해양문화산업이란 개념을 채택함으로써 이들이 다루는 연구의 영역은 매우 포괄적일 수 있다. 연구주제에 따라 해양종교인류학, 해양친족연구, 해양경제인류학, 해양정치인류학, 해양법인류학, 해양교육인류학, 해양예술인류학, 해양수중고고학 등으로, 이론적 성격에 따라 해양생태인류학, 해양심리인류학, 해양상징인류학, 해양응용인류학 등으로 구분하기도 한다.

고고학의 하위분야: 해양수중고고학

해양인류학에 대한 접근과 연구방법으로 첫째, 섬과 어로 행위의 문화적 접근을 들 수 있다.

섬문화나 해양문화는 주로 역사학과 음악, 미술, 고고학, 민속학, 문학, 철학, 인류학, 지리학, 경제학 등과 같은 분야에서 주로 연구되어왔다. 섬의 해양문화란 개념을 이용하여 섬과 바다를 삶의 터전으로 삼고 살아가는 사람들의 생활

인류의 어로 생활

방식, 행동양식과 사고방식을 이해 할 수 있는데, 이를 통해 만들어진 환경 적응이라는 가치와 규범이라는 의미를 담고 있다는 점에서 우리는 그들의 고유하면서 독창적인 문화적 환경과 독특한 역사적 경함과 불가분의 관계를 있음을 이해 할 수 있다. 여기에는 또한 섬과 어로 생활 속에 퍼져있는 전설과 민담이라는 문화적 요소도 포함된다. 에를 들어 우리나라의 이어도 전설이 대표적일 수 있다.

둘째, 인류학적 접근으로 어민문화산업을 주로 연구하며, 문화산업생태학을 활용하는 접근방식이다. 해양인류학의 중심적인 주제는 어민의 사회적 성격 및 그 문화이다. 그러므로 어로를 포함하여 어민의 생활 전 영역인 어민문화의 특색을 밝히는 것이 해양인류학의 1차적인 목적이 된다. 어민들이 해양을 통해 어떻게 적응해나가고 사회적으로 정치적인 인간관계를 어떻게 맺어 왔는지를 생태인류학적으로 접근해보는 방식이다.

독특한 해녀문화의 이해는 어민문화를 생태학적으로 이해하려는 접근이다

해양도시 피렌체

셋째, 문명론적 접근방식으로 해양과 자연지리적인 관점에서 역사적이나 문화비판적 사회구조를 이해하고 비교문화를 통한 문화산업적 가치판단까지 확장 접근하는 방식이다.

해상교통의 확대와 정치적 충돌, 경제이득을 위한 해양영토 확장 등의 분야로 접근 할 수 있으며 이주, 무역, 표류, 여행, 해양도시, 해양지역의 관점에 변화에 따른 해역교역 네트워크의 확장과 발전 등의 접근이라고도 할 수 있다. 예를 들어 지중해 중심으로 퍼져 나간 고대 그리스와 로마 해양문화의 관점에서 태평양의 폴리네시아인의 이동과 15세기 이후로 본격화 한 유럽의 해양개척, 2000여 년 전 인도양과 말레이반도 및 동남아해역을 통한 철기문화의 전파 등의 사고의 폭을 확장하는 해양교역의 정치적이며 경제적 확대의 관점이라 할 수 있다.

2.2 해양(수중)고고학의 이해

해양고고학(Maritime Archaeology)은 수중고고학(Underwater archaeology)이란 말로 통용될 수 있다. 이는 선박, 해안가 시설, 항구 관련 구조물, 화물, 인간 유적 및 난파된 시설물과 유물 같은 관련 물리적 유적에 대한 연구를 통해 바다와의 인간 상호 작용을 구체적으로 연구하는 고고학 분야이다. 나라와 학자에 따라 해양고고학, 해상고고학, 수하고고학, 습지고고학, 선박고고학 등으로 불리기도 한다.

포괄적으로 설명하면 수중고고학은 인간이 세계의 바다, 호수 및 강 시스템과 어떻게 상호 작용했는지에 중점을 둔 과거 인간 문화에 대한 연구이다. 그것은 선박과 작은 선박, 승무원과 화물, 해안 기반 시설을 포함하여 물질적인 유적을 해석하는 데 사용된다. 수중고고학의 일반적인 연구대상은 난파선이다. 그 이유는 과거 어느 특정 시점에 침몰한 난파선과 여기에 실린 화물 그리고 선상생활용품 등은 과거 사회와 문화, 생활 모습을 고스란히 담고 있기 때문이다. 이외에도 물에 잠긴 고대도시, 항구, 해양 방어시설을 비롯하여 운송, 교역, 이동, 전쟁, 어로활동 등 다양한 해양활동에서 남겨진 산물 등이 수중고고학의 연구대상이다. 즉 해양 고고학은 난파선에 초점을 맞춘 것으로 가장 잘 알려져 있지만, 실제로 항해와 관련된 모든 것에 대한 연구이다. 그것은 기술적, 사회적, 경제적, 정치적, 종교적 주제를 포함한 해양 문화의 모든 측면이 포함된다.

1900년대 초, 지중해에서 다이버들은 해저에서 멋진 대리석과 청동상을 발견했다. 이러한 발견은 많이 공개되었지만 체계적인 과학화보다는 습득 작업으로 이어졌다. 유물은 회수되었지만 대부분 난파선 자체는 무시되었다. 수중고고학의 역사는 인류가 바닷속에 들어가 물건을 건져 올렸던 활동에서 기원한다. 1900년대 이후로 학문으로서 체계화된 시기는 20세기 중반 이후 잠수장비 기술이 발전하면서이다. 그로 인해 1960년이 되어서야 해양 고고학이 과학으로 인정받기 시작했다. 1960년 여름, 조지 배스(George Bass - archaeologist, 1932-2021)는 튀르키예 정부에 의해 케이프 겔리도냐 난파선(cape gelidonya shipwreck)으로 알려진 수중발굴을 이끌도록 초청받았다. 이것은 고고학자가 스쿠버 다이빙과 발굴을 모두 한 최초의 발굴이었다. 더 중요한 것은, 입증된 육상 고고학 기술이 수중 환경에 적응된 최초의 경우였다. 이러한 방법을 사용하여 케이프 겔리도냐 난파선은 해저에서 완전히 발굴된 최초의 난파선이 되었다.

전 세계에는 3백만 척의 난파선이 있으며, 지금까지 1,000여 척이 넘는 난파선이 조사되었다고 한다. 1957년 덴마크의 바이킹선(11세기), 1958년 스웨덴의 바사호(Wasa), 1982년 영국의 메리로즈호(Mary Rose) 등이 인양되었고, 1985년 미국의 타이타닉호가 조사되었으나 선체는 인양되지 않았다.

George Bass (archaeologist) 1932-2021

인양된 메리로즈호

아시아의 수중고고학은 1970년대에 시작하였으며, 우리나라와 중국, 일본을 비롯하여 베트남, 인도네시아, 필리핀 등 동남아시아 각 지역에서 활발히 전개되고 있다. 대표적인 성과는 1976년 우리나라 신안선(14세기), 1990년대 인도네시아의 아랍난파선 '흑석호 유물'(9세기), 2007년 중국의 난하이1호(南海)(13세기), 2010년대 이후 일본 '몽골난파선 유물(13세기)' 등이다.

앞서 언급했듯이 수중고고학이라는 학문이 난파선만을 다루는 난파선 연구에만 국한되지는 않는다. 지진으로 인한 해수면의 변화나 극단적인 기후변화로 인한 침수 유적들도 수중고고학에서 다루는 주제이며, 구석기 시대에는 육지의 모습이 상당히 달랐기에 이러한 유적들도 포함된다. 파괴된 항구 등도 수중고고학에 포함되기도 한다.

육상고고학의 경우에는 발굴을 한다는 행위 자체가 역사적 가치의 훼손으로 이어질 수 있어서 발굴 행위에 신중한 경향이 있지만, 일반적으로 수중 환경은

신안선 발굴 유물

문화재를 훼손하는 경우가 많아 발견하는 즉시 발굴 작업에 들어가는 경우가 일반적이다. 수중고고학은 그 특성상 물속에 가라앉은 선박이나 유적이 산호 같은 수중 생물의 성장이나 바닷물의 염분으로 인한 부식 때문에 지속적으로 파괴되어 보존이 어려운 까닭에, 연구 대상인 수중 유적이나 선박, 유물이 대부분 근현대 시기의 것인 경우가 많다. 하지만 경우에 따라서는 물이라는 매체가 오히려 문화재를 보호하는 기능을 하기도 한다. 일단 발굴을 하여 문화재를 육상으로 끌어올리면 그 시점부터 빠르게 훼손이 진행되는 경우가 많아서 신속한 보존처리가 중요하다.

최근 몇 년 동안 광범위한 해양 및 수중 고고학 범주 내의 많은 전문 하위 분야가 등장했다. 해양 고고학 유적지는 종종 난파선 또는 때로는 지진 활동으로 인해 발생하며, 잃어버리거나 소실되는, 축척된, 어느 시간의 순간을 나타낸다.

바다 또는 다른 수중 환경의 고고학 자료는 일반적으로 육지의 유물과는 다른 요인의 영향을 받는다. 그러나 육상 고고학과 마찬가지로 현대 고고학자들이 조사 하는 부분은 퇴적된 물질의 작은 부분일 수 있다. 해양 고고학의 특징은 잃어버린 모든 자료가 해양에 광범위하게 분포함에도 불구하고 때로는 수중 유적지에 접근하는 데 어려움으로 인해 많은 연구의 한계가 있다.

기본적으로는 육상고고학과 차이가 없으나 수중이라는 특수한 환경 때문에 여러 어려움이 있어서 비교적 그 역사가 짧다. 또한 해류나 수중 환경에 의해서 작업 도중 여러 안전 문제가 일어나기도 한다.

이 분야는 해상 활동이 육지의 지역 사회와 경제적, 사회적 연관성을 가지고 있으며 통합된 접근 방식을 중요하게 생각한다.

책속에 책

더 읽어 보기

케이프 겔리도냐(Cape Gelidonya) 후기 청동기 시대 난파선 발굴 –
최초의 과학적 수중고고학의 시작
튀르키예에서 1960년 기원전 13년 청동기 시대 난파선을 발굴

튀르키예의 케이프 겔리도냐(Cape Gelidonya)에서 기원전 1200년경, 한 상선이 지중해에서 북동쪽 바로 옆 바다 표면에 가까운 바위 꼭대기에서 바닥을 찢기어 침몰한다. 침몰 할 때 유물을 쏟아부은 배는 결국 북쪽으로 50 m 정도 떨어진 큰 바위에 누워있는 선미와 함께 난파했다.

1954년, 다이버인 케말 아라스(Kemal Aras)는 난파선의 주요 유물을 수심 26~28미터 깊이를 우연히 발견했다. 그는 튀르키예 남서부 해안을 따라 고대 난파선을 분류하고 있던 미국 언론인이자 아마추어 고고학자 피터 스록모튼(Peter Throckmorton)에게 이 사실을 설명했다. 스록 모튼은 1959년에 그 지역을 발견할 수 있었고 감당할 수 없는 엄청난 난파선의 시기 때문에 펜실베니아 대학 박물관에 발굴을 조사할 수 있는지 요청했다. 그로 인해 1960년, 해저에서 수행된 최초의 난파선 발굴이 시작되었고 육상 발굴의 기준에 따라 수행 된 첫 번째 난파선 발굴이었으며 과학자가 지시하고 수행한 첫 번째 난파선이었다.

그 고고학자는 바로 조지 배스(George Bass), 당시 펜실베니아 대학의 대학원생이었다.

이 지역에서 그리스와 로마 시대에 사용 된 두 개의 나무재료를 주로 직각 연결할 때 사용하는 방법인 장붓구멍과 장부 관절(mortise-and-tenon joint) 선박 건조법이 적용된 널빤지의 발굴과 함께 유물의 대부분은 키프로스의 청동 공구와 구리와 주석을 포함하여 청동 제조물을 만들기 위한 재료도 발견되었다. 청동기 시대의 난파선에서 돌망치 머리, 돌 연마기 및 모루로 사용될 수 있는 크고 평평한 밀착 된 돌에 대한 발견은 대장장이가 항해 중이었을 수도 있음을 시사하기도 했다. 결론적으로 배가 아마도 가나안 족(Canaanite - 이스라엘 백성이 팔레스티나 지방에 정착하기 시작할 무렵, 이미 거주하고 있던 몇 민족을 총칭) 또는 초기 페니키아 인이었을 가능성이 있었지만 같은 기간 동안 키프로스에서 많은 근동 유물이 발견되었기 때문에 배가 그 당시 키프로스선박 이였을 가능성이 높았다.

기원전 1200년경에 건조된 케이프 겔리도냐 난파선은 지중해에서 가장 오래된 난파선 중 하나였다. 조지 배스 (George Bass, 1932-2021)가 이끄는 1960년 발굴은 이 지역의 청동기 시대 후기 해양 문화를 이해하는 방법을 근본적으로 바꿔 놓았다. 또한, 고고학 원칙에 따라 첫 번째 난파선이 발굴됨에 따라 이 프로젝트는 수중 고고학을 학문으로 확립하는 데 기본이 되었다. 그가 발굴한 가장 오래된 침수 난파선은 기원전 1300년 전 경으로 알려진 울루부룬(Uluburun)으로 튀르키예 남부 케이프 겔리도냐 서쪽에서 발견되었다. 하마 상아, 네페르티티 여왕(18왕조 이집트 파라오)의 이름이 새겨진 황금 풍뎅이(지금까지 발견된 유일한 것), 지금까지 발견된 가장 오래된 나무 필기구판으로 여겨지는 것들이 발견되었다. 1980년대와 1990년대의 후속 조사와 해상 고고학 연구소의 후원 하에 수행된 2010년의 또 다른 발굴은 난파선에 대한 우리의 이해를 넓히는 데 큰 기여를 하였다.

케이프 겔리도냐(Cape Gelidonya)의 유물인양

네페르티티 골드 풍뎅이

피터 듀렐, 조지 베이스, 피터 스록모튼, 프로스트가 발굴 캠프에서 현장에 대해 논의하고 있다

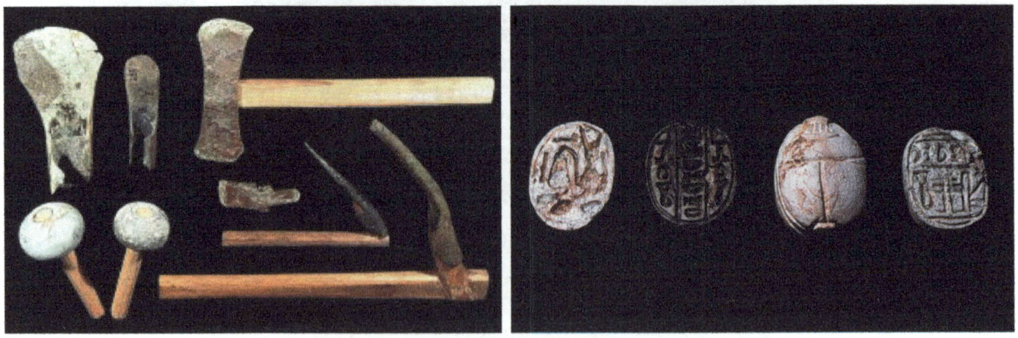

인양된 돌망치 머리, 연마기 및 모루

더 생각해 보기

1. 해양인류학이 해양문화산업에 미친 영향에 대해 논의해 보자.

2. 최근 전 세계적으로 관심을 보이는 "보물선 인양"산업의 의의와 한계에 대해 논의해 보자.

3 해양미술의 이해

3.1 울산 반구대 암각화
3.2 심사정(沈師正)의 해암백구풍범도(海巖白鷗風帆圖)와 선유도(船遊圖)
3.3 김홍도(金弘道)의 해산선학(海山仙鶴)
3.4 유일한 현대 한국해양화가 박진용
3.5 바다의 화가 전혁림
3.6 해양화가 선구자 살로몬 반 루이수달(Salomon van Ruysdael)
3.7 빌렘 반 데 벨드 2세(willem van de velde II)
3.8 윌리엄 터너(Joseph Mallord William Turner)
3.9 이반 콘스탄티노비치 아이바조프스키(Ivan Konstantinovich Aivazovsky)
3.10 라울 뒤피(Raoul Dufy)
3.11 대지미술(land art)
3.12 가나가와 앞바다의 큰 물결(The Great Wave off Kanagawa)
3.13 해양생물공예-나전칠기

미술은 시각으로 파악할 수 있는 건축 · 회화 · 조각 등을 포함하는 예술이다. 형태 · 면 · 선 · 색 · 기호 등 갖가지 요소를 하나의 통일체로 종합하여 작가의 심정을 전달하고 또 미적 쾌감을 준다. 크게 건축 · 조각·회화 등 미적 · 쾌감의 표현이 강조되는 순수미술과, 작품의 기능이 우선되는 도자기 · 금속공예 · 보석 · 가구 · 직물 등의 응용미술로 나뉜다. 넓은 의미에서의 미술(fine arts)은 시각으로 파악할 수 있는 미적 표현 일체를 뜻하며, 좁은 의미의 미술, 즉 시각적 미술(visual arts)은 관례상 보통 건축 · 회화 · 조각 · 공예 같은 분야들을 포함한다.

미술이란 작가의 생활 경험에서 얻어지는 특정한 감정과 심상(心象)을 평면 또는 입체적으로 구형(具形), 표현하여 다른 사람에게 전달하는 방법이다. 따라서 작가의 직업은 형태, 면(面), 선(線), 색(色), 기호(記號) 등 갖가지 요소를 하나의 통일체로 종합하여 자기의 심정을 전달하고 또 미적 쾌감을 주어야 한다. 이 경우 어느 작가나 또 어느 특정한 지역, 특정한 시대의 미술에는 제작상의 특색, 즉 방법상의 개성이 있게 마련인데 이 미술 창작상의 개성을 양식(style)이라고 한다. 그리고 표현 방법에 있어 특정 작가나 그 시대의 공식화된 양식에 따라 개별성이나 사실성 없이 형식적으로 처리되는 것을 양식화(stylization) 또는 편화(便化, conventionalization)라고 한다.

미술(美術)은 공간적 또는 시각적 아름다움을 표현하는 예술로 공간예술 · 조형예술 등으로 불린다. 시각적(視覺的) 방법 또는 조형적(造形的)인 방법으로 사람의 감정이나 뜻을 나타내는 예술의 한 종류라고도 말할 수 있다. 미술이라는 용어는 미(美)를 재현 또는 표현하는 것을 목표로 하는 여러 재주 또는 기예를 뜻한다. 미술은 주로 사용하는 도구와 표현하는 방법에 따라 장르를 나눈다. 판화를 포함한 회화, 조각이 전통적이고, 대표적인 미술의 장르지만 현대에 들어와서 그 영역이 아니라 한층 넓어져, 물리적인 재료를 특정 장소에 설치하여 미술가의 뜻을 전하고자 하는 설치 예술, 백남준 등 다양한 작가들이 새로운 뉴미디어 매체를 통해 선보이는 비디오 아트, 마르셀 뒤샹 이후 등장한, 개념 자체가 결과물이 되는 개념미술, 특정 풍경이나 장소를 대상으로 하는 장소 특정적 대지미술 등이 새로이 이 영역에 추가되었다. 이 외에도 새로운 매체와 소재가 발견됨에 따라 미술의 영역은 계속 늘어나고 있다.

미술이란 무엇이냐는 것을 알기 위하여 기초 지식인 여러 가지 사항이 논의되어야만 된다. 기초 지식이란 미술 작품의 성립, 표현과 환경, 표현과 사람, 표현과 연령, 표현의 태도·양식 등에 걸친 것이다.

이중 회화는 단연 돋보인다. 종이·패널·유리·비단·캔버스 등의 2차원적 평면이나, 동굴이나 사원의 벽 등 특정한 장소에 구체적인 형상이나 이미지를 표현한 조형예술인 회화는 애초에 생존을 위한 주술적 맥락에서 형성되었으나 점차 종교적·장식적 목적으로 제작되었다가 자기 표현적·자율적인 것으로 발전하였다.

그려진 장소나 부위에 따라 암각화(岩刻畵)·벽화(壁畵)·제단화·타블로화 등으로 분류되며, 사용되는 재료와 기법에 따라 프레스코·템페라·모자이크·스테인드글라스·유채·수채·소묘·판화·콜라주·몽타주·수피화(樹皮畵)·수묵·담채 등으로 분류한다. 또한 그 속에 담긴 내용이나 주제·양식적 특성 혹은 그려진 대상에 따라 종교화·풍속화·역사화·초상화·풍경화·산수화·정물화·영모화(翎毛畵) 등으로 나뉘며, 20세기 회화의 중요한 양식인 추상회화도 서정적 추상·순수색채추상·기하학적 추상·추상표현주의 등으로 분류할 수 있다.

이와 같은 재료기법·양식·표현대상·주제는 각 시대의 사회적 또는 회화 내적인 요청에 따라 변화되었으며, 미술의 역사는 거의 회화사라 할 정도로 회화는 당대의 시대정신을 반영하며 전개되어왔다.

미술의 소재와 표현, 주제의 하위분야인 해양미술이란 해양을 소재로 한 미술작품 중 바다를 단순히 풍경화가 아니라 직품에 인간 본연의 생활이 녹아있는 삶의 의미로 표현되어야 하는 조건이 있다. 인간의 생활에 의미를 부여한 미술적 요소를 지니며 바다와 배, 항해의 주제와 바다 생활 등의 터전으로서의 의미를 지니며 그 속에 해양의 역사, 탐험, 경제적, 문화적, 사회적, 사상적, 정치적으로 영향을 미치는 미술을 말한다.

해양 회화는 배와 바다를 묘사하는 장르로, 특히 17세기에서 19세기까지 전성기를 이루었다. 용어적으로 볼 때 강과 섬, 바다에서의 예술, 해변 장면 및 보트를 보여주는 모든 예술을 구별 없이 포함한다. 엄밀히 말하면 해사 예술(maritime art)은 일반적으로 인간 항해의 일부 요소를 포함해야하는 반면, 해양 예술(marine art)은 인간 요소가 없는 순수한 바다 풍경도 포함하지만 실제로는 특별히 구분되지 않는다.

해양 예술 중 특히 풍경과 분리된 특정 장르인 해양 회화는 실제로 17세기 네덜란드 경제적 황금시대에 시작되었다고 볼 수 있다. 해양 회화는 네덜란드 황금시대 회화의 주요 장르였으며 네덜란드 공화국에 대한 해외 무역과 해군력의 중요성을 반영했으며 이시기에 전문적인 최초의 해양 화가들이 나타났다. 이러한 회화 풍은 오늘날까지 네덜란드화풍으로 해양화에 영향을 주고 있다. 낭만주의 미술로 선회하는 단계에서는 바다와 해안은 풍경화 등으로 대표되는 배와 선박이 없는 작품이 나타나기 시작했다.

다음의 동서양의 고대, 중세, 근현대의 해양미술의 작품을 통해 세부적인 해양미술에 대해 알아보자.

3.1 울산 반구대 암각화

암각화(petroglyph)는 암벽화(rock art)의 한 형태로 절개, 따기, 조각 또는 연마를 통해 암석 표면의 일부를 제거하여 만든 이미지이다. 바위 그림이라고도 한다. 북미 이외의 학자들은 종종 조각(carving) 또는 조판(engraving)등 기타 기술 설명과 같은 용어를 사용하여 이러한 이미지를 설명하는데 참조한다. 암각화는 전 세계적으로 발견되며 종종 선사 시대 사람들과 관련이 있다. 이 단어는 '돌'(stone)을 의미하는 그리스 접두사 petro-(πέτρα,petra)와 '새기다'(carve)를 의미하는 그리스어(γλύφω glýphō)에서 유래했으며 원래는 프랑스어로 페트로글리프(pétroglyphe)로 만들어졌다.

문맹 문화에서 일반적으로 발견되는 암각화의 또 다른 형태인 암석 부조 또는 암석 절단 부조는 분리된 돌 조각이 아닌 절벽과 같은 "살아있는 암석"에 새겨진 구호 조각이다. 이러한 부조 중 일부는 암석의 자연적 특성을 이용하여 이미지를 표현하였다. 암석 부조는 많은 문화권, 특히 고대 아시아에서 제작되었다. 암석 부조는 야외에서 충격을 주어야 하기 때문에 일반적으로 상당히 크다.

학술적으로 암각화는 암석 조각이고 암각화는 암벽화이다. 일반적으로 두 단어는 동의어로 관주 된다. 암각화는 남극 대륙을 제외한 전 세계 모든 지역에서 발견되었으며 아프리카, 스칸디나비아 및 시베리아 지역에서 가장 많이 집중되어 있으며 전 세계적으로 발견되는 암각화의 많은 예는 대략 신석기 시대와 후기 구석기 시대 경계 (약 10,000 년에서 12,000 년 전)로 거슬러 올라간다. 약 7,000 년에서 9,000 년 전, 문자 체계가 도입 된 후 상형 문자와 표의 문자와 같은 다양한 형태의 예술로 표현되었다. 그 이후 암각화는 계속해서 만들

이란의 암각화, 테이마레 지역(좌) / Meerkatze (고고학자 Leo Frobenius에 의해 명명 됨)로 알려진 암 사자암각화, 리비아의 Mesak Settafet 지역(우)

어졌고 다소 흔하게 남아 있었으며 19세기와 20세기에 서양 문화와의 접촉이 이루어질 때까지 다양한 문화권에서 다양한 기간 동안 지속적으로 제작되었다.

암각화는 목적, 위치, 연대 및 주제에 따라 많은 가설이 존재한다. 대개의 경우, 풍요와 다산을 기원하는 생산주술의 산물로 이해되고 있다. 일부 암각화 이미지는 그것을 만든 사회에 깊은 문화적, 종교적 중요성을 지녔을 가능성이 크다. 많은 암각화는 완전히 이해되지 않은 상징적 또는 의식적 언어의 의사소통 스타일의 유형을 나타내는 것으로 생각된다. 지형 윤곽 문자와 같은 것들은 지형이나 강 및 기타 지리적 특징과 같은 주변 지형을 보다 명확하게 묘사하거나 나타내기도 한다. 흔적을 묘사하고 그 흔적을 따라 여행한 시간과 거리를 전달하는 기호를 보여주는 지도의 의미도 있고 다른 암각화지도는 천문학의 별자리 일수도 있다. 스칸디나비아의 북유럽 청동기 시대의 후기 상형 문자는 종교적 의미를 보유하는 것 외에도 부족 간의 영토 경계의 형태를 나타내는 것으로 보인다. 또한 특정 그룹의 사람들이 초기 공통 영역에서 널리 이주했다는 표시이거나 공통 기원의 표시 일 수도 있다. 다른 이론에 따르면 암각화는 무당과 같은 영적 지도자가 의식 상태가 변화된 상태에서 조각했으며 이는 아마도 천연 환각제의 사용으로 인해 유도되었을 것이라고도 본다. 그 예로 암각화와 동굴

벽화에서 반복되는 많은 기하학적 패턴은 인간의 두뇌에 고정된 반복 작용의 산물로 이러한 현상은 약물, 편두통 및 기타 자극으로 인한 시각 장애와 환각에서 자주 발생한다는 연구도 있다.

전 세계의 조사 및 GPS 기록 암각화에 대한 최근 분석에 따르면 선사 시대(기원전 7,000-3,000년)에 강렬한 오로라가 나타내는 지역에서 암각화가 많이 발견됨이 확인되기도 하였다. 또 다른 연구자들은 산 신앙에 기반을 둔 예술과 종교가 암각화에 표현되어 있다고 보고 있다. 이 예술은 바위 얼굴 같은 산의 형태에서 영적 대상이 존대한다는 믿음으로 인한 다른 세계의 존재의 표현이라 여기기도 한다.

스칸디나비아의 암각화의 합성 이미지 (Häljesta, 스웨덴의 Västmanland). 북유럽 청동기 시대

미국 유타주 모압 근처에 있는 큰뿔양 캐러밴의 암각화

카메룬 비자르의 암각화

한국에서는 1970년대부터 암각화의 존재가 보고되기 시작하였다. 암각화의 조사된 지역은 현재까지 울산 천전리와 대곡리, 방기리, 이화동, 포항 인비리, 칠포리, 경주 석장리, 안심리, 영천 포성리, 고령 장기리, 안화리, 지산리, 남해 상주리, 벽련리, 양아리, 안동 수곡리, 영주 가흥동, 남원 대곡리, 여수 오림동, 함안 도항리 등 20곳이다. 발견 사례는 계속 증가되고 있다. 학술 보고된 바위 그림 중 울산 천전리의 것은 국보 제147호, 대곡리의 것은 제285호로 지정, 보호되고 있다. 현재까지 영남 내륙지역에서 주로 발견되는 한국의 바위 그림은 중국 내륙이나 해안지대에서 발견되는 것들이 주로 붉은 안료를 이용해 표현된 채회암화(彩繪巖畵)인 것과는 달리, 바위를 쪼거나 바위에 선을 긋는 새김법을 쓰고 있다. 이와 같은 표현방식은 시베리아 및 내몽고 음산산맥 일대, 연해주 아무르강 일대의 바위 그림에서 찾아볼 수 있다. 한국의 바위 그림은 이들 지역의 바위 그림 전통과 일정 부분 닿아 있는 것으로 추정되고 있다. 특히, 태양 숭배와 관련 있는 것으로 보이는 방패형 및 사람얼굴형 바위 그림은 내몽고 및 연해주 일대의 것과 각각 유사한 면이 있다. 이들 지역의 바위 그림은 한국 바위 그림의 원류와 관련해 일찍부터 연구대상이 되고 있다. 그러나 현재까지의 연구결과로는 한국 바위 그림의 출발지가 연해주 일대와 몽골지역 중 어느 곳인지는 아직 판명하기 어렵다.

1971년 영남대박물관 학술조사단에 의해 발견된 고령 장기리 알터마을 바위 그림은 태양을 상징하는 것으로 보이는 방패형 및 동심원 무늬들로 학자와 일반인들의 관심을 모았다. 장기리에서 3㎞ 정도의 안화리 안림장터 부근에서도 방패형 무늬가 새겨진 바위 그림이 발견되었다. 1989년에는 포철 고문화연구회에 의해 영일 칠포리 곤륜산 동북쪽 골짜기에 대규모의 바위 그림 유적이 확인되었다. 두 지역 8개의 바위에는 방패형 무늬 외에도 석검 및 여자 성기 모양의 무늬들이 새겨져 있었다. 1994년 발견된 경주 석장동 금장대의 바위 그림은 방패형 및 사람 얼굴형 그림 외에도 사람 및 짐승의 발자국, 산과 동물, 배, 여성의 성기 모양 그림 등 다양한 표현을 담고 있다. 청동기시대 전후 이 지역 주민의 종교와 신앙의 이해에 중요한 자료가 되고 있다. 석검과 석촉이 새겨진 영일 인비동 및 여수 오림동, 동심원과 성혈이 새겨진 함안 도항리, 다양한 크기의 성혈이 표현된 울산 이화동의 바위 등은 고인돌 무덤의 덮개돌이다. 바위그림이 지닌 종교성을 잘 드러내주는 사례이다.

반구대 암각화는 현재 국보 제285호로 지정되어 있고, 울산 태화강의 한 부분인 대곡천 바위에 새겨진 그림으로 옛날 신석기시대부터 지금까지 여러 시기에 걸쳐 고래와 호랑이, 사슴, 거북, 물고기, 사람 등의 형상과 가장 중요한 고래잡이 모습 등을 볼 수 있다.

그 밖에 10여 명의 사람을 태운 카누형의 배가 조각되어 있고 바다에서 사냥하는 모습과 창으로 고래잡이와 어로행위의 하는 모습 등을 통해 그림은 사냥과 어로의 풍요성을 기원하고 있다는 것을 추측할 수 있다. 또한 반구대 지역이 주술 및 제의를 행하던 장소였다고 현재 추측된다.

인근의 천전리 각석은 국보 제147호로 지정되었다. 여기 각석의 바위는 여러 종류의 동물형상과 인간의 모습 등의 다양한 수학적이며 기하하적 문양이 새겨져 있는 것으로 보아 선사시대의 연구에 매우 중요한 의의를 지니고 있는 우리나라 대표적 유적이라 볼 수 있다. 또한 암각화 주변에는 중생대 공룡발자국 화석도 발견되어서 다양한 볼거리를 제공한다. 암각화가 있는 주변인 울산암각화 박물관은 국내에서 유일의 암각화 전시관으로써 국보로 지정된 반구대 암각화와 천전리 각석을 실제 크기로 재현하여 1년 중 8개월가량 물속에 잠겨있어 관람의 한계가 있는 반구대 암각화의 완전한 모습을 관람할 수 있다.

선사시대 인간의 생활과 정신세계를 엿볼 수 있는 우리나라 최초의 회화 작품이자 전 세계에서 가장 오래된 고래사냥 그림을 담고 있어 세계문화유산(2022년 현재 추진 중)으로 평가되고 있다. 울산시는 2010년 반구대암각화와 천전리각석(국보 제 147호)을 포함한 대곡천 암각화들이 유네스코 세계문화유산 잠정목록에 등재된 이후 11년 만에 우선등재목록으로 지정했다.

국보 제285호 반구대암각화의 주암면 도면

반구대 암각화 3D 정밀 측정본

암각화는 몸통을 쪼이게 하는 기법으로 파낸 15마리 내외의 고래가 위에서부터 점점 작아지는 크기로 묘사되어 있다. 최근 2017년 정밀 측정으로 46점의 숨어있는 동물그림들이 재발견 되었다. 총 353점 중 202점 정도가 동물 모습이고, 낚시도구와 인물은 각각 21점과 16점이며, 나머지인 114점은 정확히 형체를 알 수 없다고 판명되었다. 가장 주목받는 고래 그림은 총 57점으로 분석됐다. 이는 해양을 선사이전의 인류가 어떻게 바다를 바라보고 있는지 보여주는 중요한 미술작품이라 하겠다.

3.2 심사정(沈師正)의 해암백구풍범도(海巖白鷗風帆圖)와 선유도(船遊圖)

우리나라를 포함한 동양에서의 산수화는 자연의 표현인 동시에 인간이 자연에 대해 지니고 있는 자연관의 반영이기도 하다. 따라서 산수화란 이 두 가지 복합적인 성격을 띠고 있다. 농경을 주로 하였던 우리나라나 중국을 비롯한 동양인들에게 있어서 자연이란 매우 소중하고 절대적인 것이었다. 또한 무생명의 존재로서가 아니라 인간처럼 살아서 생동하는 존재로 인식되었다. 이 때문에 자연을 표현한 산수화는 기운생동(氣韻生動)해야만 한다는 생각이 전제되고 있었다. 자연과 인간의 이러한 밀접한 관계 때문에 중국과 우리나라에서는 일찍부터 산수화가 그려지기 시작하여 오늘날에 이르기까지 그 전통이 이어져 오고 있다. 산수화는 중국 한대(漢代)에 산악을 선인(仙人)과 진수(珍獸)가 사는 영적 세계로 보는 신선사상(神仙思想)의 유행과 밀접한 관계를 가지고, 도안적이며 상징적인 형태로 인물화의 배경으로 그려지기 시작하였다. 남북조시대에는 종병(宗炳)에 의해 와유 사상(臥遊思想)이 제시되는 등 산수화의 이념이 형성되면서 점차 순수한 감상을 위한 그림으로 발전하였다. 그리고 당대(唐代)를 거쳐 10세기의 오대(五代)와 북송(北宋) 초에 이르러 회화사의 주류로서 대종을 이루며 전개되기 시작하였다. 화풍은 명대 말기부터 화가의 신분에 따라 남종화와 북종화로 분류되었다.

해암백구풍범도(海巖白鷗風帆圖) 심사정

심사정(1707년~1769년)은 조선 후기의 화가로서 겸재 정선(鄭敾)아래에서 그림을 공부하였고 후에 중국 남중화(南畵)와 북중화(北畵)를 스스로 습득하고 새로운 화풍을 성립하고 김홍도(金弘道)와 함께 조선 후기시대의 가장 대표적인 화가가 되었다. 화훼(花卉) · 초충(草蟲)을 비롯하여, 영모(翎毛)와 산수(山水)에도 뛰어났다.

해암백구풍범도(海巖白鷗風帆圖)는 종이에 수묵담채로 제작되었다. 이 작품은 해금강의 정경으로 추정되며 바다 한가운데 떠있는 바위들과 파도, 갈매기를 표현하였다. 화면아래부에 잡단군집을 이루고 있는 큰 암석과 주변의 바위와 몇 척의 돛단배들이 배경이 되어 푸른빛의 바다와 담채가 조화를 이루어 상대적으로 강한 힘을 사용하였다. 특히 바위의 필력은 아주 엷고 짙은 이중선으로 표현하여 이루어져 입체감이 느껴지게 한다. 실화적인 느낌 보다는 남종화풍의 그림이다. 그의 또 다른 작품으로 선유도(船遊圖)가 있다. 현실인지 꿈인지 구분되지 않는 아련한 공간이 펼쳐진 이 작품은 심사정(1707~1769)이 58세(1764)에 그린 작품이다.

선유(船遊)는 우리말로 '뱃놀이'이다. 선비들이 뱃놀이를 하는 이유는 그 행위가 곧 '풍류'이기 때문이다. 조선시대 뱃놀이는 풍류의 결정판이었다. 뱃놀이는 유유자적한 풍류로 음주(飮酒)와 시작(詩作), 시창(詩唱) 등이 따랐으며, 경우에 따라서는 기생과 악공 등이 배에 함께 올라서 춤과 노래, 반주 음악을 제공하였다.

이 그림은 파도가 심한 바다의 가운데에서 오른쪽으로 치우치게 배를 띄어놓고서 상단 부를 가로지르면서 안개를 걸치게 그리고 그 위에 파도와 구름의 형상을 한 것을 그려 넣어 전체적 파도에 변화를 주고 있다고 볼 수 있다.

선유도 심사정 종이에 담채

매우 꼬불꼬불한 필체의 선으로 파도의 움직임을 강하게 표현하고 있으며 거의 일직선으로 약간 비스듬히 그려진 배는 이상할 만큼이나 정지되어 있는 느낌으로 전체적으로 볼 때 정지와 움직임의 대비를 보여 준다. 배 한가운데에서는 대나무발로 만든 선실(船室)에 휘장을 걷어 올려서 창문이 만들어져 있고 배의 선미는 탁자 위에 문방사우와 화병 그리고 향로와 술잔 등이 보이며 용트림하는 것처럼 구부러진 고목위에서 학 한마리가 외발로 몸의 균형을 유지하면서 부리로 무엇인가를 쪼고 있다.

전체적으로 보면 일렁이는 파도의 흐름을 통해 바다용이 신선들의 배를 호위하는 듯하고 하늘에는 보면 구름용이 인도하는 것 같은 느낌으로 평가되고 있다. 학과 신선, 바다와 관련된 고사(故事)나 신선 이야기를 그림으로 엮은 것으로 전문가들은 평가하기에 좋은 작품이라 알려져 있다. 뱃놀이를 하면서도 자연과 잘 어울려 유유자적으로 살아가는 선비의 이상향을 그린 것이다. 현재에는 이러한 그림은 조선의 산수화가 아니라 중국 남조풍의 느낌이 난다고 비판받곤 한다. 하지만 그림을 그린이가 지향한 것은 중국의 화풍이 아니라 우리의 보편적 이상향의 세계였다는 것이다.

3.3 김홍도(金弘道)의 해산선학(海山仙鶴)

1798년 김홍도가 54세 때 그린 해산선학(海山仙鶴)은 8세기 중엽에 당나라에서 활동했던 신선과 같은 삶을 산 여빈동이라는 인물을 그린 그림이다. 남종화의 느낌을 옷주름을 표현한 바위의 표현에 있어서 김홍도 자신의 방법의 필체로 묘사하였다. 이 작품은 가로 42 cm, 세로 29.4 cm의 크기로 가운데 접히는 선이 있는 것으로 보아 당초 화첩에 들어 있었던 그림이다. 개인이 소장하고 있으며, 도가적인 분위기가 물씬 풍긴다. 산기슭 호수의 파도의 모습을 바다의 그것의 모습으로 환원시켜 해산의 느낌을 보여주며 해산을 배경으로 학의 이미지를 통해 인간의 욕망의 순수성을 백색의 여백의 미와 대비시켜 유유자적, 도가적 삶의 의미를 표현하고 있다.

그림의 왼쪽 상단의 칠언절구의 시가 한 수 적혀 있는데, 이 시는 중국 당나라 말기 시기의 인물로 도교 팔선 중 한사람인 여동빈이 지은 시다. 여동빈은 관리생활에 싫증을 내고 있던 중 주막에서 한 도사를 만나 가르침을 청하니 그가 바로 팔선 중 한 사람인 종리권(鍾離權)이었는데, 그의 재물과 색(色)에 관한 열 가지 질문을 통과한 끝에 마침내 제자가 되어 신선이 됐다는 고사가 있다.

해산선학(海山仙鶴)

이후 여동빈은 관운장만큼 인기가 높았고 특히 전진교에서는 교조의 한 사람이 되었으며, 여러 진인(眞人)을 만나 계속 수련을 쌓는 과정에서 검술의 명인인 화룡(火龍) 진인에게 천둔검법(天遁劍法)을 전수받아 검선으로 추앙을 받았다. 그가 화룡진인에게 전수받은 천둔검법(天遁劍法)은 검을 한 번 베면 안달복달하는 마음 즉 탐전(貪嗔)을 끊을 수 있고, 두 번째로는 애욕(愛慾)을 끊으며, 세 번째로는 번뇌(煩惱)를 끊을 수 있었다. 그래서 여동빈은 그림에서 검객의 모습으로 나오는 것이 보통인데, 원래 서생(書生)출신이었으므로 유생 복장인 난삼(襴衫) 차림에 머리에는 화양건(華陽巾)을 쓰고 있으나 등에는 장검 하나를 비스듬히 울러 맨 모습이다. 그러므로 칼을 찬 여동빈은 탐전, 애욕, 번뇌를 끊는 상징성이 있다.

3.4 유일한 현대 한국해양화가 박진용

1870년대 후반부터 개항을 통해 근대적인 외국문물이 유입되면서 조선시대 회화는 서구적 근대주의의 지배 속에서 새로운 변화를 시도했다. 이러한 변화는 조선 왕조가 망하고 일제강점기가 시작되는 1910년부터 본격화되어 서양화가의 출현과 함께 동양화와 서양화로 화단이 나누어졌으며, 1930년대 이후부터는 서양화가 한국회화를 주도하게 되었다. 그리고 각종 미술교육과 총독부 주최의 조선미술전람회(선전) 등을 통해 일본화단의 사조와 화풍이 유입되면서 왜곡된 근대화가 추진되었다. 이러한 모순은 1945년 해방과 더불어 해소되었으나 새로운 민족분단의 상황을 비롯하여 작가들의 역사의식 빈곤과 대중적 기반의 취약

등으로 제한된 발전을 해오다가 1980년대부터 한국회화의 주체성과 국제성에 대한 새로운 인식을 기반으로 세계 미술에 기여할 수 있는 질적인 변화를 시도하고 있다.

1949년부터 1981년까지 30회에 걸쳐서 문교부의 주최로 대한민국 미술전람회(국전)이 열렸었다. 이는 대한민국 미술발전에 핵심을 이루었다. 해방 이후 미술 문화 진흥을 위해서 정부에서 주최한 전시회로, 일제강점기 선전(조선미술전람회)의 연장선으로 보기도 한다. 정부에서 주관하기 때문에 관전(官展)이라고도 불렸으며, 초기에는 경복궁에서 전시되다가 후기에는 덕수궁에서 열렸었다. 한국화, 서양화, 서예, 공예, 건축, 사진의 7개 분야를 다루다가 나중에 사진과 건축은 별도로 분리되었다. 많은 젊은 작가들이 국전을 통해서 데뷔를 하였다. 하지만 국전은 학문적이고 사실적인 작품에 상을 주었기 때문에 어느 순간 획일화되었고, 심사위원들의 부패 문제도 얽혀서 1981년을 끝으로 폐지한다. 대신 70년대부터 탄생한 민전이라고 해서 언론사에서 주최하는 공모전으로 서서히 넘어가게 된다.

해양화가 박진용

박진용 화백은 선상기관수로 근무하면서 1975년 외항선으로 타고 당시 우연히 화가 폴 고갱의 유적지가 있는 타히티 섬에 입항하게 되었다. 고갱박물관을 관람하면서 그의 작품에 깊은 감명을 받아 자신도 그림을 그리겠다고 마음먹고 노력 끝에 1986년 한국 미술대전 입선하였다. 그는 유일한 한국 해양화가라는 타이틀을 가지고 있다. 처음 붓을 잡은 이후 지금까지 아직 단 하나의 작품도 땅에서 스케치를 한 적이 없을 만큼 그의 작품은 모두 배 위에서 시작되고 완성된다. 그 때문에 그의 작품에는 언제나 바다와 그 바다에서 살아가는 사람들의 독특하고 이국적인 이야기가 담겨 있다.

박진용 화백의 화풍은 정적이라기보다는 지적이고 기하학적이며, 대상의 분위기만 내는 것이 아니라 대상의 존재 양식을 의지적으로 표현하고 있다. 따라서 강렬하고 딱딱하지만 그것은 오히려 자연과 인간관계, 즉 바다의 이야기란 풍경

어족어가(漁簇漁歌)

화에 있어서 서정이 넘치는 힘찬 감동을 기록하고 있다고 한다. 캠퍼스 위에 각종 조개껍질(어패류)들을 붙이는가 하면 무수히 많은 점선들을 찍고 그 위에 다시 점을 찍는 화법을 구사한다. 이는 박진용만의 필선과 기법으로 형상화 하는 작업이다. 그의 작품 속에 내재하고 있는 깊은 미학적 의의는 더욱 바다에 대한 오랜 세월과 함께한 작가의 혼의 뿌리를 엿볼 수가 있다고 평가 받고 있다.

또한 구상과 비구상을 넘나드는 그의 작품은 고갱과 타히티의 영향으로 원색적이고 강렬한 색감이 특징이다. 그의 작품은 구도와 색채에서 한국적인 순색에 이국적인 것이 조화돼 강인한 이미지를 지니며 특히 바다를 주제로 한 작품은 정・반・합이란 생의 철학적 의미를 잘 표현하고 있다고 평가 받고 있다.

여수 바다와 해돋이

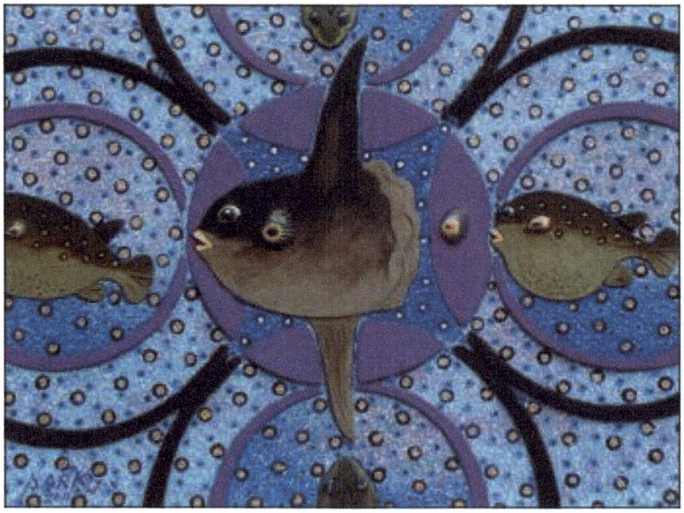

바다로 세계로

3.5 바다의 화가 전혁림

경상남도 통영에서 출생한 전혁림은 1949년에 제1회 대한민국미술전람회에서 입선하면서 부터 그 이름이 알려졌다. 하지만 이후에는 중앙화단과 거리를 두고서 고향 통영에 내려와 부산을 중심으로 한 작품 활동을 했으며, 그의 독특한 색채와 풍경을 이루는 작품을 통해 '색채의 마술사' 또는 '바다의 화가'로 세상에 알려져 있다.

정식 미술교육은 받지 않았지만 자신만의 독특한 화풍을 구사한 추상 화가이다. 추상과 구상의 경계영역을 자유자재로 넘나들며 표현영역을 확대해왔으며 한국 전통 오방색과 바다의 푸른색을 많이 사용했다. '통영의 화가'로 일컬어지기도 하며, 통영 봉평동에 있는 전혁림 미술관에서는 작품 100여 점을 감상할 수 있다. 자유롭고 향토성 있는 색채는 초기 구상회화였고 후기에 오면서 그는 점차적으로 추상화되었는데 단순화와 함께 응집을 통해 한국적 미적 감각을 밀도 있게 표현해 내고 있다. 특히 푸른색을 주색으로 하면서 빨강과 노랑 그리고 그 색을 대비시킨 선명한 색채를 통해 민화나 단청등과 전통음악을 도입한 이 시기 작품은 우리민족의 정서를 통해 '한국미'의 인상으로 요약할 수 있다. '한국의 피카소'로 불리며, 그의 작품은 통영항, 한려수도, 아침바다 등이 대표작이다. 노무현 대통령이 2005년에는 그의 전시를 관람하고 이후 가로 7 m, 세로 2.8 m의 초대형 그림인 <통영항>을 구입하여 청와대의 인왕홀에 전시되어 화제가 되기도 하였다.

전혁림, "통영항"

3.6 해양화가 선구자 살로몬 반 루이수달 (Salomon van Ruysdael)

1600년경 네덜란드에서 태어나 1670년에 사망한 살로몬 반 루이수달은 바로크 양식으로 바다풍경을 그린 네덜란드 화가로서 가족전체가 화가 집안이다. 네덜란드 해양 황금시대의 저명한 화가로 간주되며, 대항해시대 네덜란드의 경제적 부를 통한 문화적 성취의 시기 때문에 인기를 얻었다, 평범한 중산층의 네덜란드 사람들이 넘쳐나는 경제적 이유로 미술품을 사치품으로 사들이면서 해양화 뿐만 아니라 모든 종류의 그림에 대한 높은 수요를 창출하기 시작했다. 즉 네덜란드의 해양, 경제적 문화적 부가 풍경화라는 새로운 문화 미술적 장르를 만들어 내고 그의 작품에도 이러한 인기에 맞추어 해양화라는 새로운 장르를 만들어 내었다.

루이 수달은 잘 알려진 네덜란드 풍경화로 유명한 야코프 반 로이스달의 숙부이다. 1645년 이후에 가장 강렬한 그림을 그렸다는 것이 전문가들의 공통된 의견이다. 이때부터 그는 풍경을 이루는 요소들 즉 화폭 한쪽에 우뚝 서 있는 키 큰 나무들, 눈길을 끄는 원경, 넓은 하늘과 구름 등을 더욱 자신만만하게 구사하였고, 색채 사용은 좀 더 화려한 효과를 노리고 있는 것처럼 보인다. 이때부터 로이스달은 빛의 효과와 그림의 장식적 요소에 점점 더 관심을 갖게 되었다고 평가 받고 있다.

네덜란드 황금시대 회화는 네덜란드 독립을 위한 80 년 전쟁 (1568-1648) 후반과 그 이후에 대략 17세기에 걸친 그림이다. 새로운 네덜란드 공화국은 유럽에서 가장 번영한 국가였으며 유럽의 무역, 과학 및 예술을 주도했다. 새로운 주를 구성한 네덜란드 북부 지방은 전통적으로 남부의 플랑드르에 있는 도시보다 덜 중요한 예술 중심지였다. 격변과 전쟁 인구의 대규모 이동, 가톨릭 문화 전통과의 급격한 단절은 네덜란드 예술이 거의 완전히 재창조되어야 한다는 것을 의미했으며, 이는 매우 회화분야에서는 고무적이였다. 종교적 주제의 그림은 매우 급격히 감소했지만 모든 종류의 세속적인 주제에 대한 새로운 시장이 성장했다. 외국인들은 엄청난 양의 예술품과 많은 그림이 판매된 대규모 박람회에 눈을 돌렸다. 1640년 이후 20년 동안 130 만 개가 넘는 네덜란드 그림이 그려진 것으로 대략 추정된다. 생산량은 가장 잘 알려진 예술가를 제외하고는 가격이 상당히 낮다는 것을 의미했다. 대부분 유명화가의 그림의 가격이 높아 예술시장의 가파른 가격 기울기를 만들었다.

살로몬 반 루이수달, "내륙수역의 범선"

네덜란드 공화국은 해상 무역으로 막강한 부를 축적해 이 시기 동안 영국 및 기타 국가와 해전을 벌였으며 또한 국토의 강과 운하가 대규모로 확대 개발되었다. 따라서 해양 회화의 장르가 엄청나게 인기가 있었고 네덜란드 예술가들에 의해 새로운 차원으로 발전해 나간 것은 놀라운 일이 아니었다. 풍경과 마찬가지로, 초기 해양 회화도 유행을 타기 시작했다. 네덜란드 해군의 발전에 힘입어 해전 회화는 해양회화의 절정에 달했다,

살로몬 반 루이수달, "페리가 있는 밤풍경"

오늘날에는 일반적으로 더 고요한 장면이 높게 평가된다. 배는 일반적으로 바다에 있으며 부두 장면은 일반적인 그림의 패턴이 되었다. 종종 작은 선박조차도 네덜란드 삼색 국기를 보여주며 많은 선박이 해군 또는 다른 많은 정부 선박 중 하나로 표현되었고 해변이나 항구 전망 또는 강어귀를 가로 지르는 전망 좋은 경관이 포함되었다. 다른 예술가들은 작은 보트와 갈대 둑의 주제로 작은 배에서부터 태양이 뜬 넓은 강 위의 선박등과 큰 이탈리아 풍경에 이르기까지 강과 바다의 경관을 전문으로 그렸다. 대중적으로 Jan Porcellis, Simon de Vlieger, Jan van de Cappelle, Hendrick Dubbels, Abraham Storck가 있었고 Willem van de Velde the Elder와 그의 아들은 배를 주제로 삼아 수십 년의 회화 작업에서 바다와 날씨의 빛의 주제로 회화의 중점을 두었다.

황금시대의 네덜란드 회화는 바로크 회화로 포함되어 있으며 많은 바로크 양식의 작품에서 전형적으로 나타나는 희망적인 주제와 사랑이 부족했다. 대부분의 작품은 초기 네덜란드 회화에서 물려받은 상세한 사실주의의 전통을 반영하였다. 이 기간의 대다수의 예술가들은 다각적인 작품을 제작하여 전문화가가 되었다. 전문주제화의 완전한 발전은 1620년대 후반부터 볼 수 있으며, 그때부터 1672년 프랑스 침공까지의 기간은 네덜란드 회화의 황금시대를 이루었다. 예술가들은 대부분의 초상화, 장르 장면, 풍경, 바다 경치 및 선박 또는 정물화 등을 그렸다. 이러한 유형의 주제 중 상당수는 서양화에서 새로운 것이었고, 이시기에 네덜란드인이 그린 방식은 서양 미술발전에 많은 영향을 미쳤다.

3.7 빌렘 반 데 벨드 2세 (willem van de velde II)

해양화의 거장의 알려진 빌렘 반 데 벨드2세(willem van de velde II)는 1633년에 태어나 1707년 사망한 네덜란드 해양 화가이다. 영국 찰스 2세로부터 100파운드 급여를 받은 그의 아버지가, 바다 전쟁화의 초안을 만들고 작성을 돕기 위해 1673년에 그는 영국으로 이주했다. 이로 인해 회화작업을 같이 하면서 해양화의 길로 접어들었다. 그로 인해 명성을 얻어 요크 공(Duke of York)과 여러 귀족 회원들에게 후원받았다. 아버지인 Willem van de Velde 1세 (1611-1693)도 유명한 네덜란드 해양 화가이며 네덜란드 함대와 영국과의 계약을 통해 그림을 그렸다.

그의 작품은 섬세하고, 기민하며, 완벽하게 선박과 장비의 그림을 묘사했다. 수많은 인물이 소개하고 폭풍의 모습을 차분하게 표현하였다. 배는 거의 사진과 같은 정확도로 그려져 있으며, 17 세기 선박의 모습과 해양과학사에 사용 가능한 가장 정확한 가이드를 제공하고 있다.

그의 작품은 대체로 모두 수평선이 낮아서, 화면 아래로부터 4분의 1부분에서 5분의 1쯤 되는 지점의 것이 많으며, 물과 하늘과 대기 속에 부두나 해변의 풍경을 그렸으며 또 폭풍우에 시달리는 배나 해전(海戰)의 풍경 같은 모습을 나타내고 있다. 1673년에 영국으로 건너간 후에, 사망 때까지 런던의 궁정화가로서 일했었다. 대표작은 네덜란드와 영 · 프랑스 연합군의 해전을 사실감 있게 그린 《포격》(암스테르담국립미술관 소장)이 있고 지금 현존하는 작품 가운데는 동생 아드리엔과의 공동작품으로 알려진 것도 몇 점 있다.

willem van de velde II, “대포발사”,

willem van de velde II

willem van de velde II, “잔잔한 바다의 네덜란드 선박” 1665년,

3.8 윌리엄 터너(Joseph Mallord William Turner)

윌리엄 터너(William Turner)

1775년에 태어나 1851년에 사망한 해양화가인 윌리엄 터너(William Turner)는 영국에서 태어났다. 고전적인 풍경화에서 시작하여 낭만적 경향으로 화풍이 기울어져 대표작으로는 《전함 테메레르》와 《수장》 등에서 후기 낭만주의적 완성을 보여주었으며 이후 인상파 화가들에게 아주 큰 영향을 끼쳤다. 그는 근대회화의 거장으로 인정받고 있다. 수채화 작가 및 판사였으며 인상파의 토대를 마련했다고 볼 수 있다. 당시 터너는 논란이 많은 인물로 여겨졌지만 지금은 풍경화의 영예를 높인 예술가로 간주된다. 그는 영국 국민에게 19,000가지 이상의 수채화, 드로잉 및 유화를 남겼다. 이 작품의 대부분은 내셔널 갤러리와 런던의 테이트 갤러리에 있다.

터너는 그 당시 수채화로 땅의 지형학적인 풍경을 그리는 아주 숙련된 화가로 유명하였다. 그 시대의 화가로서는 아주 드물게 유화와 수채화의 화풍을 정확히 반씩 나누는데 노력을 기울였다. 후기 작품으로 갈수록 아름다움은 수채화만 가질 수 있는 정적인 표현의 강점을 보여준다. 즉 빛과 일몰 그리고 일출의 효과를 탐구한 풍경화와 희미하고 흐릿한 형태를 잘 그렸으며 수채화의 거장으로 평가 받고 있다.

감동적이고 강렬한 색의 사용하면서 풍경화의 수준을 한층 높이고, 다양성과 표현력을 이를 통해서 세상에 알리는 것에 주력했다. 터너는 이 같은 독창적인 표현법을 통해 풍경화를 그렸다. 그는 어느 한 지역의 국소적인 세부묘사에 그치지 않고, 공기의 변화에 따라 풍경이 빛이 어떻게 변화하는지와 풍경을 관찰하는 사람의 마음속까지 떠오르는 심상을 적극적으로 묘사하는 것에 주안점을 두었다. 세상을 통해 자신의 시각으로 관찰하면서 날씨와 물, 특히 무한 변화를 보이는 빛의 장대함을 자신만의 방식으로 자연적인 효과를 통해 충실하게 그려냈다. 이를 통해 터너는 사고의 범위가 한층 놀라울 정도로 넓어져서, 직업적인 활동의 영역을 넘어선 활동까지도 했다고 한다. 풍경에 대한 그의 열정에 지성과 학식을 더욱 더 겸비한 터너는 역사와 고대 신화 및 정치, 사회, 문학, 그리고 미술 등의 여러 방면의 주제들을 탐구하기도 했다.

1938년에 완성한 《해체를 위해 마지막 정박지로 예인되는 전함 테메레르》는 터너의 대표작으로 알려져 있는데 터너 자신 스스로도 가장 뛰어난 작품으로 평가하였다. 밝은 노란색과 은은한 파란색의 대비와 함께 붉은색의 조화롭게 묘사되어 있는 수작으로 평가된다. 1840년에 들어와 영국의 젊은 비평가인 잔 러스킨(John Ruskin)을 개인적으로 만났으며 1843년 이르러 러스킨이 출간한 미술비평서인《근대화가론》에서 터너의 회화를 아주 극찬하였다. 이후에도 터너는 《수장(水葬) Peace: Burial at Sea》(1843), 《비, 증기, 그리고 속도-대 서부철도》(1844)와 《디에프항》 그리고 《노럼성과 일출》등의 작품을 남겼으며 그의 화풍에 낭만주의적 완성을 극치를 보여 주었다. 특히 작품 "노예선"은 노예들이 바다에 버려지는 비인간적인 모습을 그리고 있으며 그에 대한 바다의 감정을 잘 표현하고 있다. 여러 지역의 풍습과 함께 풍경을 주로 그렸으며, 여기에서 특히 빛의 미세한 묘사에 획기적인 표현을 만든 화가이다. 러스킨의 극찬으로 명성이 높아진 터너는, 전문적인 풍경화의 화가로서 17세기에는 프랑스의 화가인 클로드 로랭을 초월한다는 평가를 받는 것이 그의 인생의 최대 염원이었다. 그의 중기시절에 로랭의 영향을 받은 경향이 보이지만 그 이후 후기시대에는 여기에서 벗어나 보다 더 빛의 묘사로 추구하는 경향으로 바뀌었다. 이러한 영향력으로 2020년 유통되는 영국 20파운드권의 모델이 경제학자 애덤 스미스에서 윌리엄 터너로 바뀌었다.

윌리엄 터너, "수장(水葬) Peace: Burial at Sea"

윌리엄 터너, “해체를 위해 마지막 정박지로 예인되는 전함 테메레르”

윌리엄 터너, “노예선”

3.9 이반 콘스탄티노비치 아이바조프스키 (Ivan Konstantinovich Aivazovsky)

이반 콘스탄티노비치 아이바조프스키는 러시아 미술의 가장 위대한 러시아 낭만주의 화가이다. 그는 크림 반도의 흑해 항구인 페오도시야(우크라이나어: Ф е о д о с і я -2014년 이후부터 우크라이나로부터 독립을 선언하여 러시아에 병합)에서 아르메니아 계의 가족으로 태어났으며, 대부분 거기에 생활의 기반을 두고 있었다. 1840년대 초 유럽으로 여행하여 이탈리아에서 잠깐 살기도 했다. 이후 러시아로 돌아와 러시아 해군의 주요 화가로 임명되었다. 아이바조프스키는 러시아 제국의 군대와 정치 엘리트들과 긴밀한 유대 관계를 맺어 군사 훈련에 자주 참석했다. 그는 주정부에서 후원을 받고 평생 동안 여유롭게 지냈다. 유럽과 미국에서 수많은 개인전을 열었고 거의 60년 동안의 대략 6,000 점의 그림을 남겼으며, 그 당시 이것은 그 시대의 가장 많은 예술작품을 남긴 화가 중 한 명이었다. 그의 작품의 대다수가 바다 풍경으로 구성되지만, 때에 따라 전투 장면이나 아르메니아와 관련된 주제 및 초상화를 그렸다. 아이바조프스키의 작품 대부분은 러시아, 우크라이나 및 아르메니아 박물관과 개인 소장품으로 보관되었다. 이반 콘스탄티노비치 아이바조프스키는 러시아 회화에서 가장 큰 별이라는 영예와 함께 바다를 그린 화가 중에 가장 독보적인 존재로서 최고라는 평을 받고 있다.

그를 두고 "민중의 이끄는 자유의 여신"을 그린 들라크루아는 자신의 우상이라고 했으며. 영국의 위대한 화가인 앞서 언급한 윌리엄 터너는 그를 천재라고 여겼다.

그의 대다수의 작품은 바다를 묘사한다. 그는 여러 전문가들에게 "그의 예술적 본질적 기억은 이제 전설적이며 예비 스케치를 통해 그리지 않고서도 매우 짧은 시간 안에 본 것을 다시 재현 할 수 있었다"고 라고 하든지 아니면 "움직이는 바닷물과 반사 된 바닷속 태양과 달빛의 깊은 영향을 대중에게 전달할 수 있는 그의 탁월한 능력이 있다"라는 말로 칭송받았다. 주로 현실적인 요소를 사용했으며 1840~1850년대의 아이바조프스키의 전성기의 그림들은 다양한 색채를 사용했으며 서사적이고 낭만적인 주제로 형성화 되었다. 1870년대까지 그의 그림은 섬세한 색깔에 의해 지배되었다. 그의 생애의 마지막 20년 동안 아이바조프스키는 일련의 은색 톤의 바다 풍경을 만들었다.

그는 대표작에는 "인간과 바다 사이의 낭만적인 투쟁" (The Rainbow, 1873)과 소위 "푸른 해병"(1897년 “재해”, 1898년 “나폴리 만”)과 “도시 경관” (“보스포러스 해의 달빛의 밤”, 1894)등이 있다. 아이바조프스키는 2007년 러시아에서 가장 좋아하는 예술가 1위로 선정되었으며 가장 위대한 해양 예술가 중 한 명으로 평가 받는다. 모스크바의 거리는 1978년 아이바조프스키의 이름을 따서 명명되었고 그의 동상은 2007년 상트페테르부르크 근처의 크론슈타트에 세워졌다. 크림 반도의 심페로폴 국제공항은 러시아 합병 후 2018년 아이바조프스키의 이름을 따서 명명되었고 20,000 아르메니아 드람 지폐의 인물이기도 하다.

20,000 아르메니아 드람 지폐

아이바조프스키 “The Rainbow”, 1873

아이바조프스키 “나폴리 만”, 1898

아이바조프스키 “보스포러스 해변의 전망”, 1856

3.10 라울 뒤피(Raoul Dufy)

라울 뒤피는 프랑스 화가로 직물이나 도자기 디자이너들 사이에서 그의 화풍의 유행은 다채롭고 세밀한 장식적인 스타일로 발전시켰다. 1877년에 노르망디르아브르지역에서 태어난 뒤피는 23세에 이르러 파리로 들어와 오직 인상파화가인 드가를 생각하게 하는 화풍을 약간 어두운 색조로 바꾸어 그렸다. 라울 뒤피가 스스로 자기의 화풍에 대하여 야수파로 발전시킨 계기는 마티스의 작품인 《호사 · 정밀 · 쾌락》을 보고 접한 때라고 한다. “이 그림을 보고 있노라면 나는 그림을 그린다고 하는 아주 참다운 의미를 행동을 파악할 수 있었다. 이러한 정말 감탄의 놀라운 발명처럼 그림을 줄곧 바라보고 있노라면 나는 인상주의적인 리얼리즘의 꿈의 매력은 이제 흔적도 없이 사라져 날아가 버린다" 라고 말하곤 했다. 입체주의에 경도되었으나 이후 밝고 장식적인 색채와 스케치하듯 빠르게 그은 선들로 이루어진 자신만의 독특한 회화 기법을 발전시켰다. 회화뿐만 아니라 책의 삽화, 직물 디자인, 실내장식 작업으로도 잘 알려져 있다. 뒤피의 그림 소재는 다양했다. 여성 누드, 목욕하는 사람들, 연회, 뱃놀이, 경마장, 요트경기, 서커스, 투우, 오케스트라, 산책길의 풍경, 해변, 창이 열린 실내 등 모두 당시 일상에서 쉽게 접할 수 있는 것들이다. 그는 간결하면서도 유창하고 상당히 리드미컬한 양식으로 이러한 일상의 소재들을 작품에 담아 삶의 기쁨과 평화를 일깨워 주었다. 그래서 미국의 여류작가이자 미술품 수집가였던 거트루드 스타인(Gertrude Stein)은 "뒤피의 작품, 그것은 쾌락이다"라고 말한 바 있다.

해수욕장 그리고 길거리 축제 등과 같은 환희의 소리가 울리는 장소마다 장면마다 그가 애호하는 모티프가 기본이 되었다.

마티스, "호사 · 정밀 · 쾌락"

라울 뒤피, "카우스의 보트 경주 Regatta at Cowes" 1934

라울 뒤피, "요트들 Les régates" 1908

3.11 대지미술(land art)

미니멀 아트(minimal art)의 영향으로 '물질'로서의 예술을 부정하려는 경향과 반문명적인 문화현상이 뒤섞여 생겨난 미술경향으로 랜드아트 또는 프로세스 아트나 어스 워크(earth work) 라고도 한다. 소설가 B.앨디스가 쓴 SF소설의 제목에서 작가 스미드슨이 같은 이름을 전람회 이름으로 사용함으로써 일반화된 미술용어가 되었다.

1960년대 말부터 영국 · 독일 · 미국 등지에서 성행했고, 미국의 로버트 스미스슨(Robert Smithson · 1938~1973)이 이런 형식의 작품을 처음으로 '어스 워크'라고 불렀는데, 그는 1968년 뉴욕에서 자신의 전시회를 기획하면서 '대지미술(Land Art)'이라는 이름으로 이를 본격적으로 세상에 소개하게 된다.

작품의 소재나 경향, 방법 등이 작가마다 매우 다르다. 사막, 산악, 해변, 설원 등의 넓은 땅을 파헤치거나 거기에 선을 새기고 사진에 수록하여 작품으로 삼기도 하고, 잔디 등의 자연물을 그릇에 담거나 직접 화랑에 운반하여 전시하기도 한다. 이런 현상은 모두 예술의 일시적 성격, 재료 또는 재질로서의 자연의 재인식, 자연환경의 창조적 응용 등을 강조한 수법이다. 대표 작가는 A.스타키, R.스미드슨, M.하이저 등이다.

대지미술은 1960년대의 두 가지 주요 관심사를 공유하고 있다. 미술의 상업화에 대한 반대와 당시에 부상한 환경운동에 대한 지지가 그것인데, 후자는 '땅으로 돌아가자(back-to-the-land)'라는 반도시화(反都市化)주의와 지구라는 혹성에 대한 정신적인 자세 등으로 나타났다. 대지미술가들의 폭넓은 방법과 목표는 다양한 예를 통하여 잘 나타난다. 이는 자연과의 유대를 상실하는 현대사회에 대한 하나의 비판이 되기도 한다. 또 이 대지미술은 전 세계 환경운동가들과 접점을 형성하면서 그 작품 범위가 확산되었다.

《나선형의 방파제》(Spiral Jetty)는 1970년에 만들어진 바다에 설치 된 대지미술로써의 작품으로, 미국의 조각가인 로버트 스미드슨의 대표작으로 알려져 있다. 스미드슨은 이 작품을 만드는 제작 과정을 영화로 남겼는데 이는 32분짜리 컬러 필름으로 그 필름의 제목 또한 〈나선형의 방파제〉라 칭하였다.

점토, 암염, 암석, 물을 이용하여 450 m × 4.6 m 크기로 유타 주 솔트레이크시티 그레이트솔트 호 호숫가가 있다. 바다와 자연의 소재를 그대로 이용하려는 실험적 미술이다. 또한 이러한 대지미술의 작품은 일시적이라는 영원성의 부재를 담고 있다. 영원하지 않는 시간의 한정된 순간을 표현한 것이기도 하다. 대지미술의 선구자인 스미드슨은 갤러리나 미술관 같은 제도적 기관을 일종의 `문화적 감옥'이라 칭하고 그 제도권에서 벗어나기 위해 "있는 그대로의 자연"으로 돌아가야 한다고 생각했다. 그리하여 그는 아무도 소유할 수 없는 예술작품을 창조하는 것과 재료와 장소, 시간이라는 비물질적인 개념을 표현하는 것에 관심을 갖고 새로운 예술 형태와 대상을 찾아내기 위해 광활한 대지로 눈을 돌렸다. 스미드슨은 이 호수의 물이 정열과 생명의 원초적인 상징성이 풍부한 적포도주 빛을 띠고 있기 때문에 선정하였다고 한다. 방파제는 시간이 흐르면서 흙과 돌에는 바다 생물이 깃드는 자연의 포용력과 위대성을 보여주었으며, 다른 한편으로는 풍화와 침식으로 인해 둑이 점점 해체되어가는 모습도 보인다. 이처럼 생성 · 변화 · 소멸하는 자연의 순환 법칙 또한 대지미술의 일부분인 것이다.

스미드슨은 이 작품을 통해 자연의 생성과 붕괴, 인간의 제작활동과 파괴 등 모든 우주 만물의 과정을 엔트로피-소멸이라는 개념과 결부시켜 과거와 미래,

Spiral Jetty

새로운 것과 낡은 것을 현재시제라는 일시적임, 무상함으로 귀착시켰던 것으로 미술평론가들은 평가한다. 이 작품을 통해 스미드슨은 인간이 인공적으로 만든 이 거대한 구조물인 인간의 성취도 결국 자연의 힘, 순환의 힘을 이겨낼 수 없다는 사실과 자연 안에 담긴 신비를 예술 행위를 통해 새롭게 조명해보고자 한 것이라고 평가받고 있다.

크리스토 자바체프 (Christo Javacheff)의 작품인 "둘러싸인 섬"은 폴리 프로필렌섬유를 이용하여 길이 11.2km를 마이애미 해변 섬 주변을 덮은 대지미술로써 사람과 자연에 대한 그리고 바다와 해양에 대한 인간으로 대표되는 물질과 자연으로 대표되는 바다의 교감을 불러일으켰다.

최근 작품인 "떠있는 부두 The Floating Piers"는 2016년 6월18일에서 7월 3일까지 총 15일 동안 이탈리아서 진행되었다. 이탈리아 솔자노와 페쉬에라지역을 잇는 패브릭 천으로 제작되었으며 예수의 기적처럼 사람들이 물위를 걸으면서 자연과 인간이 자유를 만끽하며 하나 되는 모습을 보여준다.

Surrounded Islands, Biscayne Bay, Miami, Florida, 1980-1983

크리스토 자바체프 "떠있는 부두 The Floating Piers" 2016.6.18. ~ 2016.7.3

3.12 가나가와 앞바다의 큰 물결 (The Great Wave off Kanagawa)

"가나가와 앞바다의 큰 물결(神奈川沖浪裏)"은 일본 에도 시대인 1831년 후반에 제작된 우키요에(17세기부터 19세기까지 번성했던 일본 미술의 한 장르) 예술가 호쿠사이의 목판화이다. 이 인쇄물은 폭풍우가 몰아치는 바다를 통과하는

세 척의 배를 묘사하고 있으며, 중앙에는 큰 파도가 나선형을 이루고 배경에는 후지산이 보인다. 이 판화는 호쿠사이의 가장 잘 알려진 작품이자 그의 시리즈인 후지산의 36가지 중 첫 번째 작품으로, 프러시안 블루색의 사용이 일본 판화에 혁명을 일으켰다고 평가 받고 있다. 전통적인 일본 판화와 유럽에서 개발된 그래픽 원근법의 사용을 종합 한 것으로, 호쿠사이의 예술이 인상파의 작품에 영감을 주어 일본과 유럽에서 관심과 성공을 거두었다. 전 세계의 여러 박물관에는 사본이 있으며, 그 중 다수는 19세기 일본 판화의 개인 소장품에서 가져온 것이다.

아마도 모든 예술 역사상 가장 많이 재현된 이미지로 묘사될 뿐만 아니라 일본 역사상 가장 유명한 예술 작품으로 평가 받고 있다. 빈센트 반 고흐, 클로드 드뷔시, 클로드 모네, 히로시게를 포함한 여러 예술가와 음악가에게 영향을 미쳤다.

클로드 드뷔시의
La Mer의 1905년
오리지널 표지.

바다가 구도를 지배하는데, 이는 떨어지기 전에 펼쳐져 전체 장면을 지배하는 파도의 모양을 기반으로 한다. 이 시점에서 파도는 중심이 디자인의 중심을 통과하는 완벽한 나선을 형성하여 시청자가 배경에서 후지산을 볼 수 있도록 되어있다. 이미지는 곡선으로 구성되어 있으며 수면은 파도 내부의 곡선의 확장이다. 큰 파도의 거품 곡선은 다른 곡선을 생성하며, 이는 큰 파도의 이미지를 반복하는 많은 작은 파도로 나뉜다.

성난 하늘 상승, 컬러의 투명한 내부의 깊은 하늘빛, 동물의 발톱 형태로 물방울 소나기에 흩어지는 문장의 찢어짐을 보여주는 그림이라 해석되고 있다.

파도는 일반적으로 쓰나미, 거대한 파도 또는 불량 파도에 의해 생성되는 파도로 설명되지만 거품의 "발톱"으로 어부들을 위협하는 흰색 해골과 같은 괴물 또는 유령 같은 파도로도 설명된다.

1830년대에 호쿠사이가 프러시안 블루를 광범위하게 사용되어 "청색 혁명"을 일으켰다. 그는 당시 우키요에 작품에서 일반적으로 사용되었던 섬세하고 빠르게 퇴색하는 파란색 음영인 남색 대신 가나가와의 큰 물결에 이 파란색 음영을 사용했다. 일본어로 베로린 아이로 알려진 프러시안 블루는 1820년부터 네덜란드에서 수입되었으며, 1829년 일본에 대량으로 도착한 후 호쿠사이가 광범위하게 사용 했다.

호쿠사이,
1839년의 자화상

3.13 해양생물공예 - 나전칠기

공예(工藝)는 실용성과 미(장식)의 양면을 조화시켜 일상생활에 필요한 물건을 만드는 것이다. 인간의 생활주변에서 주로 쓰이며, 재료·의장(意匠)·기교 등에 의해서 미적 효과를 가진 도구와 기타 물품 등을 만드는 것을 총칭한다. 직접적인 실용성을 가지고 있다는 점에서 회화·조각과 구별된다. 공예는 건축과 더불어 이른바 응용예술 분야에 속하고 있으나, 건축은 그 주된 요인이 구축체(構築體)와 내부·외부 공간의 형성에 있는 데 대해, 공예는 그 주된 요인이 광의에 있어서의 물품의 장식적 기능에 있다.

도자공예(ceramics)는 도토(陶土)를 빚어서 구워 만드는 공예이며 자기(磁器)·도기(陶器)·토기(土器)로 구분된다. 금속공예(metal craft)는 가공하는 방법에 따라서 주금(鑄金)·조금(彫金)·단금(鍛金)·판금(板金) 등으로 분류된다. 상아공예는 석기시대 이래로 소조각상(小彫刻像)의 유물이 많이 있을 정도로 고대부터 세공예로 발전했다. 상아는 빛깔이 희고 단단해서 세공하기에 대단히 좋은 재료이다. 르네상스 이후에는 가구에까지 응용범위가 확대되었다. 이것은 조각의 응용부문이라고 하겠다. 목재공예(joinery)는 가구·집기류가 주이며 근래에는 곡목가구(曲木家具), 그리고 고성능 접착제를 사용한 합성목재의 발전이 현저하다. 죽세공(竹細工)은 각종 대나무를 여러 가지 기법을 사용하여 가구·기구(器具)·완구 등을 만들며 특히 동양에서 많이 발전된 공예이다. 유리공예는 규산염초자에 착색 성분을 가해서 내화점토의 도가니 속에서 섭씨 1400 이상의 고열로 용해하여 각종 기물을 만드는 것이다. 섬유공예(textile art)는 수공예와 공업을 통해서 포백(布帛)을 직조하고 편물하고 염색하고, 또는 자수(刺繡)하는 공작을 포함한다. 종이공예는 닥나무를 소재로 만들어진 한지 공예가 대표적이다.

공예의 세계

현대사회에서 공예(工藝)는 다양한 모습으로 존재하며, 조형 예술의 한 갈래로서 순수 미술과 디자인 사이에 위치한다고 보는 것이 일반적이다. 실용성이 강조되기는 하지만 미학적 가치 또한 중요시되는 현대 미술, 혹은 응용 미술의 하나이다.

우리 민족은 아득한 옛날부터 칠기(칠목기·칠그릇)를 사용해 왔다. 나무로 만든 그릇에 옻(옻나무의 진)을 입혀 윤이 나게 한 것이 칠기이다. 칠기는 물이 묻지 않고 오래되어도 썩지 않는다. 나전칠기(螺鈿漆器)는 야광패(貝), 전복조개 등 특정한 조개류의 껍질을 잘라 모양을 내어 붙이고 옻칠한 기물을 가리킨다. 보통은 나무제품에 장식하고 옻칠했지만 금속제품에 장식한 경우도 있다. 한국, 중국, 일본에서 제작되었는데 삼국 공통으로 나전이라고 부른다. '나전칠기'라는 명칭에서 라/나(螺) 자는 소라, 전(鈿) 자는 '장식하다'라는 뜻이다.

전복조개

금이나 은판을 오려붙인 것은 따로 평탈(平脫)이라고 부른다. 나전이라는 말은 한국·중국·일본에서 공통적으로 쓰이는 한자어이며, 우리나라에서는 예로부터 '자개'라는 고유어를 써 왔다. 따라서 그 만드는 일을 '자개박이' 또는 '자개 박는다" 라고 일컫는다.

이규경(李圭景)의 ≪오주연문장전산고≫에서는 '자개(紫蓋)'라고 기록하기도 하였지만, 이는 음차(音借)한 표기에 불과하다. 그러나

11세기 고려 때의 언어를 기록한 ≪계림유사鷄林類事≫에서 '나왈개개(螺曰蓋槪)'라 했는데, 그것이 자개 [差槪] 의 오기임이 사실이라면 일찍부터 자개라고 하였음을 짐작할 수 있다.

나전에 많이 사용하는 아름다운 전복껍질 자체가 희소성이 있고, 비싼 재료는 당연히 아니지만 수공으로 나전가구 하나를 만들어 내는 데는 엄청난 시간과 노력이 들어가기 때문에 비쌀 수밖에 없다. 만들기 어려운 만큼 나전칠기, 특히 대형물인 자개장의 가격은 상상을 초월하여 안방에 놓을 만한 여러 자짜리 장롱은 가격이 수천만 원을 호가한다. 장롱, 화장대, 협탁 등을 풀 세트로 장만하려면 6-7천만 원에서 1억 가까이한다.

자개를 이용하여 장식한 물건 중 역사상 가장 오래된 것은 수메르문명의 왕릉에서 출토된 우르의 군기와 우르의 전승기념비이다.

유래는 분명치 않으나, 중국에서는 상나라 때부터 나전칠기가 만들어지고 당나라시기에 많이 만들어졌다고 한다. 그것이 한국과 일본에 전하여졌을 것으로 보인다. 한국에서는 백제 무령왕릉에서 평탈 기법에 가까운 나전칠기가 발견되었고, 삼국사기에 칠전(漆典)이라고 하는 관청이 신라에 있다고 기록한 것으로

우르의 군기

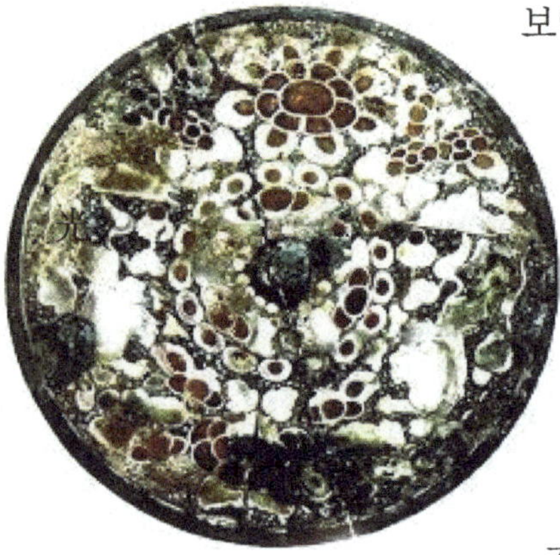

나전 화문 동경

보아, 이때쯤부터 짐작할 수 있다. 신라 때의 나전 유물로 국보 제140호 나전 화문 동경이 현존한다. 그 전래의 초기에는 주로 백색의 야광패(夜0貝)를 사용하였으나 후대 특히 한국에서서는 청록빛깔을 띤 복잡한 색상의 전복껍데기를 많이 사용하게 되었다. 한국의 고려시대에는 칠기가 송으로 수출되었을 정도로 유명했으며, 관련 일화가 고려도경에도 남아있다. 고려 원종시기 원의 칸의 칠기 조달 명령을 받아 칠기제작 부서인 전함조성도감을 설치했던 바가 있다.

문종 시기에는 송나라와 거란에 나전칠기를 선물로 주기도 했다. 고려시대 나전칠기의 특징으로 복채법(伏彩法 - 얇은 자개의 뒷면에 채색을 하거나 금박(金箔) 등을 대어 자개면에 색채가 비치게 하는 방법)과 금속선을 들 수 있다. 중국의 ≪격고요론 格古要論≫에는 송나라 나전칠기 중에서 동선(銅線)을 감입한 것이 한층 아름답다는 기록이 있지만 남아 있는 유물은 매우 드문 편이다.

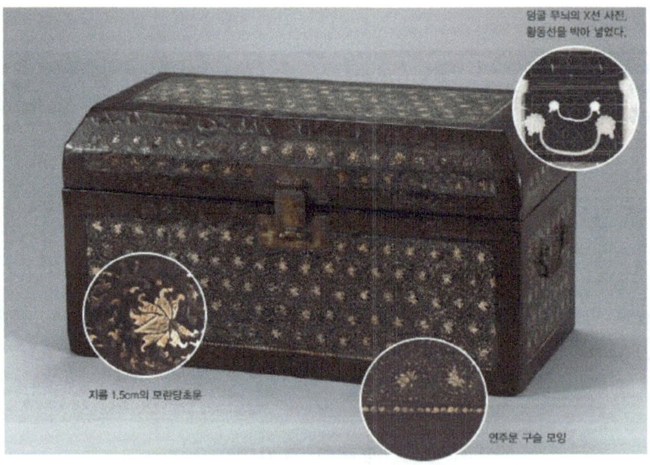

고려 나전칠기 경상(高麗螺鈿漆器經箱)

조선나전칠기

이에 비하여 고려에서는 나전칠기 당초무늬의 덩굴줄기라든지 무늬와 무늬 사이의 경계선 등으로 다양하게 응용되었으며, 주로 은선 · 동선 · 주석선이 쓰였다. 금속선은 두 가닥의 가는 철사를 한데 꼬아 새끼줄처럼 만들어 쓰거나, 실고추를 썰 듯 모난 철사를 단선(單線)으로 사용하는 두 가지 방법이 있는데, 후자는 고려시대에만 나타나며 조선시대에는 그것이 자개로 대치되었다.

조선시대에는 자개를 일정한 소폭의 만곡상(彎曲狀)으로 나타내는 기술이 발달되었기 때문에 따라서 점차 금속선의 문양 표현법이 드물게 되었다. 이들 나전의 무늬는 상감청자가 융성하던 시기의 회화적인 초목수금도(草木水禽圖)는 거의 없고, 대개 국화문과 당초문을 전면에 가득 밀집배치하고 있다. 조선 초기의 나전칠기는 고려시대 이래의 의장(意匠)을 계승하였지만, 그 잔손질한 솜씨가 성기고 거칠어졌으며 무늬의 정연함도 점차 잃어간다. 즉, 섬세한 국당초무늬보다는 꽃잎과 이파리가 굵직굵직한 모란당초 또는 연당초무늬 하나로 기물의 모든 면을 처리하는 예가 많고, 구도가 복잡하면서 꽉 짜여지기보다는 대칭이 흐트러지고 공간을 많이 남기며 전체적으로 어색한 일면을 가지고 있다. 조선시대 말기인 19세기에는 나전기법이 좀 더 다양해진다. 문양보다 자연의 사실묘사가 더 많아지고 끊음질수법으로 귀갑문(龜甲紋) 같은 기하학적인 무늬를 기물 전체에 씌운다든지 산수풍경을 표현하는 것이 많아진다.

소수의 귀족 취향에 영합하여 정교하고 우아하던 특성이 점차 민중적 취향으로 바뀌어 신선한 감각을 새롭게 불러일으키게 되었다. 따라서 대모의 복채(바다 거북이의 등껍질을 얇게 갈아서 투명하게 만든 다음 그 뒷면에 색을 칠하여 앞면에 색이 은은하게 배어 나오도록 하는 기법)나 금속판을 재단한 모진 단선의 사용은 자취를 감추고, 대신 15, 16세기의 청화백자에 등장하는 매화와 대나무나 꽃과 새를 배치하여 회화적 효과를 시도하는 새로운 경향이 나타났다.

일본에서는 나라 시대부터 당나라에서 수입되어 만들어졌다.

개화기를 거쳐 가면서 나전칠기는 점차 쇠퇴했고, 이왕직(李王職) 소관의 미술품제작소에 소속된 나전부에서 나전칠기가 제작되었다. 일제강점기 당시에는 일상용도보다도 공예품으로 상품적 가치를 인정받아 일본 및 조선인 상류층 간 기념품, 답례품 등으로 인기가 있었다. 1925년 파리 만국박람회 당시에도 나전이 출품되어 수상을 하기도 했고 구미지역에도 수출이 이루어지기도 했다.

현대로 들어서 전통공예에 관심이 생기면서 기능장을 중심으로 나전칠기를 만든다. 다만, 제작과정이 매우 복잡하고 길며, 수공작업으로 할 수 밖에 없고, 피부에 유독하고 악취가 나는 옻칠을 쓰기 때문에 기피 대상이라 기술을 이을 장인이 없어서 사라질 위기에 있는 기술이다.

칠기가 서양에 소개된 것은 생각보다 상당히 오래전 일이다. 17세기 시누아즈리(유럽의 후기 바로크·로코코 양식의 미술에 가미된 중국 취미의 미술품을 통칭하는 말)와 자포네스크(일본 문화의 영향을 받은 서구의 자포니즘적 예술사조)가 유행하던 시절에 처음으로 서양에 알려졌다. 특히 일본 칠기는 광택 있는 검정 칠기판 위에 금과 은으로 모티브를 넣은 화려함으로 서양인의 눈길을 끌었다고 한다. 동양의 칠기가 유명해지면서 서양인들은 그 비법을 알아내려 노력했다. 이후 유럽에 칠의 비법을 소개한 사람은 18세기 프랑스 예수회 선교사이자 아마추어 식물학자인 피에르 댕카르빌(Pierre Nicolas Le Chéron d'Incarville, 1706 - 1757)이다. 그는 '중국 칠에 대해서'라는 연구서를 발표해 칠의 성분이 '치수'라는 나무에서 추출한 진액임을 밝혀내었다. 이 치수가 바로 옻나무이다.

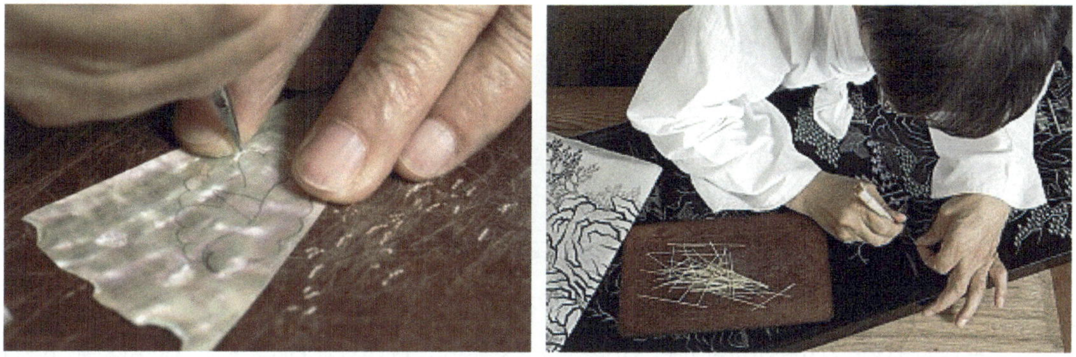

주름질과 끊음질

실제 전복껍데기를 가공한 나전으로 귀걸이, 목걸이 등 장신구를 만드는 경우도 있다. 무지개 빛깔로 반사가 되는 것이 큰 매력이라 실제로 제법 많은 사람들이 찾는다. 전복껍데기 자체가 매우 흔하기 때문에 자개 조각 한두 개 정도는 나전칠기를 만들거나 수리하는 곳을 견학하면 공짜로 얻을 수 있다. 다만 조개껍질의 특성상 사파이어, 에메랄드, 자수정 등의 보석에 비해서는 재질 자체가 물러서 흠집이 나기 쉬우며, 비누, 땀, 샴푸 등 화학물질에도 상대적으로 예민한 편이어서 관리를 잘 해주지 않으면 오래가지 못한다. 다만 공기 중에 그냥 가만히 보관만 한다면 문제없이 오래간다.

자개를 붙이는 방법에 주름질은 본래 자개를 줄로 썰어 물건의 형상 그대로 오려붙이는 솜씨이며, 끊음질은 거두로 실 같은 자개상자를 만들어 끊어 붙임으로써 무늬를 선묘(線描)하는 것을 말한다.

무형 문화재 제12호로 지정되어 있으며, 특히 경상남도 통영에서 나는 통영자개는 이름나 있다. 한국나전칠기박물관은 서울특별시 용산구 이태원동에 있다.

책속에 책 **더 읽어 보기**

바다 미술제를 아시나요?

바다 미술제(Sea Art Festival)는 대한민국 부산광역시에서 격년제로 개최되는 바다미술축제이다. 바다 미술제는 홀수 해마다 열린다.

부산광역시와 (사)부산비엔날레조직위원회가 주최하는 부산비엔날레는 1981년 발족해 제7회까지 치러진 '부산청년비엔날레', 1987년 발족해 제9회까지 치러진 '바다 미술제', 1991년부터 치러진 '부산야외조각대전'을 통합한 미술 행사로, 1998년과 2000년에는 부산국제아트페스티벌(PICAF)이라는 명칭으로 개최되었다.

그러다 2001년 1월, 부산청년비엔날레의 정통성을 잇고 세계적 규모의 격년제 미술행사로 거듭나기 위해 부산비엔날레로 명칭을 바꾸어 2002년 제1회 부산비엔날레를 개최하였다. 2010년 제5회 부산비엔날레 개최 이후, 바다 미술제를 부산의 독특한 해양미술축제로서 세계적인 예술 브랜드로 육성하고자 2011년부터 홀수 해마다 독립 개최하고 있다.

부산비엔날레조직위원회는 부산의 세계적 관광명소로 자리 잡은 해운대해수욕장과 광안리해수욕장뿐만 아니라 문화적 혜택이 적었던 서부산에 위치한 송도해수욕장, 다대포해수욕장에서 바다 미술제를 지속적으로 개최하여 예술 향수권을 확대하고 부산의 균형적 발전에도 기여하였다. 누구나 찾아올 수 있는 열린 자연 공간인 바다에서 개최되는 바다 미술제는 현대미술이 가진 장벽을 낮추고 대중들과 보다 가까이에서 소통할 수 있는 전시회로 자리 잡았다.

2002부산비엔날레 바다 미술제 대상작품은 최평곤의 '아가를 위하여' 이 작품은 아프간 난민촌의 아이를 형상화한 작품인데 사람이 안고 있는 아기는 우리의 미래이자 희망을 상징하며 신비를 간직하고 있는 생명의 근원 바다에서 아기를 안고 걸어 나오는 모습에서 많은 것을 생각하게 한다.

학술세미나와 프로그램, 교육프로그램들이 제공되며, 시민들이 직접 참여할 수 있는 시민참여프로그램도 열린다.

미술제	기간	장소	참여(팀) 수
제1회 바다 미술제	1987. 9. 15~ 9. 24	해운대해수욕장	총32명(팀)
제2회 바다 미술제	1988. 9. 15~ 9. 25	해운대해수욕장	총28명(팀)
제3회 바다 미술제	1989. 9. 25~10. 3	광안리해수욕장	총26명(팀)
제4회 바다 미술제	1990. 9. 5~10. 24	광안리해수욕장	총27명(팀)
제5회 바다 미술제	1991. 9. 26~10. 6	광안리해수욕장	총27명(팀)
제6회 바다 미술제	1992.10. 4~10. 14	광안리해수욕장	총70명(팀)
제7회 바다 미술제	1993.10. 1~10. 14	해운대해수욕장	총32명(팀)
제8회 바다 미술제	1995. 9. 22~10. 1	해운대해수욕장, 부산문화회관, 파라다이스 비치호텔 공연장	총28명(팀)

*제8회 바다미술 개최 이후, 부산비엔날레에 통합 개최되어 오다가 2011바다 미술제부터 독립 개최.

연도	기간	장소	감독	전시주제	관객수
2011	10.01~10.21 (21일간)	송도해수욕장	전시기획위원회 (김종구, 도태근, 류병학, 박태원, 전보승)	송도	138,680 명
2013	09.14~10.07 (24일간)	송도해수욕장	박태원(조각가)	With 송도 기억·흔적·사랑	174,490 명
2015	09.19~10.18 (30일간)	다대포해수욕장	김성호 (독립 큐레이터, 미술평론가)	보다 바다와 씨앗	213,748 명
2017	09.16~10.15 (30일간)	다대포해수욕장	도태근(신라대학교 조형미술학과 교수)	Ars Ludens 바다+미술+유희	384,526 명
2019	09.28~10.27 (30일간)	다대포해수욕장 다대포 쓰레기 소각장	서상호 (오픈스페이스 배 대표)	상심의 바다	219,718 명
2021	10.16~11.15 (30일간)	일광해수욕장	리티카 비스와스 (RITIKA BISWAS)	인간과 비인간 아상블라주	137,878 명

2013 바다 미술제

2017년 바다 미술제

더 생각해 보기

1. 해양미술 분야가 오늘날 미술에 한 분야로 대중화되기 위한 방안에 대해 논의해 보자.

2. 세계여러나라의 해양미술, 공예 등이 인류사적으로 예술작품으로 인정될 수 있는 범위와 작품세계 및 우리나라의 나전칠기와 같은 독특한 해양예술분야에 대해 논의해 보자.

4 해양음악

4.1 한국설화와 전설에서 등장하는 해양음악 해가 [海歌]
4,2 민요속의 해양음악 "이어도 사나소리"
4.3 대중음악속의 해양음악 "바다의 교향시"
4.4 멘델스존의 해양서곡음악 〈잔잔한 바다와 즐거운 항해〉
4.5 쇼팽의 해양음악 〈뱃노래〉
4.6 바그너의 해양음악 오페라 서곡 〈방황하는 네덜란드인〉
4.7 드뷔시의 해양음악 "바다 - 관현악을 위한 세 개의 교향적 소묘"
4.8 랄프 본 윌리암스의 해양음악 교향곡 1번 '바다'
4.9 짐머만의 해양음악 "닻을 올려라"
4.10 로드 스튜어트(Rod Stewart) "sailing"

음악은 인간의 사상과 감정을 주로 음으로 나타내는 소리 예술로 정의된다. 그리고 형식미와 감정표현을 위해 성악과 기악을 결합한 예술이다. 음을 구성하는 요소로는 음조, 음색, 기악편성법 등이 포함된다. 음악은 민족과 시대에 따라 다양한 모습으로 나타난다.

음악은 모든 인간사회에 스며들어 있는 예술이며 의식, 예배, 의사소통, 오락 등과 같은 다양한 사회의 목적에 사용된다. 따라서 음악에는 각 민족별, 시대별로 다양한 철학과 문화를 담고 있다.

그리스어 '무시케(musike)'에서 유래하였고, 음악의 중요한 3대 요소는 리듬, 멜로디, 하모니이다.

음악(音樂)은 소리를 재료로 하는 시간예술이다. 그러나 그 보존 및 표기는 시각적인 매체인 악보를 사용한다. 인간의 고도의 지성적, 감성적 활동의 산물인 음악은 인류의 문화 발전사에서 동서양을 막론하고 매우 일찍 인간 생활의 중요한 요소로 자리를 잡았고 인류 문화 발전의 총체적 원동력이 되어온 동시에 인류의 역사에 지대한 영향을 끼쳐왔다. 음악은 서양음악과 전통음악 등 지역별로, 고대음악과 현대음악 등 시대별로 구분할 수 있다. 일반적으로 사용하는 음악이란 단어는 순수한 음악을 지칭하는 단어이므로 음악에 대응되는 단어는 대중음악이다.

음악이 역사상 언제부터 어떻게 발생되었는지는 확실하지 않다. 그러나 약 5만 년으로부터 1만 년쯤 전에 발생된 것으로 추정하고 있다. 그때는 음악이 주술이나 마술 등을 위해 발달하였고 마력적이라고 생각하였다. 악기로는 뼈로 만든 피리와 딱따기 등이 있었다. 음악이 동물의 울음소리를 따라 하기 위해 생겼을지도 모른다는 가설과 춤의 동작에 맞추기 위해 생겨났다는 가설 등이 있다.

음악의 하위범주인 노래는 가사에 곡조를 붙여 목소리로 부를 수 있게 만든 음악으로 그 음악을 목소리로 부르는 행위로써 놀이와 어원이 같다. 중세 국어

자료가 보여주는 바로는 '노래'는 그 당시 '놀애'로 표기되어 있으므로 '놀다[遊]'라는 말에서 파생된 것으로 짐작된다. 그러므로 노래는 오락성 또는 연희(演戲)의 성격을 명칭 자체에 이미 담고 있는 것이다.

이러한 점은 '노래'와 '부르다'가 관용적으로 결합하는 사실과도 부합된다. '부르다'의 여러 가지 뜻 가운데서 '외치다'의 뜻이 큰소리로 노래한다는 성격을 드러내는 것으로 볼 수 있다. 음악의 관점에서는 좀 더 엄밀하게 '시에다 곡을 붙인 하나의 악곡 형식'이라고 정의하기도 하는데, 이것은 음악적 형식의 엄밀성을 앞세운 것이 다를 뿐이다. 노래가 곡조와 말소리라는 두 요소로 이루어진다는 점에는 차이가 없다. 노래의 범위이 '곡조+말소리'의 형식을 갖춘 것이면 일단 노래로 규정할 수 있겠으나 실제로는 그렇지 않다. 우선 곡조만 하더라도 짧고 단순한 것에서부터 길고 복잡한 것에 이르기까지 다양하다.

해양음악은 바다를 소재로 하고 바다와 배, 그리고 항해가 테마의 중심에 있는 음악이라 할 수 있다. 여기에 바다를 터전으로 사는 인간의 희로애락이 내포되어 있는 음악과 노래도 포함 되며 포괄적으로 역사적, 사회적, 문화적 의미를 가진다면 그것 또한 해양음악이라 할 수 있다. 해양음악은 인간의 감정 속에서 예술적으로 문화적으로 직간접인 영향을 주어 인간의 행위에 미치는 바가 크다. 인간은 감정의 동물이기 때문이다.

이 감정을 바다와 해양을 통해 그것을 연관시켜 그 속에서 삶의 의미와 인간의 기쁨과 슬픔, 고뇌와 갈등의 표출로써 바다와 연동하여 서로를 위로하고 힐링해 나아가는 동반적 의미의 문화콘텐츠를 만들어갈 수 있다.

4.1 한국설화와 전설에서 등장하는 해양음악 해가 [海歌]

설화는 일정한 구조를 가지고 꾸며낸 이야기로 구비문학이다. 각 민족에게는 그 민족 고유의 설화들이 내려온다. 설화의 종류는 신화, 전설, 민담 등이 있으며 각각 조금씩 다른 특성을 보인다. 신화는 천지의 창조, 민족이나 성씨의 시조 탄생 등 신성한 이야기를 의미하며, 전설은 어떤 지명이나 성명에 얽힌 이야기이며, 민담은 흥미 위주로 창작된 이야기이다. 설화에는 민족의 전통 사상과 가치관, 정서, 문화가 담겨 있으며, 설화를 기반으로 끊임없이 새로운 문학이나 예술이 만들어진다. 설화는 전설이나 신화의 구별이 모호하다. 특히 전설이나 민담은 설화가 갖는 성격과 비슷하여 서로 혼입된 경우가 많다. 설화는 입으로 전해지면 구전설화라 하고, 구전되던 설화가 문자로 기록되면 문헌설화라고 한다. 그러므로 구전설화가 구비문학에 속하는 것이라면, 문헌설화는 기록문학에 속한다. 구비문학의 여러 다른 장르가 그러한 것처럼 설화의 생명은 구전된다는 데 있다.

그렇기 때문에 일상적인 신변잡담이나 말로 전하는 역사적 사실 등은 설화의 범주에 들어가지 않는다. 설화 가운데 사실담이 전혀 없는 것은 아니지만, 이것은 사실 자체를 그대로 이야기한 것이라기보다는 흥미와 교훈을 위해 사실적으로 이야기하는 것이 대부분이다. 설화는 구전됨으로써 그 존재를 유지해 가는데, 설화의 구전은 일정한 몸짓이나 창곡(唱曲)과는 관계없이 보통의 말로써 이루어지며 이야기의 구조에 힘입어 전승된다. 즉, 화자는 이야기의 세세한 부분을 그대로 기억하여 고스란히 그것을 전승하는 것이 아니라 그 이야기의 핵심이 되는 구조를 기억하고 이것에 화자(話者) 나름의 수식을 덧붙여서 전승하게 된다. 그렇기 때문에 설화는 구전에 적합하게 단순하면서도 잘 짜인 구조를 지니며, 표현 역시 복잡하지 않다. 이 점이 구조와 표현에 있어서 복잡성과 특수성을 갖는 소설과는 다른 점이다. 또한, 설화는 율격을 가지지 않고 보통의 말로써 구연되기 때문에 산문적 속성을 지닌다. 이 점에서 서사민요 · 서사무가 · 판소리 등과 같은 율문서사(律文敍事) 장르들과 구분된다. 설화는 이야기를 하고 들을 분위기가 조성되면 언제든지 구연될 수 있는데, 이 점에서 어느 일정한 기회에 구연하는 노동요 · 무가 · 가면극과 다르다. 설화는 반드시 화자와 청자의 관계에서, 화자가 청자를 대면하여 청자의 반응을 의식하면서 구연된다. 일반적으로 화자와 청자의 신분은 민중이라고 일컫고 있으나 꼭 그런 것만은 아니다. 설화 중에는 양반이나 지식인 사이에서 발생하여 전승되는 것들도 제법 많다. 설화가 문자로 정착될 수 있는 기회를 많이 가진 것도 양반이나 지식인의 참여가 있었기 때문에 가능했을 것이다. 문헌설화는 이미 구전을 벗어나고 가변성이 제거되어 엄밀하게 따지면 이미 설화가 아니나, 문자로 정착되기 전에는 구비 전승되었을 것이고, 설화로서의 구조와 표현이 의식적으로 바뀌지 않았다면 설화의 범주에 포함시킬 수 있을 것이다. 설화라는 용어 대신에 고담(古談) · 석화(昔話) · 민담(民譚) 등을 쓰기도 하나 고담 · 석화에는 그 용어 자체에 시간적인 제약이 내포되어 있다는 점에서, 또한 민담은 설화의 하위분류 가운데 하나인 민담과 혼동될 수 있다는 점에서 설화의 대치어로는 부적당하다. 설화의 분류는 시대와 장소, 그리고 학자에 따라 매우 다양하지만, 보통 신화(神話, myth) · 전설(傳說, legend) · 민담(民譚, folktale)으로 나누고 있다. 그러나 이 셋 사이에 분명한 경계가 있는 것은 아니며, 서로 넘나들기도 하고 상호 전환되기도 한다.

신화의 전승자는 신화를 진실 되고 신성한 것으로 인식하고 있다. 전설은 구체적으로 제한된 시간과 장소를 갖는다. 신화의 증거물은 매우 포괄적이다. 전설은 이와 달리 특정의 개별적 증거물을 가진다. 민담은 이야기가 그 자체로 완결되며 증거물에 호소할 필요가 없다. 신화의 주인공은 신이며, 그의 행위는 신이 지닌 능력의 발휘이다. 전설의 주인공은 구체적 · 역사적 인물로서, 그의 행위는 인간과 인간 또는 인간과 사물 사이에서 일어나는 예기치 않던 관계가 대부분이다. 민담의 주인공은 일상적인 인간이다. 비록 초인적인 능력을 가진 인물이라 하더라도 그의 심리상태는 일상적인 차원에서 멀리 벗어나지 않는다.

해가[海歌]는 신라 성덕왕 때의 가요이며 해가사(海歌詞)라고도 한다. 삼국유사의 권2에〈수로부인(水路夫人)〉에 다음과 같은 내용이 전해진다.

가락국의 《구지가(龜旨歌)》와 흡사한 주술적 의미의 주가(呪歌)로서, 원문을 살펴보면 다음과 같다.

구호구호출수로 (龜乎龜乎出水路) - 거북기아, 거북기아! 수로공을 내놓거라.
약인부녀죄하극 (掠人婦女罪何極) - 남의 아내를 빼앗은 죄가 그 얼마나 큰 것인가?
여약패역불출헌 (汝若悖逆不出獻) - 네가 만일 이것을 어기어 내놓지 않는다고 한다면,
입망포략번지끽 (入網捕掠燔之喫) - 그물로 마구 잡아 너를 구워 먹으리.

『삼국유사』에 의하면 신라 성덕왕 때 순정공(純貞公)의 부인으로 알려진 수로는 그 미모가 아주 뛰어나 명산과 호수와 못을 지날 때 자주 놀라운 신물(神物)에게 잡혀가는 일이 있었는데, 순정공(純貞公)이 강릉의 태수(江陵太守)로 부임하는 도중에 〈임해정〉이라는 정자에서 점심을 다 같이 먹고 있는데 바다의 괴물인 용이 나타나 갑자기 그의 아내인 수로부인을 바다 속으로 물고 들어갔다고 한다. 이에 순정공이 어찌해야 할지를 모를 때 한 노인이 지나다가 이르기를, "옛말에 뭇사람의 입길은 쇠도 녹인다 하였으니, 용인들 어찌 이를 두려워하지 않겠소. 모름지기 경내(境內)의 백성을 모아 노래를 지어 부르며 막대기로 바닷물을 치면 부인을 찾을 것이오"라고 하였다. 이에 순정공이 직접 경내의 백성을 모아 《해가(海歌)》를 지어 주위사람과 함께 외치며 물가에 와 언덕을 큰 막대기로 치니 그제서야 용이 부인을 도로 돌려두었다고 한다. 이후 순정공이

용궁에 갔다 온 좌초지정을 묻어보니 7가지 보물로 꾸민 화려한 용궁에서 식사를 하는데 그 음식이 매우 달고 맛있으며 향기로와 인간 세상의 것과는 아주 달랐다고 했다. 이후에도 계속 수로부인은 그 미모 때문인지 여러 신기한 용과 같은 괴물들에게 납치되는 일이 많았다고 전한다. 이 노래는 수로부인을 "내놓아라. 내놓지 않는다면 잡아서 구워 먹으리라."라고 하여 바다의 용인 해룡을 위협하며 겁박하는 내용으로 되어있다.

이후 사람들은 이 해가를 바다나 못을 지날 때 마다 위험을 없애는 일종의 주문으로 부르곤 했다.

해가는 헌화가가 지어진 후 이틀 뒤의 이야기로 배경이 서로 연결된다. 헌화가는 순정공과 수로 부인이 점심을 먹은 정자인 임해정의 주변에 높이가 아주 깊은 큰 돌로 된 산의 봉우리가 병풍처럼 바다를 둘러싸여 있는데, 그 위쪽부분에 귀한 철쭉꽃이 많이 피어 있었다. 순정공의 부인인 수로가 그 꽃을 보고 주위의 종들에게 그 꽃을 꺾어서 그녀에게 바칠 자가 있겠느냐고 물었더니 모두가 망설이며 사람의 발길이 닿을 수가 없으므로 서로가 불가능하다고 대답하였다. 마침 우연히 그 길에 암소를 끌고 가던 노인 남자가 수로부인의 말을 듣고서 그 꽃을 꺾고서 노래가사(歌詞)를 지어 바쳤는데, 그 노인이 누구인지는 아무도 모른다.

해가의 내용으로 돌아와 설명하면 바다용에게 납치되었던 수로부인의 옷가지에서 나는 야릇하고 이상한 향기는 약초의 냄새이나 이는 신경과민과 정신이상에서 오는 무당의 병을 일으키는 약물과 비슷하였다, 미인인 수로부인 또한 때때로 무당 병을 일으키는 여성이라 여겨 수로부인을 무당으로 보기도 한다. 또한 현대에 있어서 무당의 꿈에 벼랑에 서 있는 꽃을 신선들이 꺾어주더라는 꽃과 관련된 꿈 이야기를 기원으로 하여 수로부인의 이야기가 꿈이라 여겨서 수로부인은 일반적인 보통사람이 아니라 샤먼적인 존재로도 본다,

이 노래는 내용과 주제가 또한 『삼국유사』 기이편의 끝인 「가락국기(駕洛國記)에 수록되어 있는 「구지가(龜旨歌)」와 그것이 비슷하다. 그러나 「구지가」는 4구체로 구성되어 있고 이와 달리 해가는 8구체로 구성되어 있고 그 내용도 「구지가」보다 더 구체적이다.

또한 이 노래를 「구지가」의 풍자적인 개작(改作)으로 여기기도 한다. 물에 빠진 익사한 사람을 위한 초혼적인 굿의 자취를 지닌 것이라고도 보기 있고, 어법으로 보아서도 제사의 식에서 불린 주술가요로 보아 주사(呪詞)로 규정하기도 한다. 다시 말해 이 노래는 주술(呪術)의 효험(效驗)을 얻기 위한 도가적이며 주문이 포함된 가요라 하겠다.

현재 한국의 주술적이며 종교적 색채의 노래의 연구는 구석기인들의 유물 가운데서 동물이나 사람의 형상을 조각한 것이 있으므로 그들의 활동이 주술적(呪術的)인 신앙과 관련되어 있었으리라고 보고, 그 주술의 방식이 노래의 초기적 형태와 유사할 것임을 추측할 수 있는 정도다. 대략 서기전 4천년 정도로 추정되고 있는 우리나라의 신석기시대인은 고아시아족으로 추정된 바 있다. 뒤에 이들이 단군조선을 건국하여 한민족의 형성에 뿌리 구실을 하였을 것으로 짐작된다. 이들은 우주만물이 영혼을 가지고 있다고 생각했기 때문에 하늘에 제사하는 습속을 가졌던 것으로 보인다. 후대에 행해진 제천의식으로 미루어 볼 때, 이러한 종교의식에 노래가 있었을 것을 추정할 수 있다. 신석기시대에 와서 노래의 구체적 기원을 찾는 것은 세계적으로 공통된 현상이다. 우리 노래의 기원도 고아시아족의 음악문화에서 찾는 것이 일반적이다. 한편, 서기전 10세기 전후 남만주를 중심으로 형성된 청동기시대에는 한민족과 직접적으로 관련되는 예맥족(濊貊族)이 알타이계 언어를 사용하고 농기구를 만들어 농사를 짓기 시작하였다. 이들이 씨를 뿌린 뒤와 곡식을 거둔 뒤에 노래하고 춤을 추었다는 중국 쪽의 기록에서 이들의 노래는 농경생활과 밀접한 것이라는 추정이 가능하다. 부여의 영고(迎鼓), 고구려의 동맹(同盟), 예(濊)의 무천(舞天)이라든가 마한의 노래는 대체로 춤동작과 결부된 것이며, 하늘에 제사 지내는 의식으로 행해졌다는 점에서 종교적 성격과 관련이 깊은 것으로 보고, 그 동작이 오늘날의 '두레'와 흡사하다는 점에서 농업사회의 습속이었을 것으로 보는 견해도 있다. 결국 이 시기의 노래는 춤과 함께 존재하였고 신에게 기원하는 종교적 기능을 가졌으리라는 점은 공통적이었을 것으로 짐작된다. 그런데 이 시기에는 노래의 담당층과 향유층이 따로 나뉘지 않고 모두가 함께 제천의식에 동참하였을 것이고, 그 형태는 의식에 참여한 사람들이 단순한 형태의 춤과 함께 그 노래도 비교적 단조로운 악곡을 지녔을 것으로 짐작된다.

이를 통해 설화 속에 나타난 대표적인 한국의 해양음악이라는 해가는 바다에 사는 해신과 인간과의 정신적이고 주술적인 현상을 생활 속에서 이어져 왔다는 것을 보여준다.

삼척 수로부인 헌화공원

4.2 민요속의 해양음악 “이어도 사나소리”

민요(民謠)는 민족적인 감정이나 기호를 자연발생적으로 멜로디로써 나타낸 것이다. 음악을 직업으로 하지 않는 서민이 만들어내는 것이므로 최초의 멜로디는 목소리에 의존하며, 악기로 연주되는 것은 아니다. 따라서 가락의 원형은 악보에 기재돼 있지 않으며, 기보는 뒤에 음악적 지식이 있는 사람이 기보한 것이다. 악보에 기재되어 있지 않은 가락은 구전되는 동안 다듬어진다. 따라서 민요는 작사자도 작곡자도 불명인 것이 대부분이며, 작가가 분명한 것은 극히 드문 것에 지나지 않는다.

일반 서민이 감정을 넣어 부르는 노래이므로 자기 나라 말로 부르며, 따라서 그 나라 말의 악센트가 노랫가락에 나타나 있다. 리듬도 역시 그 나라 말에 따라 달라지는데, 민요는 모국어의 특색을 그대로 반영함과 동시에 국민적인 감정을 자연스럽게 표현하고 있다. 활동적이며 활발한 국민은 리듬이 분명한 노래를 부르고, 비활동적이며 그늘진 국민에게는 우울한 노래가 애창된다. 그리고 고지식하고 실무적인 성격을 지닌 국민이 부르는 민요는 역시 부드럽지 못한 가락으로 되어 있는 것이 많다.

원시적인 민요는 단순한 악상이나 짧은 악구(樂句)를 단조롭게 반복하는 것이 많으나, 문화가 향상됨에 따라 음악의 구성은 복잡해지고 악구는 길어져 악곡 전체의 형이 정돈되고 악구와 악구가 대조적으로 배치되어 스스로 예술적 작품의 향상을 나타낸다. 또한 원시적인 민요는 무반주로 부르는 것이었으나, 지금 우리가 노래하고 있는 외국 민요에는 반주가 붙어 있고, 때로는 그 가락을 기악곡으로 연주하기도 한다. 이와 같이 민요는 여러 가지 변화를 겪었고, 각 민족의 장점과 특색을 나타내고 있다. 한반도 지방 구분이 있으나 민중들의 입과 입을 거쳐 내려오는 동안에 그들의 사상・생활・감정에서 우러나온 사설들이 담기고 토속적인 가락으로 불리게 된다, 그 중 〈이어도 사나소리〉는 제주도에서 어업을 위한 노동요 중에서 가장 대표적인 민요로서 해녀들이 바다로 나가 물질 할 때, 배의 노를 저으면서 같이 부르는 노래이다. 특별한 기록 없이 구전되는 민요 특성상 부르는 사람과 지역마다 사설 내용이 조금씩 다르다.

민요의 기본적인 형태는 생활에서 일정한 기능을 하는 것이고, 그 가운데 노동요가 가장 큰 비중을 차지한다. 노동을 하면서 노래를 부르면 행동 통일을 할 수 있고, 흥겨워서 힘이 덜 들기 때문에 노동요는 전통적인 노동의 거의 전 영역에 걸쳐 구비되어 있었고, 노동의 방식에 따라서 서로 다른 방식으로 불려졌다. 노동요는 최초의 민요이고, 다른 여러 가지 민요를 파생시킨 모체라고 할 수 있다. 그런데 오늘날에 와서는 노동의 종류와 방식이 달라지고 생활이 급격한 변화를 겪고 있어서 노동요 전승이 위기를 맞이하였다. 노동요가 제대로 불린 때는 전국 어느 마을, 어떤 생업에 종사하는 사람들도 그 나름대로의 민요를 즐겼는데, 노동요 전승의 위기가 도래하자 국민 대다수가 노래 창조자로서의 지위를 상실하게 되었고, 음악이나 문학 교육이 그 공백을 메우지 못하였다.

노동요는 노동의 종류에 따라서 농업노동요(農業勞動謠), 어업노동요(漁業勞動謠), 그리고 그 밖의 여러 가지 일을 하면서 부르는 잡역노동요(雜役勞動謠)로 크게 나눌 수 있다. 농업노동요와 어업노동요는 대부분 여러 사람이 함께 일하면서 부르는 집단노동요(集團勞動謠)이다. 잡역노동요는 종류가 무척 다양한데, 토목・운반 노동을 하면서 부르는 것은 집단노동요이고, 수공업이나 집안일을 하면서 부르는 것은 개인노동요(個人勞動謠)인 경우가 많다. 남자들이 하는 일은 집단노동요를, 여자들이 하는 일은 개인노동요를 필요로 하는 것이 많다. 격렬하고 힘든 동작을 일제히 함께 하면서 부르는 집단노동요는 악곡이나 사설이 단순하게 반복되고, 이와는 반대로 느린 동작을 혼자서 하면서 부르는 개인노동요는 표현이 다채롭고 내용이 풍부하다.

제주도는 흔히 바람과 돌과 여자가 많다고 하여 삼다도라고도 한다. 직업의 종류에 따라 여러 가지 민요도 많이 전해지고 있어 민요의 보물창고로 널리 알려져 있다. 제주도에서 불리는 토속적인 민요와 통속적인 민요는 민요를 부르는 사람들의 직업 종류에 따라 여러 가지로 나뉘는데, 농사짓기 소리, 고기잡이소리, 일할 때 부르는 소리, 의식에서 부르는 소리, 부녀요와 동요, 통속화된 잡요로 나눌 수 있다. 농사짓기 소리로는 〈사대소리〉, 〈밭밟는소리〉가 있고, 고기잡이소리로는 〈노젓는소리〉, 〈멸치후리는소리〉 등이 있다. 일하면서 부르는 소리로는 〈고래소리〉, 〈가래질소리〉, 〈방앗돌굴리는소리〉 등이 있으며, 의식요에는 〈행상소리〉, 〈달구소리〉, 〈꽃염불〉 등이 있다. 부녀요와 동요로는 〈시집살이노래〉, 〈애기흥그는소리〉, 〈원님노래〉 등이 있다. 잡요로는 〈오돌또기〉, 〈이야홍타령〉, 〈서우젯소리〉 등이 있다.

제주민요는 일하면서 부르는 노동요가 많고 부녀자들이 부르는 민요가 흔하다는 점에서 주목된다. 노랫말도 특이한 제주도 사투리를 많이 사용하고 있으며, 경기지역 민요보다 구슬프다. 제주민요는 한스러운 느낌을 푸념하듯이 나타내어 색다른 정취를 자아낸다.

제주도는 어업이 발달하였다. 그 때문에 여러 종류의 어업노동요가 생성되어 있다. 특히 제주의 해녀들의 물질은 세계적으로도 유명하다. 〈이여도사나소리〉는 이러한 해녀들이 배를 타고 바다로 나가거나 들어오면서 노를 저을 때 함께 불렀던 민요로서 여러 어업적 노동요 중에서 단연 폭넓게 공감대를 같이하고 있는 민요이다. 해녀들이 바다로 나갈 때 노 젓는 행위는 해녀들 자신이 스스로 하기도 했지만, 남자 어부들이 하기도 했다. 이 때문에 〈이어도사나소리〉는 해녀인 여자들이 주로 불렀지만, 남자인 어부들도 다 같이 부르는 민요로 보고도 있다.

해녀들이 바다로 나가 물질을 하고서, 다시 노를 저어 육지로 돌아오는 일은 상당히 힘이 들고 고된 일이었을 것이다. 그녀들은 일반적으로 여러 명씩 무리 지어 배를 타고 나간다. 이때에 노동요 소리를 잘하고 힘도 좋고 작업도 잘하는 이를 상군이라 하는데, 상군인 두 명이 노를 계속 규칙적으로 밀고 당겨가면서 앞선 선소리를 메기면, 나머지 일꾼과 해녀들은 배위에 모여 서로 앉아 장단을 맞추면서 후의 뒷소리를 부른다. 해녀들은 물질을 할 때 사용할 바닷물에 뜨기 위해 만든 일종의 튜브와 같은 역할을 하는 도구인 박, 내부의 속을 파내어 만든 테왁과 전복이나 소라를 캔 후에 그것을 담아 두는 그물망인 망사리, 소라와 전복을 따기 위해 철로 만든 도구인 빗창 등을 가지고 가서 배에 오르는데, 이것으로 장단을 치는 데 사용하기도 한다.

이 민요는 본래 우리가 일반적으로 알고 있는 〈이여도사나소리〉라고 하지는 않고, 〈해녀 노 젓는 소리〉라고 불린다. 해녀들이 노를 저으면서 부르기 때문에 이러한 이름이 붙었다. 제주에서는 본래 해녀를 잠녀, 잠수 등으로 불렀고, '노'를 '네'라고 불렀다고 한다. 그러므로 이 민요를 〈잠녀 네 젓는 소리〉라고도 한다. 우리가 〈이여도사나소리〉라고도 부르는 것은 바로 이 민요의 후렴구인 "이여도 사나"가 있기 때문이다.

제주도의 해녀들은 제주도 부근에서만 물질을 한 것이 아니라, 육지로 나가서 몇 달씩 살아가면서 작업을 계속 하기도 하고, 때에 따라 일본 대마도나 중국의 청도지역과 심지어 러시아의 블라디보스토크까지 배를 타고 가서 해녀 일을 하기도 했다고 한다.

한 차례씩 깊이 바다 속으로 잠수하여 그 지역의 해산물을 채취한 후 물 위로 나오면 해산물을 망사리에 넣고서, 테왁을 잡고서 휴식을 취하는 과정을 수없이 반복한다. 이러한 물질 작업의 어려운 상황과 해녀들의 삶의 배경은 이 민요의 여러 가지 특성을 보여주고 파악하는 데 또 다른 단서들을 제공한다.

이어도 사나(이어도 사나) 이어도 사나(이어도 사나)

이어도 사나(이어도 사나)

요넬 젓엉 어디가리 진도 바당 한골로 가세

한짝 손엔 테악 심고 한짝 손엔 빗창 심어

한질 두질 들어가 보난 저 승도가 분명하다

이어도 사나(이어도 사나) 쳐라 쳐라(쳐라 쳐라)

한목 지엉 (한목 지엉) 어서나 가자(어서나 가자)

이어도 사나(이어도 사나)

우리 어멍 날 날 적에 가시나무 몽고지에

손에 괭이 박으라고 날 낳던가

이어도 사나(이어도 사나) 쳐라 쳐라(쳐라 쳐라)

한젓 저엉 (한젓 저엉) 앞을 서자(앞을 서자)

이어도 사나(이어도 사나)

가민 가고 말면 말지 초신을 들고 시집을 가리

이어도 사나(이어도 사나) 쳐라 쳐라(쳐라 쳐라)

잘루한다(잘루한다) 이어도 사나(이어도 사나)

요내 상척 부러지면 선홀 곳의 곧은 남이 없을소냐

요내 홀목 뿌러지면 부산항구 철도병원 없을소냐

요 벤드레 끊어지면 부산항구 남총천이 없을소냐

이어도 사나(이어도 사나) 쳐라 쳐라(쳐라 쳐라)

넘어야 간다(넘어야 간다) 이어도 사나(이어도 사나)

요 물아래 고동 생복 깔렸건마는

성세 나빠 못할러라 이어도 사나(이어도 사나)

쳐라 쳐라(쳐라 쳐라) 넘어야 간다(넘어야 간다)

이어도 사나(이어도 사나) 이어도 사나(이어도 사나)

유네스코 인류무형문화유산으로 등재된 해녀문화

〈이여도사나소리〉의 사설 구조는 그전에 민요보다는 조금 복잡하다. 2음보 형식의 노랫말이 기본을 이루지만, 전체 사설로 보면 2음보의 반복적으로 이루어져 있는 것은 꼭 아니다. 2음보 형식으로 이루어져 있는 노동요의 노랫말이 일정한 단락과 마디를 이루는 형태로 전개된다. 단락의 길이는 보통 노랫말의 길이에 따라 달라진다. 그리고 사설 내용을 파악하기 위해서는 먼저 해녀 작업의 과정과 함께 해녀들의 삶을 우리가 먼저 이해해야 한다. 해녀들은 바다 물질과 함께 밭일도 같이했고, 집안일도 했다. 그 과정에서 그녀들의 시부모와의 갈등과 남편과의 갈등이 자주 발생하는 모습으로 시집살이가 고단했다. 따라서 이 민요의 노랫말은 그 당시의 노 젓는 상황과 물질하는 상황 거기에 고된 집안일과 시집살이의 힘든 고초에 대한 내용이 그 주제를 이루고 있다.

〈이여도사나소리〉는 노래를 부르는 형식이 또한 다소 복잡하다. 한 사람이 앞서서 선소리를 하고 여러 사람이 뒤에 후렴을 받지만, 여기서 어느 한 사람의 선소리꾼이 다른 선소리를 엮으면 다른 한사람이 그것을 모방으로 받아나간다. 그리고 중간 중간마다 자율적으로 즉흥적으로 “이여 싸” 나 “이여도 사나” 그리고 “차라 차라” 등과 같은 여음을 즉흥적이고 자유롭게 끼워 넣기도 한다.

〈이여도사나소리〉의 선율 선은 보통하행 곡선을 그리고 있다. 마다의 가락이 계속 반복되며, 이 부분에서 이 노래의 가장 낮은 음이 나타나 있다. 음조직은 일반적으로 ‘레 · 미 · 솔 · 라 · 도 · 레’의 행태와 전형적인 ‘레’로 되어 있다. 이는 자연스러운 발성을 사용하며, 해녀들이 비교적 빠르게 부르기 때문에 마디마다 잔가락을 사용하는 경우도 이주 많지는 않다. 이것은 제주도의 토속적인 민요향식의 창법의 원형이라 볼 수 있는 것이다.

요약하면 〈이여도사나소리〉는 제주도 노동적민요 중에서 가장 토속적인 민간원형을 잘 드러내는 민요라고 볼 수 있다. 특히 제주도 해녀로서 여성들의 삶의 애환을 가장 잘 표현하고 있는 일하면서 부르는 노래이며, 형식 구조와 음조직 또한 제주적인 민속적 토속성과 집단성을 잘 드러내고 있다고 볼 수 있다.

4.3 대중음악속의 해양음악 "바다의 교향시"

대중음악의 본질은 대중들이 쉽게 이해하고, 음악 이론이나 전문적인 지식 없이도 접근할 수 있다는 것에 있다. 이 때문에 음악의 주된 선율은 단순하고 간결하며 제한된 화성 반주로 이루어져 있다. 최근에는 흥미, 오락, 상업성에 중점을 둔 대중음악이 문화와 예술성을 겸비하면서 새롭게 조명되고 있다. 대중음악은 단순히 대중들이 즐기는 음악의 차원만이 아닌 사회적인 현상이며, 당대의 문화를 대변한다. 대중음악은 특정한 상층 귀족이나 엘리트의 예술이 아닌 대중문화에 속한다. 대중음악의 수용자도 반드시 단일한 계층이 아니어서 계층적인 취향 차이가 드러나기는 하지만 넓은 의미에서 당대 대다수의 서민들이 향유하는 서민문화에 속한다고 할 수 있다.

이러한 대중음악은 자본주의 사회의 지배문화인 동시에 서민문화라는 묘한 성격을 지니고 있다. 서민대중들의 경험과 관심사, 인식과 정서, 욕망 등을 드러내는 서민예술인 동시에 그 사회의 지배적인 정치 · 경제적 체제와 결속하고 있는 예술인 것이다. 특히 대중음악은 지배적인 노래문화이므로 당대 대중들에게 광범위하게 유포되고 수용된다. 특정 집단에 들어가야만 향유할 수 있는 구전가요나 민중가요 같은 하위문화들과 달리 대중음악은 그 사회를 살아가면 누구나 예외 없이 향유하고 익히게 되는 노래문화이다.

한국의 역사상 최초의 대중가요로는 1921년 무렵 레코드 음반이 발표된 《희망가》가 있고 한국대중음악의 효시는 1925년, 안기영의 〈내 고향을 이별하고〉이라 알려져 있다. 1925년 발표된 《사의 찬미》가 대중적으로 크게 유행하였다.

아중 “바다의 교향시”는 손목인이 작곡하고 김정구가 1940년 오케레코드에 취입한 현대한국대중음악이다.

노래의 가사를 음미해보자

바다의 교향시

- 김정구

가자 어서 가자 바다로 가자!
출렁출렁 물결이 치는 푸른 바다의 물속에
산호가 숲이 우거지고서 로맨스를 찾아서 우리는
가자 어서 가자 바다로 어서 가
젊은 피가 울렁 출렁대는
저 바다는 나를 부른다. 저 바다는 나를 부른다.
가자 어서 가자 바다로 가자~
가물가물 되는 하얀 돛대 쓰러지는 수평선에
섬 아가씨가 얽어 주는 로맨스를 찾아서 어서 가자 헤이
어서 가자아, 어서 가자아 어서 가아 갈매기 떼 너울대는 그 곳
저 바다는 나를 부른다. ~저 바다는 나를 부른다.

이 곡은 근대의 활기찬 근대체험을 통해 식민지인의 비애를 버리고자 하는 1930년대 일제 강점기 경성 사람들의 희망을 담고 있다. 즉 거창한 노래 제목 만큼이나 복잡한 경성을 떠나서 바다로 나가 해방감을 느끼려는 1930년대 남녀 젊은이들의 열망을 표현하고 있다. 〈바다의 교향시〉라는 제목에서 봐도 그렇지만 가사가 그 당시로서는 아주 서구적인 세련미가 넘치는 혁신적이고 신선한

것이었다. 또한 이 노래의 감상적 포인트는 노래의 주를 이루던 그 당시의 가요사적 형태를 벗어나고자 하는 모습으로 아주 경쾌하고 활기차고 발랄한 노래였다. 젊은이의 희망찬 의지의 표현을 바다를 대상으로 하여 강인하게 묘사하고 있다. 흡사 현제명의 〈희망의 나라로〉를 연상시킨다. 바다에 대한 동경과 찬양, 이상향에 대한 갈구의 느낌이 경쾌한 멜로디로 나타난다. 일제 강점기 말의 우리 민족의 애환을 바다를 통해 이상향의 모습으로 나타내어 대중적 희망을 주었다는 점에서 한국 가요 사에 중요한 의미를 지니고 있는 노래라 할 수 있다.

이러한 바다의 교향시로 대표되는 해양과 관련된 대중가요들의 노래들은 대부분 일반적으로 아주 평범한 가사와 단순한 곡의 느낌으로 다루어져 왔지만 당시 생활상이나 역사적 배경과 더불어 깊은 마음의 울림의 모티브를 가지고 있다. 노래에서 울려나온 바다의 감동과 위로, 여운의 실체의 방향성을 따라가고 있으며, 대중의 심리를 반영하며 사회적 공용어 역할을 해온 해양음악의 영향력을 보여준다. 이렇듯 해양음악의 한 범주인 대중음악을 통해 당대 대중의 욕망을 탐구하고 해양음악이 연관된 시대적상황의 특수성과 일반적인 사회의 개연성을 찾으려는 점에서 그 가치를 지닌다.

4.4 멘델스존의 해양서곡음악 〈잔잔한 바다와 즐거운 항해〉

멘델스존의 서곡 〈잔잔한 바다와 즐거운 항해〉는 1828년에 만들어졌다. 이 작품은 독일의 괴테에 의해 발표된 두 개의 시로써〈잔잔한 바다〉와 〈즐거운 항해〉라는 시를 하나의 음악으로 구성한 것이다. 곡의 앞부분을 구성하는 것은

〈잔잔한 바다〉부분인데 아주 작은 미동조차 없는 광활한 바다에 갇힌 여러 선원들의 두려움을 표현하고 있다. 작곡자인 멘델스존은 이 부분에 있어 우리가 아는 일반적인 서곡의 규모보다 더 확장된 길이인 장장 48마디의 서주부로 표현하고 있다. 그래서 악보에 표기되어 있는 것을 보면 〈잔잔한 바다〉(Meerstille) 부분은 조금 느린 4/4박자와 절제되고 다이내믹하며 정적인 리듬 등으로 바람이 한 점 없는 고요한 바다의 모습을 그려낸다. 이 부분에서 바다를 표현하기 위해 사용된 강한 모티브는 일반적으로 물이라는 것을 표현하는 음악적 모티브와는 아주 다르다.

일반적으로 우리가 아는 물을 표현하는 음악적 모티브는 보통 펼침 화음 형태이거나 아치형 또는 순환하는 형태로 물의 흐름을 표현한다. 그러나 이에 비해 멘델스존의 음악은 정적인 리듬을 통해서 바다의 움직임의 요소를 잠시 배제하였으며, 이를 통해 음악적 강한 긴장감을 야기한 단7도로 도약하여 모티브를 다시 한 번 반복함으로써 인간이 느끼는 불안감과 두려움의 감정을 나타냈다. 이러한 모티브가 복선으로 암시하는 바다의 불안감은 서주부의 마지막 후반부에서 플루트를 통해 빠른 진행으로 표현된다. 플루트는 바로 그 뒤이어 점점 빠르기로 빠른 움직임을 보여주어, 마치 전혀 미동도 않았던 바다의 모습을 한 줄기 바람이 불어온 것 같은 강인한 느낌을 준다. 서곡은 단순한 순환적인 음악을 반복하면서 기본적인 형태의 바다의 '물의 흐름'을 보여준다. 동시에 이러한 8도의 도약을 반복하면서도 단7도 도약이 표현했던 긴장을 해소한다.

이과 같이 멘델스존은 플루트라는 악기를 통해 우리에게 어려움을 극복하고 바다항해를 다시 시작 하는 모습을 효과적으로 보여주고 있다. 이렇게 시작된 부분은 점점 속도가 빨라지고 역동적이고 점차적으로 항해가 재개됨을 알린다. 또한 서주부에서 이어지는 제시부는 호른과 목관악기가 점점빠르기의 팡파르의 음악 형태를 제시하면서 시작된다. 이에 더하여 현악부가 점점 빠른 음형을 제시하고 고요한 바람 한 점 없는 조용한 바다에 갇혀 있던 인간의 불안감을 완전히 해소시킨다.

4.5 쇼팽의 해양음악 "뱃노래"

〈뱃노래〉는 쇼팽이 사랑하는 연인이던 조르주 상드와 파국에 치닫게 되고 건강도 악화되던 힘든 시기에 작곡되었던 곡이다. 잔잔한 흐르는 파도 위에 흔들리는 배의 움직임을 통해 상드와의 이별을 앞둔 쇼팽의 슬픔과 함께 애잔함 또한 짙게 배어 있는 작품이다. 이곡은 1848년 파리에서 쇼팽의 공식적으로 마지막 콘서트에서 연주되었다.

원래 이탈리아 베니스의 곤돌라를 운행하는 뱃사공이 노를 저으며 부르는 노래가 〈뱃노래〉의 시초이다. 낭만주의 작곡가들에 의해 6/8박자의 반복적인 리듬이 그 특징인 뱃노래를 통해 작곡자들은 이것을 작곡의 소재로 즐겨 사용하였다. 멘델스존도 다른 낭만주의 작곡가들의 같이 반복적인 리듬으로 밝고 명쾌한 분위기의 뱃노래들을 많이 작곡하였다. 하지만 쇼팽의 〈뱃노래〉는 이보다 더 반복적인 리듬을 사용하는 점과 풍성한 음색과 함께 다채로운 표현으로 이루어진 점에서 기존 작품들과는 확연히 다르다. 정신적으로나 육체적 고통에 시달리던 쇼팽이 그 슬픔에 젖어서 한참동안 작곡한 뱃노래는 상드를 향한 그의 그리움과 애잔함이 한층 가득한 속에 애인인 상드와의 행복했던 추억을 떠올리며 기억하는 듯이 환상적이며 로맨틱한 리듬의 별빛이 반짝이며 등장하기도 한다.

4.6 바그너의 해양음악 오페라 서곡 〈방황하는 네덜란드인〉

바그너의 〈방황하는 네덜란드인〉은 그 전에 바그너가 〈리엔치〉로 성공을 거둔 후 조금이나마 생활의 안정을 찾은 후 발표한 작품으로, 그가 '낭만적 오페라'라고 부제를 처음으로 붙인 작품이다. 그의 출세작이다. 1841년에 완성하고 1843년에 초연되었다. 대본은 하이네의 〈슈나벨레보프스키 씨의 회고록〉에 기초한 것으로, 선원들이 전설의 구전으로 전해지는 방황하는 네덜란드인의 내용을 다룬 것이다. 모두 총 3막으로 이루어져 있지만, 바그너 스스로는 자신은 막과 막 사이의 휴식 없이 연달아 공연할 것을 원했었다. 하지만 당시로서는 오페라의 형식을 깨뜨리는 공연 방식이기 때문에 쉽게 허락되지 않았다.

하지만 바그너의 지시대로 연달아 공연하게 되는 경우가 많았고, 지금은 종종 3막 구성으로 공연하기도 한다. 바그너는 이 곡을 작곡하면서 1839년부터 리가 궁정극장에서 음악감독으로 일하고 있었는데, 그의 사치스러운 생활방식 때문에 엄청난 빚에 져야 했다. 결과적으로 바그너는 채무자들로부터 도망치기까지도 한다. 그래서 파리에서 막 완성한 〈리엔치〉를 무대에 급히 올려 경제적인 위기를 해결해보려 했던 것이다. 파리로 가는 중 바그너를 태운 배는 큰 파도를 만나 노르웨이 피오르드에서 잠시 파도를 피하게 된다. 그때 그는 〈방황하는 네덜란드인〉을 통해 그가 겪은 항해의 경험이 이 곡에 고스란히 녹아 있게 했다. 바그너가 들은 방황하는 네덜란드인 전설을 접하여 하이네의 작품을 참고하고 선원들로부터 더욱 생생하게 실제적으로 이야기를 전해 들을 수 있었다. 또한 직접 본인이 경험한 험난한 항해를 통해 노르웨이의 암초들과 풍경 속에서 전설 속에서 자기가 느낀 환상적인 모습을 음악적 영감으로 표현하여 발전시켰던 것이다. 전체적으로 배와 항해, 저주와 사랑을 통한 구원을 모티브로 한 오페라이다.

4.7 드뷔시의 해양음악 "바다 – 관현악을 위한 세 개의 교향곡 소묘"

드뷔시의 관현악곡 중 이곡은 단연 가장 큰 규모의 교향곡적 작품이다. 드뷔시는 이 교향곡에 시각적으로 보이는 바다를 인간의 기억이라는 여과필터과정을 통해 그의 음악으로 표현하였다. 1903년에서 1905년 사이에 작곡 된 이 작품은 1905년 10 월 파리에서 초연되었다. 교향시 〈바다〉는 곡의 부제목만 무려 3개의 달하며 교향곡 스케치란 참고 문헌이 달려 있다. 드뷔시는 바다의 아름다움에 대한 어린 시절의 추억을 간직했지만 〈바다(La mer)〉를 작곡 할 때 거의 바다를 방문하지 않았다. 그는 물리적 바다보다 그림과 문학에서 사용할 수 있는 바다 경치를 선호하는 예술에서 영감을 얻었다. 작곡 과정에서 작품의 세부 계획이 바뀌었지만 드뷔시는 처음부터 La mer 라는 제목의 "세 개의 교향곡 스케치"로 결정했다. 이 곡은 드뷔시의 음악이 가장 최고 수준에 도달한 시기의 작품이며 드뷔시 양식의 또 다른 분수령이다. 첫 곡 "바다의 새벽부터 대낮까지"는 인간이 아주 고요한 상태에서 침을 삼키게 하는 극명하게 작열하는 태양으로 부터 드넓은 음악적 표현영역을 종횡무진 누비는 복잡한 일화와 연결된다. "파도의 유희"에서는 부드러운, 사이렌(인어)의 노랫소리 같은 주제가가 아주 빠르고 날카롭게 움직이는 음악적 리듬을 타고 뛰어논다. "바람과 바다의 대화" 에서의 빠르기의 속도는 드뷔시가 "활기차고 소란스럽게"라 지칭했다. 이 곡은 강력한 팀파니와 웅장함과 베이스 드럼 그리고 낮은 현의 그윽함 소리로 시작한다. 뒤에 따라오는 또 다른 사이렌의 소리가 주제가 요동치는 살아있는 바다 위에 뛰노는 느낌의 상승한 클라이맥스를 보여준다.

4.8 랄프 본 윌리암스의 해양음악 교향곡 1번 '바다'

본 윌리암스가 남긴 9개의 교향곡 중에서 첫 번째 작품으로 대규모 오케스트라와 소프라노, 바리톤, 합창을 위한 편성으로 1903년에서 1909년 사이에 작곡되었다. 작품의 대부분은 '바다'를 주제로 바다를 환기시키는 제목들을 가지고 있다. 하지만 3악장 '파도'를 제외하면 바다는 표제음악으로써 묘사되는 것이 아니라, 영원을 향해 항해해 나가는 은유로 사용되고 있다. 작품은 금관악기의 팡파르에 이어 전체 합창으로 시작하는 멋진 음향을 들려준다.

합창이 노래하는 “보아라, 저 바다여”(Behold, the sea itself)는 전체 곡에서 여러 가지 모습으로 등장하고 있다. 여기에 바리톤과 소프라노가 가세하면서 음향은 점차 다채로워지면서 노래는 바다를 둘러싼 다채로운 풍경들을 노래한다. 느린 악장인 2악장은 바리톤을 위한 녹턴(야상곡)이다. 처음에는 합창의 반주를 타고 바리톤이 노래하기 시작하여, 합창은 점차 힘을 더해가면서 전면에 등장하게 된다. 어둡고 모호한 화성들이 외로운 이가 반짝이는 별 아래 바닷가에 서있는 듯 신비로운 분위기를 연출한다. 3악장 스케르초(경쾌하고 익살스러운 분위기로 자유로운 형식을 가진 기악곡)는 합창의 기교를 뽐내도록 설계되어 있다.

이 악장에서 바리톤과 소프라노는 완전히 침묵하고 풀 코러스는 바람과 파도를 묘사한다. 마지막 악장에서 우리는 항해가 막바지에 이르렀음을 느끼게 된다. 가장 길고 기교적으로도 난해한 이 악장에서 주제적 의식은 에덴동산과 인류의 탄생 시점으로 우리를 안내한다.

본 윌리엄스, 1954년

<2악장 가사>

밤에 홀로 해변가에서

밤에 홀로 해변가에서

마치 늙으신 어머니가 흔들거리며

쉰듯한 소리로 노래하듯이

밝게 빛나는 별들을 바라볼 때면,

나는 우주와 미래에 대한

음좌표(音座標)에 대한 사유를 생각한다.

거대한 통합성이 만물을 연결하고

모든 천체들, 생성되고 소멸되는,

작거나 큰 태양들, 달들, 행성들

광할함 속에 자리한 모든 거리들,

모든 시간의 거리, 모든 무생물체들

모든 영혼들, 매우 다른 형체의 생명체들,

다른 외계에 존재하는 기체상태이거나,

불같은 형태거나, 식물이거나 광물질 과정에 있거나,

물고기이거나, 짐승이거나,

모든 국가들 색깔들, 야만인, 문명인, 언어들의

모든 삶과 죽음들, 과거와 현재와 미래의 모든 것,

거대한 통합성은 다리를 놓고, 항상 다리를 놓아주었다.

그리고 앞으로 영원히 다리를 놓고,

확실히 품에 안고 포괄할 것이다.

4.9 짐머만의 해양음악 “닻을 올려라”

짐머만의 “닻을 올려라”는 해양음악 중 가장 신나는 행진곡이다. 닻을 올려라 “Anchors Aweigh "는 미국 해군 사관학교의 전투 노래이자 미 해군 행진곡 이다. 1906년 Charles A. Zimmermann 이 알프레드 마일즈의 가사로 작곡했다. 그때 "Anchors Aweigh"를 작곡했을 때 짐머만은 중위였고 1887년부터 미국 해군 사관학교 밴드의 밴드 마스터였다. Anchors

Aweigh (1906 버전)는 해군 사관학교에서 가사만 수정되어 여전히 사용되고 있다.

들판에 해군을 세우고 돛을 하늘로 향하십시오.

우리는 결코 우리의 진로를 바꾸지 않을 것입니다. 그래서 군대 당신은 수줍어-y-y-y를 조종합니다.

점수를 말아 올리십시오, 해군, 닻이 무겁습니다!

해군을 전장으로 항해하고 군대를 침몰시키고 육군을 회색으로 가라앉히십시오!

항해 해군, 전투를 위해 갑판을 정리하십시오.

우리는 진정한 네이비 블루를 들어 올릴 것이므로 군대는 당신의 회색-y-y-y를 내려 놓을 것입니다.

전속력으로 전진, 해군; 군대는 들썩;

블랙과 그레이와 골드를 펄 하 고 해군을 들어 올리고 네이비 블루를 들어 올리십시오!

일곱 바다의 푸른 색; 하나님의 위대한 태양

의 금 우리의 색깔이 모든 시간이 끝날 때까지, 끝났다, 끝났다, Severn의 해안에서 우리는 해군의 엄격한 부름을 배웁니다 :

믿음, 용기, 봉사 진실, 명예로, 명예보다,

모든 것보다.

군가(軍歌)는 전쟁이나 그에 대한 사회적 태도와 관련된 작곡이다. 그들은 호전, 반전, 또는 단순히 전시의 일상에 대한 묘사일 수도 있다. 군가들은 역사나 전투에 따라 "제1차 세계 대전 군가", "제2차 세계 대전 군가" 등으로 구분될 수 있다. 전시 모집, 반 평화주의, 좋지 않은 배급과 과도한 훈련에 대한 불평 등의 다양한 주제들이 있다. 많은 국가들이 군대를 위한 곡이거나, 군사적 승리, 과거의 영광에 대한 기념 노래이다. 제2차 세계 대전 직전과 베트남 전쟁 동안 수많은 반전 노래들이 불렸고, 호전적인 곡들은 드물어지고 있다. 몇몇 군가 곡들은 순수 기악이거나, 덜 호전적인 감정을 담는다. 이 중 해군가는 나라의 해상방위를 책임지는 군종인 해군의 상징 군가로, 해군에 소속된 장병들의 동질감을 고취시키고 사기를 고양하기 위하여 부른다. 해양성이 많이 내포되어 있는 가사의 곡들이 많다.

해당 곡을 소재로 한 동명의 1945년
뮤지컬 코미디 영화

4.10 로드 스튜어트(Rod Stewart) “sailing”

1969년에 솔로로 데뷔한 로드 스튜어트는 우리나라 국내 팬들의 감성과도 잘 어우러져 수많은 히트곡들로 인해 70년대와 80년대를 거쳐서 오랫동안 인기를 얻어왔다. <Magie May>, <Da Ya Think I'm Sexy?>, <Youngturks>, <Tonight I'm Yours> 등으로 다이내믹한 활동을 보여왔던 로드 스튜어트는 1993년 MTV Unplugged 라는 프로그램에서 자신의 옛 히트곡인 <Have I Told You Lately>를 어쿠스틱형식으로 연주하면서 눈물을 자아내는 감동적인 무대를 시청자에게 보여주기도 하였다. 이 곡은 1975년에 발표한 것으로서, 그의 샤우트한 창법에 기본으로 발라드가 믹스되어서 그의 음악에 새로운 지평과 모습을 보여줌으로써 또 하나의 대표곡으로 평가 받고 있다. 1975년 9월 영국에서 1 위를 차지했으며 1 년 후 BBC 시리즈 Sailor의 테마로 사용되었다.

나는 항해를 합니다.

나의 마음의 고향을 향하여 항해를 나는 합니다.

나의 바다를 건너 폭풍우를 헤치며 나는 당신에게 다가갑니다.

나는 하늘을 납니다.

나는 새처럼 하늘을 납니다.

나의 높이 가로막힌 구름을 뚫고 나는 하늘을 납니다.

2006년 11월 스페인 사라고사에서 공연

나는 당신과 함께 하기 위하여. 나의 이야기가 들리나요.

나는 저 멀리에 있는 어두운 밤을 뚫고서 당신에게 들려지는 나의 목소리를 들으시나요.

나는 당신과 함께이기 위해서 영원의 나의 시간을 걸고 노력합니다.

나는 우리는 함께 항해를 합니다.

나는 바다를 건너 마음의 나의 고향을 찾아 항해를 합니다.

나는 폭풍우를 뚫고 당신에게 가까이 가기 위해서.

항해를 통해 현대 사회의 유목민(nomade)으로서의 인간이 가야할 이상향과 의지 그리고 도전정신을 보여주는 노래이다.

우리는 이 노래를 통해 해양과 항해의 의미를 인간 철학적인 모습으로 이해할 수 있다. 가도 가도 끝이 없는 푸른 물의 세계, 저 멀리 수평선에서 해가 뜨고 지는 광활한 세계, 그 속에 무한히 펼쳐지는 풍요함, 이런 바다는 인간으로 하여금 신비의 손길, 조물주의 손길을 쉽게 감촉케 한다. 프랑스의 문학가 구루몽은 이러한 바다를 보고 ‘바다는 한번 사랑하면 영원히 사랑하지 않을 수 없는 대상’이라고 찬탄하고, 따라서 “바다는 싫어지지 않는 애인이며, 바다에는 많은 애인이 있고 구혼자가 있다.”고 토로하고 있다. 이처럼 광대하고 신비롭고 미지의 세계인 바다는 예로부터 인류의 꿈이었고 이상향이었다. 미래도 바다 건너에 있고 저 세상도 바다 너머에 있다고 사람들은 여겨 왔다. 그리하여 사람들은 끊임없이 바다를 찾아 미지의 길에 도전장을 내밀었다. 바다는 아득한 시원이자 지칠 줄 모르는 역동이고 마르지 않는 충만이다. 바다는 가장 낮은 곳에 머물면서 흘러들어오는 모든 물을 감싸 안을 뿐만 아니라 아낌없이 돌려준다. 그러면서도 바다는 ‘짠 물’이라는 자신의 정체성은 결코 잃지 않는다. 따라서 바다는 거부 없는 포용이며 경계 없는 통합이다.

바다는 가장 오래되었지만 언제나 새롭다. 인간은 바다를 정복해 왔다고 말하지만 바다는 결코 인간에게 정복된 적이 없다. 인간은 바다를 안다고 말하지만 바다는 여전히 알 수 없는 미지의 세계다. 바다는 열린 공간이다. 바다는 제약 없는 공간, 열려진 시야, 자유의 충동이 뻗어가는 공간이다. 그리고 바닷사람들은 이 열린 공간을 배회하는 자유인이다. 그들은 바다를 통해서 넓은 세상의 다양하고 이질적인 문화를 접촉하고, 미지의 세계에 대한 정보에 눈과 귀를 열게 된다. 닫힌 세계의 상징적인 의미는 반복되는 일상성 속에 인간을 유폐시킨다는 것이요, 열린 세계는 거시적 안목으로 닫힌 세계의 모습을 재인식한다는 것이다. 바다가 인간에게 가르치는 것처럼 무한한 것은 없다. 그래서 가슴 답답할 때 바다 앞에 서면 막혔던 응어리가 확 풀리는 것이다. 가슴이 트이면서 영원과 무한의 실체를 우리는 마음으로 만나게 된다. 우리가 해변에서 마시는 바닷바람은 닫힌 세계의 권태로운 일상에서 벗어나 품격 높은 행동으로 자신을 향상시켜 가는 열린 세계에서 호흡하는 자유의 맛이요, 신선한 생명의 맛이다.

책속에 책 **더 읽어 보기**

뱃노래 "shanty"

선원들이 항해하면서 흥을 돋우기 위해, 외로움을 달래기 위해 부르던 일종의 노동요다. 세계 여러 나라에서 시대적으로 문화적으로 다양하게 나타난다. 뱃노래는 "shanty", "chantey"라고 부른다. 프랑스어 동사 "chanter" 즉 "노래하다", "성가"에서 파생되었다. 선원이 배에서 작업할 때 소리를 맞추어 부르는 작업가로서, 정확히 말하면 '시 샨티'(Sea shanty)라고 한다. 뱃놀이로 부르기도 한다.

일반적으로 불렸던 전통 민요의 한 장르이다. 최근의 대중적인 사용에서는 정의의 범위가 더 넓은 범위의 범주와 특성을 인정하여 일반적으로 "해상 작업 노래"로 확장되는 경우도 있다. 특히 상선에서 개발된 상당히 독특한 장르의 작업 노래와 관련하여 등장했으며, 이 노래는 미국 남북 전쟁 이전에 발견되었지만 그 이전 수십 년 동안 두드러지게 나타났다.

노래에 대해 이 용어가 가장 먼저 사용된 것 중 하나는 G. E. Clark의 선원생활 7년차인 1867년 초 봄베이에서 뉴욕시로 가는 항해를 통해 Clark은 "닻이 '오, 라일리, 오', '나를 오래 데려가세요'라는 구호에서 왔고 그 때 Clark은 리드 싱어를 "chanty man"이라고 불렀고 선박에서 화물을 내리는 하역인을 "chanty men"과 "chanty gang"이라고 불렀다. 노래하는 선원을 "chanty man"으로 언급한 이유는 1840년대 후반이 면화노동을 하는 작업에서 큰 잭 스크루를 사용하여 면화를 압축하였는데 이 일이 너무 고역이여 잭 스크루를 chanty라고 부르는 것에서 유래했다는 설도 있다.

항해 당시에는 선원의 일이 어려웠다. 근무 외 시간에 많은 선원들이 악기를 연주하거나 일제히 합류하여 18세기 중반 발라드 인어와 같은 민요를 불렀다. 뱃노래는 화합의 기능도 가졌다. 이는 노래 자체가 화합의 기능을 가진다기보다 그 노래에 참여함으로써 생기는 동류의식과 여럿이 같은 노래를 함으로써 가지게 되는 일체감이 작용한 결과일 것으로 생각된다. 근무 중에는 캡스턴을 돌려 닻을 올리고 밧줄을 타고 돛을 올리고 내리는 등 반복적인 노래에서 세련미가 한 단계 더 발전한 것은 19세기 최초의 널리 확립된 선원들의 작업 노래인 "Cheer'ly Man"으로 대표적이다. 다른 작품 노래는 분명히 너무 가변적이거나 설명이 없거나 부수적이어서 칭호를 받을 수 없었지만, "Cheer'ly Man"은 세기 초에 여러 번 이름으로 언급된 것으로 보이며."Cheer'ly Man"은 Dana(1834-1836)와 Herman Melville(1841-1842)의 문학작품에서 주목할 만한 등장을 했다.

선원들의 노력을 동기화하기 위해 뱃노래를 불렀고 리드 싱어가 구절을 연주하고 선원들이 합창에 합류했다. 넬슨 시대의 영국 해군에서는 이러한 작업 노래가 금지되어 파이프나 바이올린 음표 또는 숫자 암송으로 대체되었다.

Cheer'ly Man

오, 낸시 도슨, 안녕!

쾌활하게, 남자!

그녀는 보선을 문질렀다, 안녕!

쾌활하게, 남자!

그것은 경고였습니다, 안녕 - 오!

[코러스]

쾌활하게, 남자

O! 하울리, 하이오

쾌활한, 남자

오, 샐리 라켓, 안녕!

쾌활하게, 남자!

내 최고의 재킷을 전당포에, 안녕!

쾌활하게, 남자!

그리고 전당포 티켓을 팔았다, 안녕!

[코러스]

쾌활하게, 남자

O! 하울리, 하이오

쾌활하게, 남자

오, 키티 카슨, 하이-오!

쾌활하게, 남자!

목사님, 안녕! 쾌활하게, 남자!

석공과 결혼, 안녕!

"Cheer'ly Man"은 평균적인 노래보다 더 발전된 것으로 간주될 수 있지만, 그 형태는 오늘날 우리에게 알려진 대다수의 "shanty"들과 다르며, 이는 그것이 "현대" "shanty"의 출현 이전의 선원 노래의 초기 단계에 임을 보여준다.

"shanty"는 작업 노래이며 원래는 일을 위해서만 불렸다. 그러나 선원들은 즐거움을 위해 노래를 불렀거나 날씨가 좋은 날에는 배 앞 갑판의 큰 기둥 근처에 모여 바다를 주제로 한 노래를 불렀다. 모든 종류의 인기 있는 노래와 발라드는 모든 주제로 불렀다.

선원과 관련된 여가 노래는 단순히 SEA SONG “바다 노래"로 분류되지만 일관된 형식적 특성은 없다. 특히 샨티와 구별할 때 fo'c'le 노래 또는 forebitters로 알려져 있다. 이러한 용어는 19세기에 크게 구분되지 않지만 이에 대한 일부 문학적 언급은 "shanty"이 등장하기 전에도 사용되었음을 증명한다. 즉 "shanty"와 달리 노래를 부르는 동안 바이올린이나 콘체르티나와 같은 편리한 악기의 반주에 맞춰 바다 노래를 부를 수 있었다.

바다 노래의 예로는 영국 해군에서 처음 인기를 얻은 "Spanish Ladies", 미국 군함에 대한 발라드인 "The Stately Southerner"와 "Wellerman"이 있다. 이러한 곡들은 현대에 들어와 편곡되어 큰 인기를 얻은 바다 노래가 되기도 하였다. ""Wellerman" 또는 "The Wellerman"으로도 알려진 "Soon May the Wellerman Come"은 1960년대에 처음 기록된 뉴질랜드의 바다 발라드다. 이 노래는 오타고의 초기 유럽 정착민 중 한 명인 Weller 형제가 소유한 보급선을 가리키는 "wellermen"을 의미한다. 2021년 초, 스코틀랜드 가수 네이선 에반스(Nathan Evans)의 커버가 소셜 미디어 사이트 TikTok에서 입소문을 타면서 뱃노래와 해양 노래에 대한 "소셜 미디어 열풍"으로 이어졌다.

"wellermen“

Nathan Evans

There once was a ship that put to sea

And the name of that ship was the Billy o' Tea

바다로 나가는 배 한 척이 있었다네.
그 배의 이름은 찻주전자였지

The winds blew hard, her bow dipped down

Blow, me bully boys, blow (Huh!)

바람이 거세게 불었고, 뱃머리가 쳐 박혔네.
불어라, 내 부하들아, 불어라

[후렴]

Soon may the Wellerman come

To bring us sugar and tea and rum

보급선이 머지않아 우리에게 찾아오리.
설탕과 차, 그리고 럼주를 싣고서

One day, when the tonguin' is done

We'll take our leave and go

언제가 고래잡이가 끝나면
우리는 작별을 고하고 떠나리.

인간의 근육이 배에서 사용할 수 있는 유일한 동력원이었던 시절에는 뱃노래의 실용적인 기능이 이루어졌다. 노래의 리듬은 선원들의 움직임을 동기화하거나 반복적인 작업에 수고하는 노동 속도를 조절하는 역할을 했다. 노래는 지루함을 완화하고 아마도 노력의 심리적 부담을 덜어주는데 도움이 되었을 것이다. 또한 동지애를 구축하기 위한 사회적 목적에 기여했다고 말할 수 있다. 선원들이나 항해 및 항구 노역 작업자들도 불렀으며 선창하는 사람들이 정형적인 형식과 순서 없이 즉흥적으로 연주 하는 경우도 많았다. 가사는 항해나 작업 주제에 국한되지 않았다. 당시의 인기 있고 전통적인 레퍼토리에서 가사나 때로는 전체 노래를 부르는 것은 다양한 주제로 표현되었다. 그 예로 바르카롤(Barcarolle)가 있다. 베네치아의 곤돌라 사공이 부르던 뱃노래이자, 이후 기악 또는 성악 장르로 발달하여 로맨틱한 내용까지 포함하기도 했다. 지역적으로 곤돌라의 노래 〈gondolieragondola song, 또는 Gondellied〉 라고도 한다. 18세기에는 주로 성악곡에서 그 예를 볼수 있으며, 보통 6/8박자이지만, 드물게 12/8박자 등이

있다. 비교적 느린 속도로서, 파도나 배가 흔들리는 느낌을 나타내는 단조로운 리듬반주를 가진다. 쇼팽이나 포레의 피아노곡 중 <바르가롤>이 유명하며, 또 멘델스존의 ≪무언가≫ 중에도 그 예가 보인다. 성악곡으로는 오펜박의 ≪호프만 이야기≫, 롯시니의 ≪기욤 텔(윌리엄 텔)≫, 베르디의 ≪오텔로≫등의 오페라 중에 그 예가 있다. 슈베르트의 가곡 ≪물 위에서 노래한다≫는 그 곡상을 생각하면 바르카롤이라 하겠다.

우리나라에는 많은 종류의 뱃노래가 있는데, 지역 혹은 노동의 양상에 따라 다르다. 노동의 양상에 따라서는 1. 배 닦는 노래, 2. 닻 올리는 노래, 3. 노 젓는 노래, 4. 그물 당기는 노래, 5. 고기 푸는 노래, 6. 만선하여 귀항해서 한바탕 노는 노래인 배치기가 있다. 지역에 따라서는 동해안 · 남해안 · 서해안 지역에 고루 분포하고 있으며, 지방색을 가지고 있다.

또한 어업노동요는 크게 '고기잡이요'와 '해물채취요'로 분류한다. '고기잡이요'는 남성인 어부들이 어로 과정에서 부르는 노래를 말하며, '해물채취요'는 해녀를 비롯한 여성들이 해안가에서 해산물을 따거나 캐는 과정에서 부르는 노래이다.

고기잡이요

그물 싣는 소리, 닻 감는 소리, 노 젓는 소리, 그물 내리는 소리, 그물 당기는 소리, 고기 낚는 소리, 고기 푸는 소리, 돈대질 하는 소리, 고기 터는 소리, 귀항하는 소리, 배 올리는 소리,

해물채취요

노 젓는 소리, 미역 싣는 소리, 고기 헤는 소리

기타요

뱃간 닦는 소리, 배치기소리, 뱃노래

통속 민요인 〈뱃노래〉는 본래 경상도에서 유래하였다고는 하나 지금은 경기민요의 대표적인 소리로 꼽는다. 출현음은 '라 · 도 · 레 · 미 · 솔'로 반경토리로 되어 있다. 〈한강수타령〉이나

〈경복궁타령〉 같은 많은 통속 민요가 반경토리로 되어 있어서 이들과 관계가 있을 것으로 생각된다. 〈뱃노래〉는 처음에 굿거리장단으로 시작하고 이어 자진모리장단의 〈자진뱃노래〉를 부른다. 노래를 다 부르면 마지막으로 굿거리장단으로 돌아가 끝을 맺는다.

우리나라의 많은 뱃노래 중에서 현재 많이 불리는 통속민요 〈뱃노래〉는 광복 이후 일부 국악인이 방송을 통해 부르기 시작하면서 알려지게 되었다. 매기고 받는 소리가 잘 어우러지며, 〈뱃노래〉의 굿거리장단과 〈자진뱃노래〉의 자진모리장단이 짝을 이루어 흥겨운 분위기를 자아낸다. 이 곡은 이후에 많은 창작국악곡의 소재가 되었는데, 원일의 〈신뱃노래〉가 대표적인 곡이다.

(1) 배 닦는 노래

어부들은 배와 더불어 생명을 같이하기에 항상 배를 깨끗하게 하며, 특히 출항 전에는 정성을 들여 배를 닦는다. 그런데 동해안 · 남해안 지방에서는 별로 노래를 부르지 않으나, 서해안 특히 충청남도 지방 해안에서는 이 노래를 많이 부른다. 교창형식(돌림노래)은 다른 뱃노래와 같이 메기는 소리(앞소리)는 한 사람이 노래하고 받는 소리는 함께 부른다. 메기는 소리는 약간 사설적(辭說的)이며 이따금 일을 지시하고 있으나 가락다운 데가 없으며 단지 힘을 돋우기 위한 것이다. 받는 소리 역시 힘내기[餘音]를 위한 것으로 되어 있다. 음계 구성은 받는 소리는 완전4도 · 단3도의 3개음이고 가끔 완전4도 사이에 단3도의 음이 나타나나 중심음이 될 수 없다. 메기는 소리는 받는 소리의 구성 위에 장2도를 더한 완전4도 · 단3도 · 장2도의 4개 음으로 되어 있다. 리듬의 소재는 받는 소리는 매우 간단하나 메기는 소리는 그 소재가 풍부하다.

(2) 닻 올리는 노래

「닻 감는 노래」라고도 하며 정박하기 위하여 내렸던 닻을 배 위로 감아올릴 때 부르는 노래이다. 이 노래는 서해안 전역에서 많이 부르며 남해안(전라남도)지방에서도 약간 불리나, 경상남도에 접한 남해안지방과 동해안에서는 별로 부르지 않는다. 그 까닭은 간만의 차와도 관계가 있다. 즉 간만의 차가 심한 서해안지방에서는 입항, 출항할 때 선착장까지 배를 댈 수 없을 경우가 많으므로 자연히 뻘에다 닻을 주고 정박하므로 닻을 주고 올리는 기회가 많아진다. 그러나 동해안 지방은 언제든지 선착장에 직접 댈 수 있어 닻을 이용할 필요가 별로 없기 때문이다. 교창형식은 메기기와 받기로 나누어지며 메기는 소리는 독창, 받는 소리는 함께 부른다. 메기는 소리는 사설적이며 길고 제법 가락스러운 데 비하여, 받는 소리는 다만 힘을 모으기 위한 힘내기 정도로 극히 짧은 편이다. 다만 경기도 해안 일부지방에서는 메기기와 받기가 대등한 입장에서 모두 가락 있는 노래로 연결되는 것도 있다. 음계의 구성은 받는 소리는 모두가 완전4도의 2개음으로만 되어 있으나 메기는 소리의 경우 서해안지방은 완전4도 · 단3도 · 장2도 · 장2도의 5개음이며, 남해안지방은 완전4도 · 단3도 · 장2도의 4개음이 흔하고 이따금 단3도 · 장2도 · 단2도의 구성도 볼 수 있다.리듬의 소재는 받는 소리는 대체로 간단하나 메기는 소리는 비교적 다양하다. 특히 전라북도 해안지방의 노래는 매우 복잡한 리듬의 소재로 연결되고 있다.

(3) 노 젓는 노래

「노 젓는 노래」는 전국적으로 불리고 있으나 어부들이 가장 많이 부르는 노래로서 지방에 따라 각기 다른 형태를 지니고 있다. 또한 큰 배의 경우는 다른 뱃노래처럼 집단으로 노래하나 작은 배의 경우는 혼자서 부르는 것이 이 노래의 특징이다. 교창형식은 일반 뱃노래와 같이 받는 소리는 메기는 소리의 공간을 메우기 위하여 힘내기로 받고 있으나, 지방에 따라 메기는 소리가 미처 끝나기 전에 받는 소리가 시작되는 것도 있고, 메기는 소리와 받는 소리가 연결되어 한 개의 정돈된 가락을 이루고 있는 것도 있다. 음계 구성은 받는 소리는 대부분이 완전4도의 2개 음으로 되어 있으나 이따금 메기는 소리의 구성음을 그대로 사용하는 것도 있으며, 메기는 소리는 완전4도 · 단3도 · 장2도 · 장2도의 5개 음으로 구성된 것이 가장 많고 끝 장2도를 뺀 4개 음으로 구성된 것도 있다. 특히 남해안과 동해안지방 일부에서는 일본 뱃노래의 영향을 받아 장2도 · 단3도 · 장2도의 4개 음 구성 또는 여기에 장2도를 더한 5개 음으로 구성된 것도 있다. 물론 음계 구성면으로만 보아서는 일본 노래의 영향을 받았다고 단정할 수 없으나 가락의 흐름이나 리듬 또는 사설의 내용으로 보아 짐작할 수 있다.리듬의 소재는 받는 소리에 비하여 메기는 소리의 리듬이 다양한 것은 다른 뱃노래와 같으나 서해안지방이 남해안이나 동해안보다 훨씬 다양하다. 특히 전라북도 해안지방의 리듬은 그야말로 잇단

음표 및 당김음 등 각양각색의 리듬 꼴이 연결되어 풍부한 음악성을 지니고 있다.

(4) 그물 당기는 노래

이 노래는 바다에 쳐놓았던 그물을 끌어당길 때 부르는 노래인데 함경도 지방에서는 '다리기', 강원도 지방과 남해안 일부에서는 '그물 돋우기' · '그물 조르기' · '물보기' 등으로 불린다. 교창형식은 집단의 노래이기에 별 다른 점이 없으나 남해안과 동해안 일부에서는 사설이 일본말로 된 것을 그대로 부르고 있다. 음계 구성은 서해안지방은 완전4도 · 단3도 · 장2도와 이 구성 위에 장2도를 더한 4개 음 또는 5개 음으로 되어 있으나, 남해안과 동해안의 경우는 단3도 · 장2도 · 단3도 · 장2도의 5개 음으로 되어 또는 장2도 · 단3도 · 장2도 · 단3도의 5개 음으로 된 것이 대부분이다. 장3도 · 단3도 · 장2도의 4개 음으로 된 것도 이따금 있는데 이것들은 가락의 흐름이나 사설의 내용으로 미루어 봐서 일본풍의 노래인 것 같다. 리듬의 소재는 별로 특이한 점은 없으나 남해안이나 동해안지방에 비하여 서해안지방이 다양하다.

(5) 고기 푸는 노래

이 노래는 그물에 담긴 고기를 배 위로 퍼 올리거나 배에 실린 고기를 다른 곳으로 옮길 때 부르는 노래이다. 서해안지방에서는 '바디소리'·'테질소리'라 부르며, 서해안 남부지방과 남해안 일부에서는 '슬비소리'라고도 하고, 동해안지방에서는 '가래소리'라고 한다. 여기서 '바디'·'테'·'가래'란 고기를 풀 때 쓰는 용구의 이름인데, '바디'나 '테'는 같은 용구이다. 교창형식은 별로 다른 점은 없으나 「가래소리」는 곳에 따라 메기는 소리와 받는 소리가 없이 함께 부르는 곳도 있다. 음계 구성은 거의 전부가 완전4도 · 단3도 · 장2도로 되어 있다. 리듬의 소재도 「가래소리」는 비교적 느린 노래이기에 아주 다양하다.

(6) 고기 터는 노래

그물에 든 고기를 모두 퍼낸 다음 그물에 걸려 있는 고기를 털어낼 때 부르는 노래인데 그다지 많이 불리지는 않는다. 함경도 해안지방에서는 '삐기기'라고도 한다. 교창형식은 별로 다른 점은 없으나 「삐기기」에서는 받는 소리가 미처 끝나기 전에 메기는 소리가 시작된다. 음계 구성은 경기도 해안지방에서는 완전4도 · 단3도 · 장2도 · 장2도의 5개 음으로 되어있고 함경도 해안지방에서는 장2도 · 장2도 · 완전4도의 4개 음으로 되어 있다. 리듬의 소재는 비교적 단순하다.

(7) 배치기

어부들의 유일한 놀이는 풍어 만선하여 귀항, 선주집 마당에서 풍악과 노래에 맞추어 춤을 추며 한바탕 노는 것인데, 이 때 부르는 노래를 평안남도, 황해도, 경기도 해안지방에서는 흔히 '이물량'·'에밀량'·'배치기'라고 부르며 충청남도와 전라남도의 해안지방에서는 위의 명칭 외에 '봉죽타령'·'봉기타령'이라고도 부른다. 어부들의 노래 중 풍악이 들어가는 것은 이것 하나뿐이므로 가장 흥겨운 노래다. '이물'이란 배의 앞쪽을 말하며 잡힌 고기는 여기에 보관한다. 따라서 '이물량'이란 이물에 담긴 고기의 부피, 즉 이물의 양(量)에서 온 것이고 에밀량이란 이물량의 와전인 것 같다. 한편 눈금을 메긴 대[竹]를 이물 중앙에 꽂아 어획고를 가늠하였는데 이 대를 봉죽(奉竹)이라 하였고, 봉죽에는 기(旗)와 조화(造花)를 달아 아름답게 꾸몄으니 이를 봉기(奉旗)라 하였다. 배치기의 '치기'란 놀이를 뜻하는 것이니 배치기란 뱃놀이란 뜻이 된다. 흔히 어부들은 풍어를 기원하는 뜻에서 출항할 때나 귀향할 때 배 위에서 배치기를 한다. 이 노래는 서해안지방 일대와 남해안지방 극히 일부에서만 불리며 동해안지방에서는 전혀 그 모습을 볼 수 없다. 따라서 이곳에서는 이따금 「가래소리」로 놀이를 할 때가 있다. 교창형식은 다른 노래와 달리 일을 위한 노래가 아니라 놀이를 위한 노래이기에 힘내기를 위한 것이 없고 메기기나 받기가 모두 가락이 있다. 다만 메기기는 사설적이나 받는 소리는 모두 함께 같은 가락을 되풀이하며 후렴의 역할을 한다. 음계 구성은 메기는 소리는 단3도 · 장3도의 3개 음 또는 단3도 · 장2도 · 장2도의 4개 음으로 구성되었고 받는 소리는 다른 노래에서는 음폭이 좁아지는 데 비하여 반대로 넓어져, 메기는 소리의 구성 위에 단3도를 더한 5개 음으로 되어 있어 마치 조를 바꾸는 것 같다. 리듬의 소재는 악기는 북 · 징 · 쇠 · 호적이고 중심 리듬 꼴을 자유자재로 변주해 나가고 있다. 또한 노래의 리듬 역시 소재를 자유롭고도 자연스럽게 이어 나가고 있다.

시선뱃노래

시선배란 시선[柴舡]에서 온 말인데 이 배는 한강 하류인 강화도를 기점으로 하고 서울~마포 간을 오르내리던 일종의 상선이며 주로 어물과 땔나무를 운반하였다. 교창형식은 일반 뱃노래와 비슷하나 노래 솜씨가 매우 우수하다. 「닻감는 노래」는 일반 배와 같은 가락이나 닻을 배 위로 올릴 때까지 하청·중청·상청이라 하여 거의 장2도씩 조옮김을 한다. 또한 「노 젓는 노래」는 메기는 소리와 받는 소리가 동등한 입장에서 노래하고 있으며 이들은 서로 어울려 한 개의 노래를 완성하기도 한다. 음계 구성은 메기는 노래나 받는 노래가 모두 같은 구성인 완전4도 · 단3도 · 장2도 · 장2도의 5개 음으로 되어 있으나 사설적인 노래는 단3도 · 장2도 · 장2도의 4개 음을 사용하고 있다. 리듬의 소재는 대단히 다양하며, 특히 받는 소리와 메기는 소리는 서로 바꾸어 가며 노래 부르기도 한다. 때로는 쉼표나 장식음까지 섞어 불러 음악성이 매우 풍부하다. 뱃노래는 조업의 형태에 따라 느린 동작에 맞는 노래와 빠른 동작에 맞는 노래 등 여러 가지가 있으나 한강 시선배의 작업은 대부분이 노를 젓는 것이므로 노래도 「노 젓는 소리」만 주로 불렀다. 따라서 같은 노래를 계속 부르게 되었으니 자연히 노래 솜씨도 늘었을 것이다. 또 바닷배는 풍랑으로 위험할 때도 있으며 조업도 강인한 체력이 필요하나, 한강 시선배는 바다에 비하여 풍랑도 없고 일도 쉬운 관계로 바닷일을 이겨내기 어려운 비교적 고령자들이 탔다. 이들은 자연 노래를 많이 불러본 어부들이었으므로, 한강 「시선뱃노래」에서는 메기는 소리와 받는 소리의 구별이 없었던 것이다. 이 밖에 많지는 않으나 갈치 잡이 노래, 풍파를 만나 무사를 비는 노래, 풍어를 비는 어린이들의 노래, 산동주 타령(백령도와 중국 산동성을 왕래할 때 부르던 노래), 뱃놀이를 위한 노래 등이 있다.

달은 밝고 명랑한데 고향 생각 절로 난다
어떤 사람 팔자 좋아 부귀영화 잘 살건만
요 내 팔자 어이하여 배를 타서 먹고 사나
강비탈이 잠든 과부 뱃소리에 놀아난다
어서 빨리 노를 저어 마포에다 배를 대고
고사 술을 올려주면 한 잔 두 잔 먹어보세
염창목 올른다 어서 빨리 싹싹 저어
선유봉을 지나쳐서 밤섬 건너 마포에다 갖다 대자
조강 앞에 물소리 난다 달 떠올라 가는구나

(1979 / 경기도 강화군 내가면 황청리 / 정태규 외)

〈참고: 한국민족문화대백과사전(뱃노래), 『한국의 뱃노래』(김순제, 호악사,1982), 『한국구연민요』자료편(임석재 편저, 집문당 1997)〉

더 생각해 보기

1. 노래나 음악에 해양적 의식과 바다를 소재와 주제로 잡은 이유를 철학적, 인문학적 패러다임으로 고찰해 보자.

2. 본 도서에 제시된 해양음악 외에 바다와 해양의식을 다른 의미로 바라본 음악적 소재를 찾아 그 의미와 의의를 논의해 보자.

5 해양영화

5.1 명량
5.2 해운대
5.3 해적: 바다로 간 산적
5.4 자산어보
5.5 그랑 블루
5.6 워터월드
5.7 캐리비안의 해적
5.8 어비스
5.9 포세이돈 어드벤처
5.10 퍼펙트 스톰
5.11 캐스트 어웨이(Cast Away)
5.12 하트 오브 더 씨(In the Heart of the Sea)
5.13 벼랑 위에 포뇨
5.14 모아나

영화는 동영상, 그림, 사진 놀이 등의 경험을 시뮬레이션하고 움직이는 이미지를 사용하여 아이디어, 이야기, 인식, 감정, 아름다움 또는 분위기를 전달하는 시각 예술 작품이다. 이러한 이미지에는 일반적으로 소리와 드물게 다른 감각 자극이 동반됩니다. 영화라는 단어는 종종 영화 제작과 영화 산업, 그리고 그 결과인 예술 형식을 가리키는 데 사용된다. 세계에 공통되는 대표적인 인류의 인기 문화인 영화는 넓은 의미로 매체로 트는 영상매체를 전부 포함한다. 바꿔 말하자면 어떤 매체를 통하더라도 영화라고 할 수 있다. 영화라는 상품은 크게 경험재(Experience Goods)의 특성과 부분적 공공재의 특성을 가지고 있으며 이 특성은 영화의 수요 및 공급의 성격 및 형태를 규정한다. 영화는 또 다른 경험재의 특성인 소비의 비반복성(Non-repeatedness in Demand)을 가진다. 영화는 단 한 번의 소비, 즉 관람을 통해 그 영화에 대한 개인의 수요가 충족된다.

엄청난 제작비에도 불구하고 영화는 세계적으로 볼 때 문화예술 분야 중에서 가장 인기 있고 대중적인 분야 중 하나이며 이야기를 소재로 한 문화예술 중에서 가장 대중적인 분야이다. 이탈리아 평론가 리치오니 카뉴도(1879-1923)는 건축, 음악, 그림과 조각, 시와 무용에 이 모든 것을 포함하는 것이 영화이며 움직임의 조형 예술인 영화는 '제7의 예술'로 지칭했다. 20세기 역사와 이후에 관련된 서적에서는 어지간해선 영화라는 매체를 생략하는 일이 없을 정도로 가장 대중적이고 가장 가치가 높은 미디어이다. 영화에 대한 일반론은 현재에 이르기까지 몽타주 론을 제외하고는 이렇다 할 통일된 정론이 없다. 이 점은 영화가 아직도 미개척의 예술 분야이며, 활자 문명 시대의 바통을 이어 영상문명 시대로 접어들고 있는 오늘날 대표적인 새로운 예술의 장르로서 영화의 가치와 의미가 탐구될 수 있다는 가능성을 의미한다. 영화는 오늘날 예술의 한 갈래이면서, 단순한 예술의 영역을 넘어선 넓은 사회 문화적인 복잡한 현상이다. 영화의 영상을 만들어내는 것은 카메라 · 필름 · 영사기였다. 이것들은 19세기에서

20세기에 걸친 과학과 공업이 만들어낸 성과이며, 따라서 새로운 기술의 발명으로 취급되고 하나의 테크놀로지(技術系)로 논할 수 있다. 현재는 그 전달매체의 범위가 확대되었다. 또한 영화는 새로운 커뮤니케이션의 수단, 새로운 사회적 언어로서도 이야기될 수 있다. 영화는 오락으로서, 그리고 흥행으로서 그 양상은 대중을 상대로 한 메스미디어가 되었으며, 텔레비전 등장과 더불어 시각정보(視覺情報)의 전달 매체, 메시지를 전달하는 새로운 수단, 새로운 기호체계로서 연구, 인식되어가고 있다.

이러한 영화의 소재가 바다라면 어떻게 될까?

바다는 예부터 인간에 있어 인문학적 소재로 널리 표현되었다. 깊이도 알 수 없는 망망한 바다, 인간은 여기에서 무궁무진한 상상력을 스크린에 옮겨와 인간을 또 다른 희로애락의 판타지로 이끌었다. 이러한 것들을 바탕으로 해양영화들은 인간과 사회에 영향을 끼치며 사회구성주의를 이끌어 내기도 한다. 해양영화는 아직 정의 되지 않은 분야이다. 하지만 조심스레 해양영화의 개념을 말해본다면, 해양영화는 기본적으로 바다를 소재로 하는 영화를 뜻한다. 그럼 장르와 상관없이 바다가 나오면 다 해양영화일까? 꼭 그런 것만은 아니다. 주제가 바다여야만 해양영화일까? 그것만도 아니다. 해양영화라는 것이 일반적으로 인정되는 장르는 아니기에 그 경계가 모호한 것은 분명하지만 국내외 여러 곳에서 해양영화제가 개최되고 있음을 볼 때, 바다가 서사의 주요한 요소로 작용하여 이를 주제로 다양한 이야기를 펼친다면 장르를 불문하고 해양영화라고 볼 수 있다고 생각한다. 해양에 대한 인간의 감정과 사회적 의미를 내포하여 영상으로 표현한다면 넓은 의미의 해양영화가 될 수 있는 것이다.

5.1 명량

영화 명량(鳴梁)은 2014년 7월 30일에 개봉된 대한민국의 영화이다. 정유재란 중 명량 해전을 소재로 하고 있다. 처음에는 《명량-회오리바다》라는 제목으로 홍보가 이루어 졌으나, 개봉 단계에서 제목이 수정되어 개봉하였다. 개봉 12일 만에 1천만 관객을 돌파하여, 한국 영화사상 최단기간에 1천만 관객을 돌파한 영화가 되었다. 8월 16일에 《아바타》가 세운 1,362만 관객 수를 압도적으로 넘어, 역대 흥행 1위를 달성하였다.

영화 〈명량〉의 흥행 성공 요인으로 지도자의 부재의 이 시대에 진정한 리더에 대한 갈증 해결, 절체절명의 전투를 승리로 이끈 영웅 이야기, 영화의 반을 채운 스펙터클한 전투 장면 등을 꼽을 수 있다. 그리고 일반적인 이순신 장군의 일대기가 아니라 명량해전 전투를 중심으로 절명의 위기를 극복해 나가는 이순신과 그의 부하 그리고 백성, 일본군의 이야기로 재구성된다. 이 영화의 핵심은 이순신 신드롬이다. 나라가 처한 어려운 상황을 리더 한 사람 덕에 백성과 함께 이겨 낼 수 있었다는 것. 그것은 여러 가지 어려운 사회・경제적 문제로 마음 둘 곳 없는 지금의 우리의 현실과 같다.

이 부분이 관객의 공감을 끌어냈다. 또 하나는 무엇보다도 61분을 할애한 전투 장면이 주는 시각적 재미가 있으며 이순신 장군(최민식 분)이 이끄는 조선 군대의 배 12척과 뛰어난 지략을 지닌 왜군 수장(류승룡 분)이 이끄는 왜군의 배 330척과의 전투장면이다. 도저히 이길 수 없는 상황을 이순신 장군의 지략과 리더십으로 극복해 나가는 장면을 스펙터클하게 재현하고 있다. 또한 이순신의 고민과 결단, 전술이 영화를 구성하지만, 그 구성의 중심은 민초들이다. 두려움에 떨며 전투를 피하려 했던 백성들이었지만, 이순신이 불러일으킨 용기로 전투를 승리로 이끈 것도 백성들이라는 것이다. 즉 충(忠), 민(民), 효(孝)에 대한 정의들이 영화 전반에 깔리며 진중하고 근엄한 분위기를 조성한다. 명량은 또한 한 나라의 국민을 하나의 애국심으로 끌어 모을 수 있는 사회적이며 정치적 이슈를 낳은 바다를 소재로 한 대표적 영화라 할 수 있다.

5.2 해운대

부산앞 바다에서 일어나는 지진 해일을 소재로 제작한 대한민국 유일의 재난영화였다. 부산 출신의 윤제균 감독은 2004년 인도양 지진해일이 덮치는 엄청난 사건이 벌어졌을 당시 해운대에 있었다고 한다. 그때 윤제균 감독은 "만약 100만 인파가 몰리는 피서철, 해운대에 쓰나미가 닥친다면?" 이라는 상상을 했다. 이것이 바로 영화 《해운대》의 출발이었다고 한다. 그 이후 한국에서 "과연 재난 영화가 가능할 것인가"와 예산이나 기술력의 문제 등 주변의 수많은 걱정과 우려가 있었지만 할리우드식 재난 영화가 아닌 한국만의 웃음과 드라마를 보여 주고 싶은 윤제균 감독은 사람 냄새나는 재난영화를 만들고자 160 억 원

이라는 제작비가 할리우드 재난 영화의 10분의 1도 안 되는 예산이지만 5년간의 제작기간을 쏟아 부으며 작지만 의미 있는 도전을 위해 한국의 정서를 담은 한국식의 재난영화를 만들고자 노력하였다. 이후 1 년여 간의 시나리오 작업을 거쳐 설경구, 하지원, 박중훈, 엄정화 등 주요 캐스팅을 거쳐 2008년 8월 첫 촬영에 들어가 《스타워즈 에피소드6: 제다이의 귀환》을 시작으로 《딥임팩트》, 《월드 오브 투모로우》, 《레모니스 니켓의 위험한 대결》, 《퍼펙트 스 톰》, 《투모로우》 등에서 시각 효과를 담당한 한스 울리히를 영입하였고 한국과 미국을 오가는 고된 촬영을 거친 후 7월 23일 개봉했다. 전체 줄거리는 2004년 역사상 유례없는 최대의 사상자를 내며 전 세계에 엄청난 충격을 안겨준 인도네시아 쓰나미가 발생한다. 당시 인도양에 원양어선을 타고 나갔던 해운대 토박이 만식은 예기치 못한 쓰나미에 휩쓸리게 되고, 단 한순간의 실수로 그가 믿고 의지했던 연희 아버지를 잃고 만다. 이 사고 때문에 그는 연희를 좋아하면서도 자신의 마음을 숨길 수밖에 없다. 그러던 어느 날, 만식은 오랫동안 가슴 속에 담아두었던 자신의 마음을 전하기로 결심하고 연희를 위해 멋진 프러포즈를 준비한다. 한편 국제해양연구소의 지질 학자 김휘 박사는 대마도와 해운대를 둘러싼 동해의 상황이 5년 전 발생했던 인도네시아 쓰나미와 흡사 하다는 엄청난 사실을 발견하게 된다. 그는 대한민국도 쓰나미에 안전하지 않다고 수차례 강조하지만 그의 경고에도 불구하고 재난 방재청은 지질학적 통계적으로 쓰나미가 한반도를 덮칠 확률은 없다고 단언한다. 그 순간에도 바다의 상황은 시시각각 변해가고, 마침내 김휘 박사의 주장대로 일본 대마도가 내려앉으면서 초대형 쓰나미가 생성된다. 한 여름 더위를 식히고 있는 수백만의 휴가철 인파와 평화로 일상을 보내고 있는 부산 시민들, 그리고 이제 막 서로의 마음을 확인한 만식과 연희를 향해 초대형 쓰나미가 시속 800 km의 빠른 속도로 밀려온다는 이야기이다. 이 영화는 해양재난이 얼마나 큰 피해를 줄 수 있는 지를 보여주고 있다. 막연히 외국의 경우만으로 한정되었던 쓰나미의 피해를 우리나라의 대표적인 해양도시 부산이라는 지역과 나아가 해운대라는 최대의 여름 휴양지를 소재로 하는 상직적 의미를 통하여 직접 피부로 와 닿는 해양재난의 심각성을 통해 한층 더 일반국민들이 해양재난의 대한 패러다임을 변화시킬 수 있었던 계기가 된 영화라 할 수 있다.

5.3 해적: 바다로 간 산적

《해적: 바다로 간 산적》은 대한민국의 액션, 모험 영화이다. 2014년 8월 6일 개봉 되었으며, 이석훈이 감독을, 천성일이 각본을 맡았다. 김남길, 손예진, 유해진, 이경영, 김태우, 박철민, 신정근, 이이경 등이 출연한다. 최종관객 집계는 866만 5,652명. 역대 사극 영화 흥행 5위를 기록했다.

전반적인 내용은 고래 뱃속으로 들어간 조선의 국새를 산적과 해적 일당이 쫓는 이야기다. 다소 비약이 있고 조선건국을 사대주의적으로 묘사하고도 있다. 킬링타임용 코미디 액션영화이지만 이 영화가 해양영화로서 가치를 가지는 것은 바다에 대한 민중의 무지에서 그 답을 찾을 수 있다. 극중 인물들이 한 번도 보지 못한 국세를 삼킨 고래를 잡으러 가는 상황을 코믹하게 그리고 있는데 일반적으로 고래의 크기를 전혀 가늠하지 못하고 세상에 집채만한 크기의 바다생물은 존재하지 않는다는 사실로부터 인간의 바다에 대한 무지를 그리고 있다. 또한 고래를 발견하고 그 크기에 놀라는 모습에서 인간은 바다의 대한 경이와 존경, 그리고 또 다른 두려움의 대상으로 바라보게 된다. 또한 여주인공의 어릴적 한국산 혹등고래와의 정신적 경험을 통해 목숨을 구하는 장면과 고래새끼를 구하는 인간적 모습에서 생명존중 사상도 느낄 수 있다. 바다와 하나 되어 서로 공생해 나아가는 모습, 그 모습에서 진정한 의미의 바다를 어떻게 보아야 할지 조금이나마 성찰하게 되는 최초로 시도된 해양한국영화의 모습을 느낄 수 있을 것이다.

5.4 자산어보

1801년(순조 1년) 정조 사후, 서학을 믿는 정약용과 정약전이 황사영 백서사건에 연관되었다는 정약전, 정약종, 정약용 3형제는 의금부로 끌려가 심문을 받는다. 정약종은 서학을 버리지 않아 이후 잡혀온 황사영과 함께 처형당하고 정약전과 정약용은 유배를 가게 된다. 이후 두 형제는 나주에서 헤어져 각자 유배길에 오른다. 흑산도에 도착한 정약전은 가거댁이라는 과부의 집에 머물게 된다. 그러면서 정약전은 양반의 서자로 자란 장창대라는 마을 청년을 알게 되는데, 어릴 때에는 아버지에게 인정받고 싶어서, 이후에는 출세를 하고 싶어서 글공부를 하고 있었지만 섬에 책이 얼마 없는데다 글공부를 해도 출세를 할 수

없어서 섬의 다른 주민들처럼 고기잡이나 하고 있는 신세였다. 정약전은 강진에서 저서 활동과 제자 양성에 힘쓰는 정약용과 편지를 주고받으며 저서에 대해 논하는 한편, 백성들을 위해 어류도감을 쓰기로 결심하고 창대에게 접근해 자신은 글을 가르칠 테니 창대에게 물고기에 대한 지식을 가르쳐 줄 것을 요구한다. 그 덕분에 정약전은 창대의 도움으로 어류도감을 쓰게 되고, 정약전의 어류도감은 주민들이 먹는 고기로 보지 않았던 아귀나 짱뚱어 등을 먹을 수 있다는 것을 알아내 흑산도 주민들의 구휼에 도움을 주는 등 실제 백성들에게 큰 도움이 된다. 한편, 정약전을 사사한 창대 또한 마을 사람들을 가르칠 정도로 뛰어난 학식을 갖춘다. 정약전은 창대의 뜻이 세상에 출세하는 데에 있다는 것을 깨닫고 분노한다. 결국 창대는 가족과 육지로 가고, 정약전은 가거댁과 자식들을 이끌고 우이도로 가서 어류도감을 마저 집필한다. 과거에 합격한 창대지만 관리로 일하지만 가혹한 백성의 어려움과 탐관오리들의 횡포에 환별을 느끼고 흑산도로 돌아간다. 이후 정약전은 어류도감을 집필하다 앉은 채로 세상을 떠난다. 가족과 함께 흑산도로 가던 도중 창대는 정약전의 장례식에 참석해 조문을 하게 된다. 창대는 그가 남긴 어류도감, 자산어보와 그가 남긴 편지를 가지고 돌아간다. 다시 흑산도로 가는 배에서 복례는 '역시 나는 흑산도가 가장 살기 좋더라' 라는 말을 하고, 창대는 이에 '흑산도가 아니라 자산도' 라는 말을 한다. 이후 흑백으로 보이는 흑산도 전경이 컬러 화면으로 바뀌며 영화는 마무리된다.

창대는 자산어보에 기록된 실지 인물인데 물고기에 대한 지식을 정약전에게 전해주는 역할을 한다. 우리나라 최초의 어류도감을 만든다는 것은유학과 배치되는 실학적 사상이었다. “일본은 조총을 배워서 1592년 임진왜란에 사용했다. 고기를 기록해 많은 사람들이 이를 알게 해야 한다”라고 말하는 정약전의 말이 이를 대변한다. 흑산도 사람들은 지구의를 알고 바다를 통해 세상을 바라보는 눈을 달리한다. 그리고 물고기를 외국으로 가져가면 몇 배의 고기값을 받을 수 있다는 것을 알았다. 영화에서 홍어장사꾼인 문순덕이 등장하는데 그는 난파와 표류로 오키나와, 필리핀을 다녀온 인물이다. 표류한 필리핀인들에 대한 통역을 해 준 이야기를 정약전에게 들여 주는데 그걸 듣고 표해시말이라는 제목의 책을 만들어준다. 표해시말은 18세기의 조선, 오키나와, 필리핀, 중국에 대한 사회문화상을 전해주는 아주 귀한 자료이다. 어느 실학사상의 사상가보다 흑산도 주민들의 세계관이 더 해양적이었다는 것을 알 수 있게 하는 부분이다.

5.5 그랑 블루

1988년 작으로 뤽 베송이 감독했다. 프랑스에서는 907만 관객이 관람하며 엄청난 흥행을 거둬들였으며 스쿠버다이버 및 잠수부들에게는 전설적인 영화로 평가받는다.

푸른바다를 배경으로 눈부신 바다를 닮은 두 남자의 뜨거운 경쟁, 우정 그리고 사랑을 노래한 이 영화는 그리스 작은 마을의 자크(장-마크 바)는 어린 시절 아버지를 잠수 사고로 잃고 바다와 돌고래를 가족으로 여기며 외롭게 성장한다.

그런 그에게 유일한 마을 친구인 엔조(장 르노)는 잠수 실력을 겨루는 경쟁 대상이자 단 한 명의 우정을 다지는 친구다. 그렇게 자크는 유일한 안식처인 바다와 돌고래, 그리고 엔조와 성장해 간다. 오랜 시간이 흘러 프리다이빙 챔피언인 엔조의 초대로 재회하게 된 두 사람, 그리고 자크는 대회에 참가하면서 보험사 조사원 조안나(로잔나 아퀘트)와 일생에 단 한번일지 모르는 눈부신 사랑에 빠진다. 마침내 대회에서 자크가 승리하게 되고 엔조는 패배를 인정하면서도 무리한 잠수를 시도하다. 결국 자연 앞에 인간의 한계를 넘어서고 죽음에 이르게 되는 내용이다.

강렬하고 감각적인 색체의 영상은 마치 인상파 화가들의 작품을 보는듯하며 제목 그대로 스크린을 뒤엎는 거대한 푸른색은 신비함마저 준다, 주인공 자크의 사랑과 우정이 주된 줄거리이지만, 이야기를 풀어나가는 배경에는 영화의 제목 그대로 거대한 푸른색의 바다가 큰 비중을 차지한다. 자크가 꿈꾸는 바다의 환상적인 이미지가 인상적인 영화이다. 프랑스영화의 감성과 할리우드식 재미가 적절하게 섞여 있다는 평을 받았다. 바다를 환상적인 대상으로만 본 것도 아니다. 이 영화에서 바다는 주인공 자크가 하고 싶은 일을 무엇이든 할 수 있는 공간이며 나아가 그의 모든 것이 귀속되어 있는 꿈이 공간이다. 우리는 여기서 앞으로 인간이 바다를 생활과 꿈의 공간, 희망의 공간으로 여기어 일상화 된 공간의 의미로 환원될 수 있다는 관점에 대해 다시 한 번 바라봐야 할 것이다.

5.6 워터월드

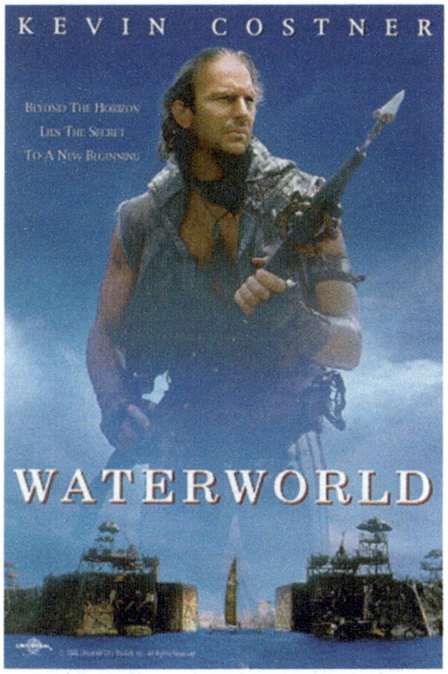

케빈 코스트너 주연의 1995년 작품으로 가까운 미래에 수백 년 동안 인간들의 자연훼손으로 지구는 더워지고 극지방의 얼음이 녹아, 전 지구는 물로 뒤덮여 인간들은 바다 위를 표류하게 된다. 즉 지구 전체가 물로 휩싸여 인류의 문명이 수중에 가라앉게 된다는 것이다. 이러한 엄청난 재난에 인간은 스스로 인공 섬을 만들어 그 섬에 그들의 인생을 맡긴 채 생존투쟁을 벌이는 한편 아무 생물도 살지 않는 바다표면 위를 배회하면서 노략질을 하는 해적집단 스모커들에 의해 끊임없는 생존위협을 받게 된다. 한편, 해상 도시인들은 공간의 한계를 뛰어넘는 극심한 위험이 따르게 되자 한번 남은 기회를 기다리며 그 유일한 희망인 고독한 영웅, 자신도 희망과 절망 사이에서 줄타기를 하는 신비의 주인공 마리너(Mariner: 케빈 코스트너 분)에게 의존하게 된다. 그들은 인류의 모든 전설을 간직한 채 사라져 버린 세계의 잔해들 위에 인공 섬을 만들고 인간들은 생존을 위해 피나는 투쟁을 하게 된다. 그러한 생에 대한 투쟁은 마리너가 어느 한 인공 섬의 정문을 통과하면서 모험으로 변하기 시작한다. 결론적으로 이 영화는 기후 변화로 인해 세계의 대부분이 물로 변한 지구에서, 아가미와 물갈퀴 등 수생 환경에 적응하여 진화한 주인공 '마리너(케빈 코스트너 분)'가 지구

최후의 육지 '드라이 랜드'의 지도를 등에 새기고 있는 수수께끼의 소녀를 만나 드라이 랜드를 찾아간다는 내용이다.

이는 우리에게 많은 곳을 시사해준다. 지구 온난화와 해수면상승으로 인한 여러 문제들의 20여 년 전에 영화에서 볼 수 있다는 것은 매우 행운이 아닐 수 없다. 결국 자연인 바다를 극복과 정복의 대상으로 바라보지 않고 공유와 공생의 대상으로 바라봐야 한다는 점을 다시 한번 보여주는 작품이라 하겠다. 충분히 지금 2000년대를 살아가는 시대에 시사하는 바가 크다.

5.7 캐리비안의 해적

캐리비안의 해적(Pirates of the Caribbean) 은 고어 버빈스키가 감독하고 제리 브룩하이머가 제작한 어드벤처 영화 시리즈이다. 이 시리즈는 방황하는 네덜란드인 전설을 원작으로 월트 디즈니 사의 테마파크의 같은 이름의 놀이기구인 '캐리비안의 해적'에서 착안하여 만들었으며, 주요 등장인물로는 캡틴 잭 스패로우(조니 뎁 출연),

윌 터너(올랜도 블룸 출연), 엘리자베스 스완(키이라 나이틀리 출연) 등이 있다.

2003년 7월 9일 첫 번째 영화인 《캐리비안의 해적: 블랙 펄의 저주》가 개봉되었다. 첫 번째 영화는 흥행에 성공했으며, 이러한 예상치 못한 성공에 월트 디즈니 픽처스는 3부작을 제작하고 있다고 밝혔다. 3년 후 2006년 7월 7일 《캐리비안의 해적: 망자의 함》이 개봉했다. 《망자의 함》은 세계적으로 총 10억 달러 이상을 벌어들이고, 월드와이드 개봉 하루 최대 수입의 기록을 깨기도 하였으며, 누적 영화 매출 순위에서 총 4위이며, 세계에서 많은 양의 돈을 가장 빨리 번 영화가 되는 등 흥행에 크게 성공 하였다. 시리즈 세 번째 영화인 《캐리비안의 해적: 세상의 끝에서》는 2007년 5월 24일 전 세계 동시 개봉했다. 월트 디즈니는 지금까지 세 편의 캐리비안의 해적 시리즈로 총 약 3조 7천억 원을 벌어들였다. 2008년 9월, 조니 뎁이 네 번째 영화인 《캐리비안의 해적: 낯선 조류》에 계약을 했으며, 이는 2011년 5월 20일 개봉했다. 그리고 2017년에 5편 《죽은 자는 말이 없다》가 개봉했다.

이 영화의 근본 배경은 방황하는 네덜란드인(Flying Dutchman 플라잉 더치맨)이란 항구에 정박하지 못하고 대양을 영원히 항해해야 하는 저주에 걸린 유령선 전설이다. 이 전설은 17세기의 선원들 사이의 문화에서 비롯한 것으로 보이며, 현존하는 가장 오래된 버전은 18세기 말기로 거슬러 올라간다. 19세기와 20세기의 목격담에 따르면, 이 배는 으스스한 빛으로 발광한다. 해양 전설에서 유령선의 목격은 파멸의 징조로 받아들여졌다. 이는 바그너의 오페라에서도 그 맥락을 찾을 수 있다.

영화에 등장하는 대항해시대의 해적과 영국의 동인도회사, 제국주의, 중상주의, 카리브 해의 식민지, 그리고 판타지들의 요소가 가미되어 바다를 정치적이고 시대정신의 모험과 불멸의 공간으로 만들어 놓고 있다. 이는 지극이 바다를 꿈과 환상의 요소로 보고 있다.

유럽의 해상 전설에서 나타나는 유령선.

영화 속에서 해적은 나름 '낭만'을 품고 있다. 정상적인 배들은 정해진 항로가 있지만 해적선은 그렇지 않다. 그래서 시리즈 1편에서 잭도 말하지만 해적은 '자유'를 의미하기도 한다. 때문에 〈캐리비안의 해적〉에서 가장 눈여겨 봐야 할 소품은 바로 잭이 갖고 다니는 나침반이다. 그 나침반은 북쪽을 가리키지 않고 나침반의 주인이 원하는 것만 가리킨다. 잭이 노예운반을 거부하고 해적이 된 이유이기도 하다. 그는 자유인으로 마음이 원하는 대로 산다. 그걸 낭만이라 부르고, 〈캐리비안의 해적〉은 해적을 통해 탐욕의 시대에 낭만을 이야기한다.

5.8 어비스

1989년 제임스 카메론감독의 영화로 내용은 다음과 같다.

미핵잠수함 하나가 침몰하는 사고가 발생하고 미 해군은 석유시추선과 연합 수색전을 펼친다. 석유시추선의 책임자인 버드(에드 해리스)는 해군 카피 중위(마이클 빈)와 공동 탐사에 나서지만 사사건건 갈등이 빚어진다.

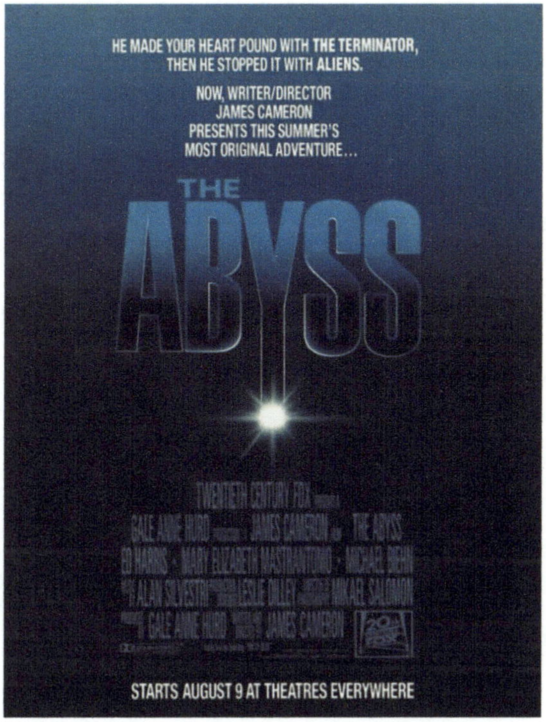

한편 버드는 해군에서 파견한 해양 장비 전문가이자 아내인 린지(매리 스튜어트 매스트란토니오)와도 다툼이 끊이질 않는다. 의견 대립 끝에 카피중위는 독단적인 수색에 나서고, 린지는 어느 날 심연에서 신비한 생물체를 발견한다. 이 생물체는 외계의 생물로 인간과 소통하려한다.

샐버드와 커피가 싸우는 중에 핵탄두가 심연에 떨어져 버리고 핵탄두를 회수해야 하는 문제가 생긴다. 버드가 자원하게 되고 버드는 특수 장비를 착용하고 인간의 잠수 기록을 경신하며 심해로 내려간다. 그는 기적적으로 핵탄두를 발견하고 해체까지 하게 된다. 그러나 돌아올 수가 없는 상황에 처하고 만다. 버드는 '돌아오지 못할 줄 알았다. 그러나 와야만 했었다'라는 글을 보낸다. 그의 희생정신을 알 수 있는 대목이다. 이러한 와중에 버드와 린지는 다시 애정을 회복하게 된다. 인간은 위기에 처해야 단합을 하게 되고, 자신을 점검하게 되는 모양이다. 인간의 한계점에서 기적이 시작된다. 이 기적의 문을 여는 것이 진실이다. 진실은 차원을 넘어 심해 외계인까지 감동시킨다. 외계생물이 버드의 생명을 구해주고 심해에 있던 외계생물체의 도시와 같은 거대한 물체가 수면으로 떠오르며 영화는 마무리된다.

제62회 아카데미 시상식 시각효과상 수상작, 음향상, 미술상, 촬영상 후보작이였다. 바다를 배경으로 과학 기술의 오용이 가져올 위험성을 경고하는 〈어비스〉는 전작과 달리, 역동적인 액션보다 중년 부부의 헌신적인 사랑과 미지와의 조우를 해저 심연에 펼쳐낸 카메론의 SF 동화라 볼 수 있다. 이 영화는 니체의 명언을 연상 시키는 해양 SF대작이다.

"그대가 오랫동안 심연을 들여다 볼 때, 심연도 역시 그대를 들여다본다."
- 프레드릭 니체

5.9 포세이돈 어드벤처

1978년 진헤크만 주연의 미국연화로 여객선의 침몰로 인한 참된 희생적 인간성의 모습을 보여주는 영화이다. "재난 영화의 효시"로 불리는 작품으로 해저 지진과 그로 인한 거대한 파도로 인해 좌초된 초호화 여객선 포세이돈 호에서 벌어진, 인간의 생사를 그린 감동적인 영화로 포세이돈은 그리스의 신으로 바다와 폭풍, 파도 등의 자연재해를 주관하는 신의 이름이다. 미국 뉴욕에서 아테네로 항해 중이던 포세이돈 호는 섣달그믐 한밤중에 거대한 해저 지진을 만나 전복된다. 포세이돈 호는 50 m 이상의 큰 파도로 인해 배가 뒤집히고, 파티를 하고 있던 3백여 명의 승객들은 당황한 채 우왕좌왕 한다. 수백 명이 사망하고 남은 사람들은 생명을 구하기 위해 필사적인 모험을 감수해야 한다. 절대적인 위기상황에서 사람이 취할 수 있는 길은 단 두 가지, 적극적으로 자신의 생명

을 구하려는 길과 가만히 앉아 구조대원을 기다리는 길이다. 이때 스콧 목사(Reverend Frank Scott: 진 핵크만 분)가 나서 사태를 수습하면서 선체 상단으로 올라갈 것을 주장한다. 그러나 대부분의 승객들은 그를 불신한 채 한곳에 남아있겠다고 버틴다.

스콧 목사 일행이 올라가고 난 뒤 거대한 수마가 덮쳐 나머지 승객들이 몰살당한다. 한편 목사 일행이 몇 번의 죽을 고비를 넘기고 어렵사리 출구에 다다랐을 때는 증기 밸브가 열려 주변이 온통 열기로 가득한 상황이었다. 스콧 목사가 갑자기 몸을 던져 밸브를 잠그고 익사한 뒤 나머지 사람들은 출구를 통해 빠져나가 구조된다. 단지 6명의 승객만이 생존한 것이다. 재난 속에서 인류애를 바탕으로 헌신과 노력을 통해 생명의 고귀함과 인간본연의 순수한 희생의 정신을 보여주는 작품이라 하겠다.

5.10 퍼펙트 스톰

영화 "퍼펙트 스톰(The Perfect Storm, 2000)" 은 독일출신의 '볼프강 페터젠' 감독이 연출한 조지 클루니가 주연한 재난영화로, 1991년 미국 동부 해안을 강타한 태풍에 휘말린 '안드레아 게일'호의 실화를 바탕으로 제작되었다. 해양 재난영화의 대표작으로서 3개의 태풍이 만난 바다위에서 펼쳐지는 어부들의 사투를 그려내고 있다. 세부적으로 들여다보면 해양 재난영화의 큰 틀 아래 긴박한 상황 속에서 벌어지는 선장과 선원들의 갈등과 고난 그리고 화해를 다룬 휴먼드라마가 녹아들어가 있다. 이 영화가 2000년도에 국내 개봉되면서 '퍼펙트 스톰'이라는 용어가 일반인에게 친숙하게 알려졌다. 물론 대부분의 볼거리는 바다를 요동치는 파도와 폭풍에 집중되지만 이 영화는 엄밀히 말해 재난영화라기 보다는 피할 수도 있는 재난을 눈앞에 둔 인간이 어떻게 그 재난에 맞서는가에 대해 보여주는 영화이다. 더 나아가 등장인물들이 비린내 물씬 풍기는 평범한 어부들이고 그 중 어느 누구도 영웅으로 묘사되지 않는다는 점에서, 묵묵히 자신의 일을 하다가 희생당한 이름 없는 수많은 노동자들에 대한 추모이기도 하다. 긴 항해를 마치고 돌아오면 긴장과 피로가 더께 앉은 지친 육신을 술집에서 술을 마시며 쉬게 하고, 사랑하는 사람과 긴 입맞춤을 나누는 평범한 하층서민들에 대한 애정 어린 묘사는 여느 할리우드 영화와는 다른 느낌을 준다. 성난 바다를 뚫고 나가며 느끼는 기쁨도 금방 끝나고 또다시 다가오는 태풍, 이들도 평범한 인간이기에 상황이 어려워질수록 드리워지는 죽음의 그림자 속에서 공포에 떨게 된다. 그럼에도 불구하고 검푸른 바다가 그들을 삼켜버릴 때까지 포기하지 않고 도전하는 모습은, 평범한 인간이 나아갈 수 있는 가장 먼 길을 간, 순례자의 순교 같은 숭고함으로 다가온다.

뻔한 자연과의 승부, 결코 이길 수 없는 승부이지만 인간은 또 도전한다.

자연의 거대함 앞에서 결코 자연에 지지 않고 당당히 죽음을 맞이하는 장면에서 인간의 자연에 대한 자신감과 극복의지, 인간의 자연에 대한 욕망을 보여준다.

5.11 캐스트 어웨이(Cast Away)

캐스트 어웨이는 톰 행크스, 헬렌 헌트 주연의 미국 서사시 서바이벌 드라마 영화다. 이 영화는 남태평양에서 비행기가 추락하고 비행기의 화물을 사용하여 섬에서 살아남으려는 시도 끝에 무인도에서 구조된 페덱스 직원의 이야기이다.

이 영화는 2000년 개봉되어 제73회 아카데미 시상식에서 최우수 남우주연상을 수상한 톰 행크스와 함께 전 세계에서 4억 2900만 달러의 수익을 거뒀다.

전 세계를 돌아다니며 비즈니스에 열을 올리는 택배회사 페덱스의 간부 척 놀랜드(톰 행크스)는 업무 차 여행을 하다 조난을 당한다. 척은 아무도 없는 무인도에서 4년을 보내고 극적으로 탈출에 성공한다. 하지만 바삐 돌아가는 세상은 생환한 척에게 낯설게만 보이고 사랑하는 여인 켈리(헬렌

헌트)도 이미 다른 남자와 결혼한 상태다. 척은 그렇게도 그리워하던 문명세계에서 또다시 고독에 빠진다. 캐스트 어웨이는 이런 의미에서 바다에서의 고독의 의미와 문명의 공통체적 삶의 중요성을 한층 더 부각시킨다. 여기서 캐스트 어웨이 즉 “난파”의 의미는 바로 “나를 버린다.” 로 해석될 수 있다. 바다, 즉 무인도의 생활은 흡사 소설 “로빈스 크로스”를 연상시킨다. 또한 그의 친구 “프라이데이”는 이 영화에서 윌슨이라는 무생물로 환원되는데 이는 영화에서 우연히 주인공의 손바닥 피가 묻은 Wilson사의 배구공이다. 그 이후로 인격화 된 친구로서 주인공 톰 행크스가 무인도에서 혼자 보내는 4 년 동안 동반자로 여겨진다. 이것은 영화속에서 인간 사회성의 대상으로써 무생물에 영감을 불어 넣었다. 윌슨은 현실적으로 인간의 고립에 있어서 동반자와의 대화가 얼마나 중요한지를 보여준다. 인간은 사회적 동물이며, 산다는게 단지 육신적인 생존만을 의미하지는 않는다는 너무나 자명한 진리로 설명될 수 있다.

5.12 하트 오브 더 씨(In the Heart of the Sea)

《하트 오브 더 씨》(In the Heart of the Sea)는 2015년 공개 된 미국, 스페인의 모험 드라마 영화로 1820년에 일어난 비극적인 침몰 사건이자 흰고래 '모비딕'의 시작이 된 포경선 '에식스호'의 실화를 다룬 너새니얼 필브릭의 동명의 소설을 기반으로 하고 있다. 19세기경, 모카 딕(Mocha Dick)이라고 이름 붙은 난폭하기로 유명했던 향유고래가 있었다. 1820년에 서경 119'의 적도 바로 남쪽에서 미국 포경선 에식스 호를 들이받아 침몰시켰다. 이 사건이 바로 소설 모비 딕의 모티브가 되었다. 이 실화를 다룬 너새니얼 필브릭의 논픽션 《In the Heart of the Sea : The Tragedy of the Whaleship Essex》가 2000년에 출판되었으며, 국내에는 《바다 한가운데서》라는 제목으로 번역 출판되었고 이를 기초로 해 만든 제작비 1억 달러의 블록버스터이다.

1850년 젊은 허만 멜빌(벤 위쇼 분)이 에섹스호의 생존자 중 마지막으로 살아 있는 토마스 니커슨(브렌단 글리슨 분)을 찾아와 그의 경험을 소설로 쓰기 위해 인터뷰를 하면서 회상식으로 전개된다. 1820년 고래사냥의 수도인 매사추세츠 주 낸터킷에 정박한 에섹스호는 수리를 마치고 출항을 기다리고 있다. 원래 이 배의 새 선장으로는 경험이 많고 고집 센 1등 항해사 오웬 체이스(크리스 헴스워스 분)가 임명될 예정이었으나 갑자기 선주의 아들로 항해 경험도 없는 조지 폴래드(벤자민 워커 분)가 그 자리를 차지하면서 오웬과 조지의 갈등이 시작되고 향유고래의 공격을 받아 배가 침몰한다. 침몰한 배에서 살아남은 21명의 선원들은 3개의 보트에 나눠 타고 육지를 찾아 나서지만 남아있던 건빵도 식수도 떨어져 간다. 가족보다 더욱 끈끈했던 그들은 거친 폭풍우와 절망, 고독, 양심과 싸우면서 먹을 것도, 희망도 없는 망망대해에서 살아남기 위해 인간으로서 가장 비극적인 선택인 식육하며 끝내 구조되어 다시 돌아온다는 내용이다.

19세기 미국 포경선의 세부 묘사, 포경 장면과 폭풍우 장면 등은 굉장히 실감난다. 특히 소설 모비 딕을 읽은 사람들은 머릿속에서 그리기만 했던 모비딕의 모습에 구체적인 묘사가 적절하게 표현되었다고 볼 수 있다.

이 영화는 장대한 바다에서 인간의 탐욕의 끝을 보여주는 걸작이다, 인간의 자연의 대한 탐욕이 끝내 바다로 상징되는 향유고래에 의해 항복하며 체념하는 모습에서 바다를 바라보는 관점의 성찰을 보여준다. 바다는 정복과 이용의 대상이 아니라 그저 옆에 있는 그대로의 자연으로 인식되어야 한다는 교훈을 보여준다.

5.13 벼랑 위에 포뇨

《벼랑 위의 포뇨》(崖の上のポニョ 가케 노 우에 노 포뇨)는 스튜디오 지브리가 제작한 장편 애니메이션 영화이다. 2004년《하울의 움직이는 성》이후 4년만에 미야자키 하야오 감독이 제작을 맡은 작품이다. 원작, 각본, 감독 3부문을

전부 미야자키 감독이 맡는 것은 2001년 개봉된 《센과 치히로의 행방불명》 이후 7년 만이다.

2008 베니스 국제영화제 경쟁 부문에 진출했다. 황금사자상 후보였던 〈벼랑 위의 포뇨〉는 8월 31일 공식 상영 후 10분간의 기립 박수를 받으며 비평가와 심사위원의 만장일치 환호를 받았다. 아쉽게도 황금사자상을 수상하지는 못했지만 베니스 영화제 공식잡지 'CIAK'의 관객 평점에서도 1위를 달리는 등 관객과 평단이 모두 인정한 베니스 최고의 인기 작품이었다.

바닷가 마을을 배경으로, 인간이 되고 싶어 하는 소원을 가진 꼬마 물고기 '포뇨'(ポニョ)와 5살배기 소년 소스케(宗介)와의 만남을 주제로 하는 이야기이다. 일본에서는 2008년 7월 19일 도호 계열 극장에서 개봉되었다.

바다생활에 싫증이 난 아이얼굴을 가진 인면어 포뇨는 바다를 탈출하고 싶어 한다. 그러던 중 인간이 버린 쓰레기들에 휘말리다 한 유리병에 갇히는 위기를 맞게 된다. 이를 우연히 본 소스케는 포뇨를 병에서 빼내주고 집으로 데려온다. 하지만 노인들은 인면어를 데리고 오면 쓰나미가 온다며 두려워한다. 하지만 소스케는 이를 신경 쓰지 않는다. 그러나 곧 포뇨의 아버지가 포뇨를 찾으러 파도를 일으키고 포뇨를 데려간다. 하지만 포뇨는 아버지 후지모토가 모아놓은 에너지를 모두 마셔버리고는 인간으로 변해서 바다를 다시 탈출하여 소스케에게 찾아간다. 둘은 행복한 시간을 보내지만 다시 쓰나미가 몰려와 소스케의 어머니가 노인들을 돌보러 차를 끌고 나간다. 어머니가 걱정이 된 소스케는 포뇨가 확대시킨 배를 타고 어머니를 찾으러 떠난다. 그러나 포뇨는 곧 힘을 잃고 다시 금붕어로 변해버린다. 당황한 소스케의 앞에 포뇨의 아버지 후지모토가 나타나 바다로 돌아가자고 말한다. 소스케는 이를 거부하지만 제압당하고 바다로 끌려온다. 바다로 들어가자 노인들과 어머니가 모두 그곳에 있었다. "포뇨가 인어라도 상관없느냐"고 묻는 포뇨의 어머니의 질문에 소스케는 상관없다고 대답한다. 포뇨의 어머니는 소스케에게 포뇨를 맡아달라고 부탁하고서는 노인들과 모두를 놓아준다. 그리고 소스케와 포뇨는 입맞춤을 하며 포뇨는 인간으로 변하고 끝이 난다.

포뇨의 소원은 오직 하나. "포뇨도 소스케처럼 인간이 될 거야!"이다. 인간이 되고 싶은 물고기, 작가는 인간성의 회복을 통해 자연과 인간이 서로 조화롭게 살기를 바란다. 환경오염으로 포뇨의 아버지는 지극히 인간을 저주한다. 바다의 생기 에너지를 얻어 세상을 다시 정화하려는 그의 노력에서 우리는 지구와 바다 인간이 어떻게 살아가야 하는지에 대해 많은 생각을 남기게 한다.

포뇨의 어머니인 맘마레: 생명의 근원 바다를 위미한다.

포뇨의 어머니인 맘마레는 말 그대로 바다의 여신이다. 생명의 근본을 바다로 보고 있으며 바다의 파괴와 오염은 인간에게서 왔으며 태고의 바다로 회귀하려고 한다. 생명의 원형을 지키려는 상징적인 인물이다.

5.14 모아나

2017년 개봉한 모아나는 북미 박스오피스 3주 연속 1위, 제74회 골든 글로브 시상식 장편애니메이션, 주제가상 2개 부문 노미네이트에 오른 남태평양의 폴리네시아인들의 역사와 해양에 대한 바다세계관을 보여주는 작품이다. 저주를 풀기 위해서 오직 신이 선택한 전설의 영웅이 나타나야 하는 이야기를 그렸다. 바다의 아름다운 풍경과 함께 '씩씩한 여성' 모아나의 선량하면서도 강인한 내면을 그리며 관객에게 깊은 인상을 남겼다.

모든 것이 완벽했던 모투누이 섬이 저주에 걸리자 바다가 선택한 소녀 모아나가 섬을 구하기 위해 머나먼 항해를 떠난다. 저주를 풀기 위해서는 신이 선택한 전설의 영웅 마우이의 힘이 필요한 상황, 모아나는 마우이를 우여곡절 끝에 설득해 운명적 모험을 함께 떠나는 이야기로 진행

된다. 특히 태평양 섬이 배경인 만큼 영화의 가장 주요한 배경은 넓고 푸른 바다다. 제작진은 바다 전체의 비주얼을 위해 탁 트인 해변부터 모아나와 교감하는 캐릭터로서의 바다까지 다양한 바다의 모습을 표현했다.

"모아나"는 폴리네시아어로 바다를 뜻한다. 창조의 근원, 테 피티의 심장은 마오리족의 신화에 나오는 '그린스톤'을 모티브로 만들어졌다고 한다. 반인반신인 마우이가 심장을 훔쳐간 '테 피티'는 폴리네시아 신화에 등장하는 만물과 생명을 창조한 여신이다. 마우이가 심장을 훔쳐간 이후, 테 피티(Te fiti)는 불과 땅의 악마 테카로 변했다.

세계 여려 지역에는 바다신의 신화가 전한다. 그리스 신화 속 태초의 신은 땅의 여신 가이아다. 가이아는 모든 것의 어머니요 만물의 어머니였다. 중국의 창조신화에서도 대모신인 여와가 등장한다. 여와는 만물을 창조했으며, 흙을 반죽하며 인간은 만들었다. 수메르 신화에서 태초의 신이자 만물을 창조한 이는 여신 남무였다. 제주도를 창조했다는 제주 신화의 설문대 할망과 지리산과 천태산에 기거하며 천지를 창조했다는 마고할미는 거인 대모신이다. 모두 여성이다.

영화 시작에서부터 "모아나"는 해양문화에서 가장 오래된 해양신앙을 보여준다. 신앙은 인류가 경건하고 경외하는 마음을 구체적인 해양 이미지에 의탁하고, 숭배와 제사예술의 대상으로 삼는 해양문화현상이며, 해양사상 예술의 중요한 표현 형태이다. 영화에서 해양 신앙은 남태평양 각 섬의 신화와 전설에서 비롯되며, 자연신, 인간신을 향한 숭배도 있고, 동물, 식물이나 조상으로부터 파생된 토템신앙도 보여준다. 또한 섬에서 벗어나 더 넓은 세상으로 나갈려는 여성인 모아나의 진취성과 해양의식을 보여준다.

더 생각해 보기

1. 아직 완전히 정의 내리고 있지 못하는 "해양영화의 정의"를 각자의 패러다임으로 말해보고 그 이유를 설명해 보자.

2. 해양영화에 등장하는 표류와 조난의 의미를 인문학적으로 논해보자.

6 해양문학

6.1 해양시(詩)
6.2 해양산문문화

문학(文學, literature)은 문학 작품의 구성, 그 창작과 감상, 그리고 그것을 둘러싼 사회적 · 역사적 문맥 등에 관해 연구하는 학문이다. 문학은 한 편의 작품을 구성하는 요소들, 예컨대 은유, 상징, 리듬, 인물, 시점, 비극성 등의 의미와 작품 속 기능에 관해 연구한다. 또한 문학은 작가가 한 편의 작품을 생산하는 메커니즘과 독자가 그것을 수용하는 과정에 관해서도 연구한다. 그리고 문학은 작품의 창작과 감상에서 중요한 토대가 될 뿐만 아니라 최종적으로 그 의미에 결정적 영향력을 발휘하는 사회적 · 역사적 문맥에 관해서도 종합적으로 연구한다. 이는 문학이 문학 작품에 대한 감수성 외에 사회, 역사, 정치 등에 관한 풍부한 지식 또한 필요로 함을 의미한다.

문학은 서면 작품의 모음이지만 특히 예술 형식으로 간주되는 글, 특히 산문 소설, 드라마 형식에 더 좁게 사용된다. 최근 수세기 동안 정의는 구전 문학을 포함하도록 확장되었으며 그 중 많은 부분이 필사되었다. 문학은 지식과 오락을 기록, 보존 및 전달하는 방법이며 사회적, 심리적, 영적 또는 정치적 역할을 할 수도 있다. 예술 형식으로서의 문학에는 전기, 일기, 회고록, 편지 및 에세이와 같은 다양한 논픽션 장르의 작품도 포함될 수 있다. 광범위한 정의 내에서 문학에는 특정 주제에 대한 논픽션 책, 기사 또는 기타 인쇄 정보가 포함된다. 어원학적으로 라틴어 literatura / litteratura "학습, 쓰기, 문법"에서 파생되었으며, 원래 "문자로 형성된 글쓰기", litera / littera "letter"에서 파생되었다. 그럼에도 불구하고 이 용어는 말이나 노래 텍스트에도 적용되었다. 인쇄 기술의 발전으로 인해 현재 전자 문학을 포함하는 저작물의 배포와 확산이 계속 증가하고 있다.

또한 언어를 예술적 표현의 제재로 삼아 새로운 의미를 창출하여, 인간과 사회를 진실 되게 묘사하는 예술의 하위분야이다. 간단하게 설명하면, 언어를 통해 인간의 삶을 미적(美的)으로 형상화한 것이라고 볼 수 있다. 문학은 원래 문예(文藝)라고 부르는 것이 옳으며, 문학을 학문의 대상으로서 탐구하는 학문의 명칭 역시 문예학이다. 문예학은 음악사학, 미술사학 등과 함께 예술학의 핵심

분야로서 인문학의 하위범주에 포함된다.

문학이라고 하면 시, 소설, 수필 등으로 분류되는 문학 작품을 의미하는 경우가 많다. 문학은 분류하는 방법에 따라 다음과 같이 구분한다.

1. 전달(傳達) 수단이 말인 구전문학(口傳文學)과 문자에 의한 기재문학(記載文學)
2. 문체가 틀에 박힌 율문(律文)과 그렇지 않은 산문(散文).
3. 내용이 현재형으로서, 주관적 내용인 서정문학(抒情文學), 과거형으로서 객관적 내용인 서사문학(敍事文學), 과거의 사건이 현재형으로 표현되며 동작과 회화에 의한 극문학(劇文學), 서정적과 서사적의 중간에 위치하며 일기 · 수필 · 시론(詩論) · 비평 등을 가리키는 자조문학(自照文學).
4. 문학 활동에서, 자기의 상상을 기초로 하는 창작과 창작된 작품의 가치를 논하는 평론 때문에, 경우에 따라 학문으로서의 문학은 그와 구분해서 '문학 연구'로 명명되기도 한다.

학문으로서의 문학에는 이론 연구, 장르 연구, 작품 연구, 작가 연구, 독자 연구, 문학사 연구, 문화 연구 등이 모두 포함된다. 최근에는 영화나 컴퓨터 게임의 서사, 또한 인터넷 기반 글쓰기로까지 그 영역을 확장하고 있다.

해양문학이란 해양서사가 중심이 되는 가운데 모험서사, 여행서사, 가족서사, 기업서사, 연애서사 등이 결합된 장르이다. 이는 일반인에게 생소한 분야인데, 시나 소설의 주된 배경과 사건이 배와 바다, 항구를 바탕으로 한다는 것이 특징이라면 특징일 뿐, '문학'이라고 하는 대전제에 있어서는 조금도 색다를 게 없다. '배'와 항해, 선상생활, 표류, 바다설화, 해양의식 등의 특수한 조건을 지닌 사회의 측면에서, 우리는 우리 사회의 보편적 의미를 이끌어낼 수도 있고, 그 허구의 사실성과 유쾌함, 즐거움, 바다에서 살아가는 사람들의 애환 등을 마음껏 맛볼 수 있는 것이다.

6.1 해양시

6.1.1 최치원(崔致遠)의 「범해(泛海)」

현재 전하고 있는, 우리 선인들이 바다를 주제 또는 소재로 하여 남긴 문학 작품은 그리 많지 않다. 한시로 가장 오래된 것으로 알려진 것은 최치원(崔致遠)의 「범해(泛海)」이다. 범해는 바다를 가르며 항해한다는 뜻이다.

바다를 가르며(泛海 범해) _ 최치원

掛席浮滄海(괘석부창해) 돛 걸고 푸른 바다 헤치니(돛달아 바다에 배 띄우니)
長風萬里通(장풍만리통) 시원한 바람 멀리서 불어오네.(오랜 바람 만리에 통하네)
乘槎思漢使(승사사한사) 뗏목에 오르면 한(漢)나라 사신 생각나고
採藥憶秦童(채약억진동) 약초 캘 땐 불사약 찾던 진(秦)나라 아이들 생각한다.
日月無何外(일월무하외) 해와 달은 허공을 가르고(밖에 있고)
乾坤太極中(건곤태극중) 천지는 태극에 맞물리는구나. 하늘과 땅은 태극중에 있네
蓬萊看咫尺(봉래간지척) 봉래산이 지척에 보이니
吾且訪仙翁(오차방선옹) 나 또한 신선을 찾으리.

이 한시는 최치원이 중국 유학에서 돌아온 후 옛날을 회상하면서 쓴 글로 추정되며, 그저 욕심 없이 세상을 관조하는 신선이 되고 싶다는 내용으로 알려져 있다.

뮤지컬 범해

최치원(崔致遠, 857년 ~ 908년 이후)은 신라 말기의 문신이자 유학자아며 문장가이다. 본관은 경주(慶州)이고 경주 최씨(慶州 崔氏)의 시조로 자는 고운(孤雲), 해운(海雲), 해부(海夫)이며, 시호는 문창(文昌)이다. 신라 삼최(三崔) 중 한 사람으로서 6두품 출신으로서 12세의 나이로 당에 유학하여 6년 만에 당의 빈공과에 장원으로 급제하였으며, 황소의 난이 일어나자 절도사 고병의 막하에서 《토황소격문》을 지어 당 전역에 문장으로 이름을 떨쳤고, 승무랑 시어사로서 희종 황제로부터 자금어대를 하사받았다. 귀국하여 헌강왕으로부터 중용되어 왕실이 후원한 불교 사찰 및 선종 승려의 비문을 짓고 외교 문서의 작성도 맡았으며, 시무 10여 조를 올려 아찬 관등을 받았다. 그러나 진골 귀족들이 득세하며 지방에서 도적들이 발호하는 현실 앞에서 자신의 이상을 채 펼쳐보지도 못한 채 관직을 버리고 은거하여 행방불명되었다. 삼국사기에서는 가야산의 해인사로 들어갔다고 하고, 민담에서는 지리산으로 들어갔다고도 한다. 908년까지 생존

최치원과 창원 마산 월영대

해 있었음은 확실하지만 언제 어떻게 죽었는지는 알 수 없다.

귀국 직후 당에서 쓴 글을 모아 헌강왕에게 바쳤던 《계원필경》은 한국에서 가장 오래된 개인 문집으로 꼽히며, 《삼국사기》에 실려 있는 《난랑비서(鸞郎碑序)》는 신라 화랑도의 사상적 기반을 말해주는 자료로서 주목받는다.

최치원의 '범해'는 28세 때 당나라 생활을 정리하고 신라로 돌아오면서 항해 도중 지은 것으로 보고 있다. 아득한 바다에 배를 띄우니 속세에서의 욕망이 덧없이 느껴진다는 내용으로 파악된다. 중국 시인 소동파(蘇東坡: 1036~1101)가 '적벽부(赤壁賦)'에서 인간의 존재를 '푸른 바다에 좁쌀 한 톨'로 비유한 것과 비슷한 정취가 엿보인다고 평가받는다. 이런 심상을 보여주는 것은 소재적 배경이 봉래산이기 때문이다. 봉래산은 전설상의 산으로 삼신산(三神山) 가운데 하나로 알려져 있다. 마지막 부분에서 "봉래산이 지척에 보이는 듯, 나도 신선을 찾아보리라"고 한 것을 보면, 최치원은 항해 도중 삼신산을 생각하며 가보고 싶어 했던 것 같다고 분석되고 있다. 또 다른 의미로 〈범해〉에는 도가(道家)의 신선사상과 함께 좌절한 선비의 현실 초월적 감정이 드러나 있다. 이것은 중화주의 천하관(天下觀)의 반영인 동시에 주체적 동인의식이 표현된 사상적 혼융이자 텍스트의 양가성이다. 최근 '범해(泛海)'의 무대가 창원 마산 월영대 즉 옛마산의 경남대주변 해안일 가능성이 높다는 해석이 나왔다. 당으로 떠난 지 17년 만에 신라로 귀국해 국정에 참여하지만 신분의 한계에 부딪혀 40세 무렵에 관직을 버리고 자연을 벗 삼아 은거하면서 창원 월영대에서 만년을 보낸 기록이 남아있기 때문이다. 2013년 중국 시진 핑 주석이 한중 정상회담 때 인용하여 더욱 유명해지기도 했다.

6.1.2 윤선도 어부사시사(漁父四時詞), 이현보 어부단가(漁父短歌)

〈어부사시사〉(漁父四時詞)는 윤선도가 지은 시조 작품 중 하나이다. 1651년(효종 2년) 윤선도 나이 65세 때 완도 보길도 부용동을 배경으로, 어부의 생활을 4계절인 춘사, 하사, 추사, 동사로 나눠 각 10수씩 노래한 연시조이다.

이현보의 《어부사(漁父詞)》에서 시상(詩想)을 얻었다 하나, 그 한시구(漢詩句)의 어의(語意)나 어음(語音)에 상응하는 우리말로 전혀 새로운 자신의 언어를 능란하게 구사하여 속계를 벗어나 물외(物外)에 서서 자연에 합치한 어부의 생활을 아름답게 나타내었다.

먼저 배를 띄우고, 닻을 들고, 돛을 달아놓고 노를 저으며 노래를 읊는다. 그러다가 돛을 내리고 배를 세우고, 배를 매어 놓고, 닻을 내리고, 배를 뭍으로 붙여놓는 것으로 여음이 짜여 있다.

우리의 고전시가에 '어부가' 계열의 시가가 상당수 전해지는데, 고산의 <어부사시사>가 지닌 시적 감각은 다른 작품들에 비하여 매우 뛰어나다고 평가되어 왔다. <어부가>와 <어부사시사>는 모두 자연을 관조하고 그것을 완상하며 즐기는 관찰자 시점, 혹은 유랑자 관점으로 어부생활을 읊은 것이다. 이들 작품이 표방하는 어부는 고기잡이를 생존의 수단으로 삼는 진짜 어부가 아니라 강호자연을 즐기는 사대부계층을 의미한다. 따라서 어부생활을 통한 생계유지 혹은 생명의 위협 같은 것은 작품에 나타나지 않는다.

윤선도

윤선도도 이러한 어부가 계열 작품들과 마찬가지로 어부의 입장에서 <어부사시사>를 재창작하였기에 관찰자 혹은 자연을 누리는 사람으로서 노래하고 있다. 그는 이에 만족하지 않고 자연에서 추상된 관념의 내포, 즉 의미를 찾는 탐구자적 관심도 상당히 드러낸다. 그리하여 이 작품에는 아름답게 파악된 자연을 담담하게 표현하는 서경 지향성이 상당히 높다.

어부사시사는 16세기 강호시조 맥락의 연장선상에 있는 작품으로, 강호 공간과 정치 현실의 대립 구도가 선명하게 나타난다. 윤선도의 자연은 치인의 길에 나아가기 위한 예비적 길로, 그는 강호의 흥취를 노래하며 우회적으로 정치 현실을 비판하였다. 특히 하사에서는 굴원이나 오자서의 고사를 매개로 우회적이면서도 강렬하게 현실을 비판하고 있다. 오자서와 굴원은 참소를 당한 인물이라는 점에서 참소로 유배 간 윤선도와 공통된다. 이 부분에서 윤선도의 어부사시사 역시 강호에 완전히 몰입하지는 못하고 여전히 정치 현실과의 팽팽한 긴장감을 내재하고 있다는 사실을 알 수 있다. 물론 윤선도는 현실의 갈등을 표출하면서도 그 고뇌에 침잠하지 않고 강호 속 흥취를 뛰어난 표현 기교를 통해 도도하게 구현함으로써 시적 분위기를 되살리고 있다.

윤선도는 이 노래를 지을 때 주인과 객이 뱃전을 두드리며 장단에 맞추어 함께 부를 수 있도록 만들었다고 한다. 그래서인지 〈어부사시사〉는 각 절마다 반복되는 후렴구가 붙어 있어 마치 우리의 민요처럼 주고받는 식으로 되어있다. 그런가 하면 윤선도는 이 노래를 아이들에게 가르쳐 자신의 여가시간에 부르도록 하였다고도 하는데, 이렇게 윤선도의 생활 속에서 우러나온 〈어부사시사〉는 그 후 세상으로 퍼져나가 조선조 노래 중에서도 최고봉에 달했다는 평가를 얻었다.

고산윤선도 시조 (어부사시사) 4수

봄노래(春詞)

봄노래는 봄날 바닷가의 꿈결 같은 서정이 깨끗하고 단아하게 펼쳐진다. 처음 도입부는 남창, 여창이 같은 선율 진행을 보여 안정된 느낌을 준다. 이어 남창과 여창이 노래를 주고받는 중간부분에서는 흥이 고조되어 절정을 이루다가 다시 후미에 이르러서 고조된 느낌을 가라앉히려는 듯 두 노래가 조촐하게 서로를 감싸듯 마무리된다.

동풍이 건듯 부니 물결이 고이 인다

돛 달아라 돛 달아라 돛을 달아라

동호를 돌아보며 서호로 가자스라

지국총 어사와 지국총 어사와

앞뫼는 지나고 뒷뫼는 나아온다

앞뫼는 지나고 뒷뫼는 나아온다 뒷뫼는 나아온다

여름노래(夏詞)

여름노래 도입부의 허밍부분은 여름 아침 바다에 차 오르는 물안개를 연상시켜 주는 듯 몽상적이다. 그러나 남창의 힘찬 노래는 물안개를 거두려는 햇살처럼 밝다. 노래의 끝 부분에서는 또 한 번의 어울림이 이루어진다.

연잎에 밥싸두고 반찬을랑 장만 마라
닻 들어라 닻 들어라 닻 들어라
청약립(靑蒻笠)은 써있노라 녹사의(綠蓑衣) 가져오느냐

지국총지국총 어사와 어사와
무심한 백구는 내 좇는가 제 좇는가.

가을노래(秋詞)

가을노래에서는 따사로운 가을아침 햇살아래 배를 띄우며 만선을 기원하는 어부의 안정된 선율진행으로 표현되고 있다. 특히 이 노래에서는 임시표의 사용으로 다양한 음향표현이 돋보인다.

수국의 가을이 오니 고기마다 살져있다
닻 들어라 닻 들어라 닻 들어라
만경징파(萬頃澄波) 슬카지 용여하라
지국총 지국총 어야디야 어야디야
인간을 돌아보니 멀도록 더욱 좋다

겨울노래(冬詞)

겨울노래에서는 인간사의 고통과, 고통 속에서도 무심한 마음으로 자연과 합일하려는 삶의 의지가 여창과 남창으로 대비되면서 전개된다. 전체적으로 반주부의 안정된 움직임을 바탕으로 선율의 움직임이 유려하게 펼쳐진다.

간밤에 눈갠후에 경물(景物)이 달랐고야
이어라 이어라 이어라 이어라
앞에는 만경유리 뒤에는 천첩옥산
지국총 지국총 어사와 어사와
선계(仙界)인가 불계(佛界)인가 인간이 아니로다
선계인가 불계인가 인간이 아니로다

중종 때 이현보는 연시조인 어부단가(漁父短歌)를 지었는데, 이는 고려 때부터 전해 오던 어부 단가 10수를 고쳐 지은 것이다. 모두 5장으로 내용은 어부의 생활을 읊은 것이며 본래의 어부 단가 10수는 전하지 않는다. 그 가사가〈청구영언〉〈해동가요〉에 전해 온다.

주제는 강호 한정(江湖 閑情), 자연에 은거하는 어부의 생활을 노래하며 자연을 벗하며 고기잡이를 하는 한가한 삶을 노래하고 있다. 그러나 이 작품에 등장하는 어부는 "가어옹(假漁翁)"으로, 실제 고기잡이를 생업으로 하는 어부와는 성격이 다르다. "가어옹"이란 속세를 떠나 강호에서 낚시하면서 시나 읊고 술잔을 기울이던 양반을 이르는 말로, 작품에서도 실제 어부의 삶이 구체적으로 나타나기보다는 "천심녹수(千尋綠水)", "만첩청산(萬疊靑山)"과 같이 상투적인 용어를 구사하여 관념적으로 어부의 생활을 그리고 있다. 그러므로 이 작품에서의 어부의 삶이란 곧 자연 속에서의 은둔 생활을 의미한다고 할 수 있다. 그러나 제5수의 초장과 중장에서 볼 수 있듯이 세상에 대한 관심을 완전히 끊지는 못하고 있다. 시적 화자는 맑고 푸른 강호에서 한가롭게 살아가는 어부이다. 화자는 인세(人世)로 지칭되는 세속세계와 자신이 속한 청정한 강호를 대립시키면서 강호적 삶의 즐거움을 노래하였다. 1연에서는 세속세계의 시름과 시간질서마저 초월한 어부생활의 자득감을 노래하고 있으며, 2연에서는 강호세계의 푸른 산 푸른 물과 인간세상의 붉은 먼지를 시각적 이미지로 대비시키면서 무심의 경지로 침잠하는 주체의 내면 지향을 보여 준다. 3연에서는 물외한인으로 살아가는 어부의 한가로운 일상이 포착되고, 4연에서는 산 위의 한가로운 구름과 물 위로 나는 백구와 벗 삼아 지내고자 하는 화자의 내면 지향이 선명하게 드러난다. 5연에서는 한가로운 강호생활 속에서도 북궐(北闕)을 잊은 적이 없다는, 유자(儒者)로서 가어옹(假漁翁)의 내면 갈등이 나타난다. 이에 대해 학자들은 유가 은둔의 한계를 지적하기도 하고, 앞의 4수와 달리 이현보의 순수한 창작품이라고 보기도 한다.

이 듕에 시름 업스니 漁夫(어부)의 生涯(생애)로다

一葉(일엽) 扁舟(편주)ᄅᆞᆯ 萬頃波(만경파)에 쁴여 두고

人世(인세)를 다 니젯거니 날 가ᄂᆞᆫ줄을 안가 <1>

> 이런 속에(인간 세상 중에) 걱정할 것 없는 것은 어부의 생활이로다.
> 한 척의 조그마한 배를 끝없이 넓은 바다 위에 띄워 놓고
> 인간 세상의 일을 다 잊었으니 세월 가는 줄을 알겠는가?

구버ᄂᆞᆫ 千尋綠水(천심녹수) 도라보니 萬疊靑山(만첩청산)

十丈紅塵(십장홍진)이 언매나 ᄀᆞ려ᄂᆞᆫ고

江湖(강호)에 月白(월백)ᄒᆞ거든 더옥 無心(무심)ᄒᆞ얘라 <2>

> 굽어보니 천 길이나 되는 푸른 물, 돌아보니 겹겹이 쌓인 푸른 산
> 열 길이나 되는 속세의 티끌(어수선한 세상사)이 얼마나 가려졌는가.
> 강호에 밝은 달이 밝게 비치니 더욱 무심하구나.

靑荷(청하)에 밥을 ᄡᆞ고 綠柳(녹류)에 고기 뻬여

蘆荻(노적) 花叢(화총)에 ᄇᆡ 매야 두고

一般(일반) 淸意味(청의미)ᄅᆞᆯ 어← 分(분)이 아ᄅᆞ실고 <3>

> 연잎에 밥을 싸고 버들가지에 물고기를 꿰어서
> 갈대와 억새풀이 꽉 찬 곳에 배를 대어 묶어 두니
> 자연의 참된 의미를 어느 분이 아시겠는가.

山頭(산두)에 閑雲(한운)이 起(기)ᄒᆞ고 水中(수중)에 白鷗(백구)ㅣ 飛(비)라

무심코 多情(다정)ᄒᆞ니 이 두 거시로다

一生(일생)에 시르믈 닛고 너를 조차 노로리라. <4>

산봉우리에 구름이 한가롭게 피어나고 물 가운데 백구가 난다.
이 세상에 아무런 욕심이 없이 다정한 것이 이 두 가지로다.
내 평생에 근심을 잊고 너희들과 함께 놀리라.

長安(장안)을 도라보니 北闕(북궐)이 千里(천리)로다
魚舟(어주)에 누어신달 니즌 스치 이시랴
두어라 내 시름 아니라 濟世賢(제세현)이 업스랴 〈5〉

서울을 돌아보니 궁궐(임금님 계신 곳)이 천 리로구나.
고기잡이배에 누워 있은들 (나랏일을) 잊은 적이 있으랴.
두어라, 내가 걱정할 일 아니다. 세상을 구제할 현인이 없겠느냐?

어부는 이상 실현을 기다리는 모습, 현실과 단절되어 강호 속에 은둔한 모습, 억울함을 호소하는 모습, 비분강개하는 모습 등 여러 가지 층위로 작품에 쓰이게 된다. 여기서의 어부는 앞서 말한 고기잡이를 생업으로 하는 어부가 아닌 세속과 정치 현실로부터 거리를 두고 강호로 물러나 낚시를 하며 유유자적한 삶을 향유하는 가어옹으로, 이 형상에 자기 자신의 모습을 투영하여 이상 실현의 때를 기다리는 인물을 나타낸 것이라고 할 수 있다. 즉 어부는 지식인들의 대리적 형상으로 지식인들이 지향하는 삶을 보여주는 시적 아이콘이자 강호시조의 핵심적 모티브 중 하나이다. 강태공, 엄자릉, 굴원 등 구체적인 형상으로 드러나기도 하는 어부는 밭가는 전부(田父)와 함께 동아시아 예술을 이해하는 중요한 아이콘 중 하나라고 할 수 있다.

이현보는 관직에 진출한 이래 은퇴할 때까지 결코 평탄치 않은 관료 생활을 했으며 끊임없는 갈등과 번민을 겪었다. 그는 76세가 되어서야 병을 핑계로 '귀거래'를 외치며 관직에서 물러나 고향에 돌아올 수 있었다. 따라서 이현보의 어부가는 현실 도피를 꿈꾸었던 작가가 근심 걱정 많은 삶을 살다가 지친 육신을 이끌고 도피하다시피 내려온 강호이기 때문에 비록 자연에서 한가롭게 지내고자 하여도 임금과 나라에 대한 걱정을 완전히 떨칠 수는 없었던 것이다.

이현보

그리고 작품에서 나타나는 화자의 시선 이동을 보면 '일엽편주→녹수 · 청산→산두 · 수중→장안 북궐'로 이어진다. 이 역시 시적 화자가 자연 속에 있으면서도 내면에서는 현실 사회에 대한 관심을 가지고 있다는 현실 지향 의식을 암시하는 부분이라고 할 수 있다. 이처럼 어부단가는 정치현실에 대한 회의와 미련, 강호에서의 삶을 염원하는 심적 동경이 복잡하게 얽힌 텍스트라 할 수 있다. 이를 통해 강호와 정치 현실의 대립적 성격이 더욱 극명하게 드러나는 것이다. 그밖에 이 작품은 상대적으로 한자어가 많아 노래를 부르기에 적합하지 않은 결점을 지녔으며, 상투적 한자어를 많이 쓴 정경의 묘사도 관념적이라는 평가를 받는다. 또한 윤선도의 '어부사시사'에 영향을 주었다고 할 수 있다.

이현보의 〈어부단가〉	윤선도의 〈어부사시사〉
세속의 삶에 미련	세속의 삶을 초월
강호의 즐거움에 완전히 몰입X	강호에서 누리는 여유와 풍류에 집중
어부의 생활을 상상하고 동경 → 관념적 정경 묘사	어부의 생활을 직접 봄 → 구체적이고 사실적인 묘사
한문 투	우리말 표현의 뛰어난 구사

6.1.3 최남선(崔南善) 해에게서 소년에게

1908년 11월 『소년』 창간호에 발표된 이 시는 서구 및 일본의 선진 문화 수용과 그를 통하여 힘 있고 활기에 찬 새 사회를 건설하고자 하는 열망을 담은 작품이다.

최남선

전 6연으로 구성된 이 시에서 중요한 것은 '바다'와 '소년'의 이미지다. '바다'를 '나' 또는 '우리'로 의인화(擬人化)하여 '소년'에 관련시킨 작자의 의도는 무한한 '힘'과 '새로움'의 창조에 있다. 세계를 향해서 열려 있는 바다의 광활한 공간을 통해서 밀려드는 개화의 세찬 물결과 소년의 대담하고 티 없이 맑은 마음속에서 피어나는 새로운 역사의 창조를 주제로 하고 있다.

'바다'의 무한한 힘과 그 위용(偉容) 앞에 인간존재의 왜소함을 나타낸 것이 1~4연까지의 내용이라면, 시기(猜忌)와 질투, 사악(邪惡) 일체를 초월한 의연한 자세와 무한한 가능성을 안고 새로움에 대한 희망과 동경(憧憬)을 노래한 것이 5~6연의 내용이다. 이 작품이 문학사에서 중요하게 거론되는 이유는 그것이 최초로 자유로운 형식을 취하였다는 점에 있는데, 문학사적으로 한계도 있다고 평가 받고 있다.

이 시는 정형률을 크게 벗어난 것처럼 보이나, 실제로는 제1행 2・2・3, 제2행 3・3・5, 제3행 4・3・4・5, 제4행 3・3・5 등 각 연의 시행수가 일정할 뿐만 아니라, 각 대응행(對應行)간에서도 서로 동일한 리듬의 반복으로 짜여 있음을 볼 수 있다.

이와 같은 사실은 이 시가 완전한 자유시가 아니라 노래의식이 작용한 준정형적(準定型的) 형태임을 말해주는 것이다. 거기다가 각 연의 앞뒤에서 '텨…ㄹ썩', '쏴……아', '튜르릉', '콱' 등과 같은 의성어(擬聲語)인 상징음이 반복되고 있는 점까지 고려한다면, 이 시는 역시 '노래'로서의 요소를 더욱 중시하고 있다고 보아야 할 것이다. 내용 면에서 드러나는 이 시의 특징은 한마디로 계몽성이라 할 수 있다. 계몽이 낡고 묵은 것을 타파하고 새로운 것에로 이끄는 것이라 볼 때, 이 시가 기존 질서에의 질타를 과녁으로 하고 있다거나 아직 기존의 세계에 물들지 않은 소년들에게 연대 의식을 나타낸다는 점 등은 작가의 의지에 잘 부합한다고 보인다. 그러나 그 계몽이 현실에 대한 정확한 인식을 바탕으로 한 실천 가능성으로 제시되지 않고 극단적인 현실부정으로 흐르고 있다는 점은 지적되어야 한다.

이 점은 시적 과장이라기보다는, 작품이 다소 비현실적인 관념적 사고 혹은 의식 과잉 위에 기초해 있다는 점을 말해 주는 것으로 보인다. 또 하나의 내용적 특징으로 꼽을 수 있는 것이 이 시의 바다 지향성인데, 시인은 '바다'로써 새로움을 향한 젊은 전진의 통로 혹은 근대적 문물과 정서를 지향하는 계몽의 표징으로 삼으려 했던 것을 알 수 있다. 이는 바다라는 자연물에 대한 전통적 이미지에 획기적 변화를 낳았다는 점에서 주목된다.

해양시라는 측면에서 이 시는 바다를 동경의 대상으로 보고 있다. 이점에서 바다를 단순히 소재성으로도 볼 수 있다. 즉 바다와 인간의 삶이 해양이라는 공간으로 연결시키는 부분에 있어서는 해양시라는 범주에 들어갈 수 없는 한계를 지니고도 있다고 볼 수도 있지만 바다를 인간 계몽의 측면에서 본다면 해양인문학의 범주에 어느 정도 흡수될 수도 있다고 본다.

터……ㄹ썩, 터……ㄹ썩, 텩, 쏴……아.
따린다, 부슨다, 문허 바린다.
태산(泰山) 갓흔 놉흔 뫼, 딥태 갓흔 바위ㅅ돌이나,
요것이 무어야, 요게 무어야.
나의 큰 힘 아나냐, 모르나냐, 호통까디 하면서,
따린다, 부슨다, 문허 바린다.
터……ㄹ썩, 터……ㄹ썩, 텩, 튜르릉, 콱.
터……ㄹ썩, 터……ㄹ썩, 텩, 쏴……아.
내게는, 아모것, 두려움 업서,
육상(陸上)에서 아모런 힘과 권(權)을 부리던 자(者)라도,
나 압헤 와서는 꼼땩 못하고,
아모리 큰 물건도 내게는 행세하디 못하네.
내게는, 내게는, 나의 압헤는.
터……ㄹ썩, 터……ㄹ썩, 텩, 튜르릉, 콱.

터……ㄹ썩, 터……ㄹ썩, 텩, 쏴……아.
나에게 뎔하디 아니한 자(者)가
지금(只今)까디 잇거던 통긔하고 나서 보아라.
진시황(秦始皇), 나팔륜, 너의들이냐.
누구 누구 누구냐, 너의 역시(亦是) 내게는 굽히도다.
나허구 겨르리 잇건 오나라.
터……ㄹ썩, 터……ㄹ썩, 텩 튜르릉, 콱.

터……ㄹ썩, 터……ㄹ썩, 턱, 쏴……아.
됴고만 산(山)모를 의지(依支)하거나,
됴ㅅ쌀 갓흔 뎍은 섬, 손ㅅ벽만한 땅을 가디고,
고 속에 잇서서 영악한 톄를,
부리면서, 나 혼댜 거룩하다 하난 자(者),
이리 됨 오나라, 나를 보아라.
터……ㄹ썩, 터……ㄹ썩, 턱, 튜르릉, 콱.

터……ㄹ썩, 터……ㄹ썩, 턱, 쏴……아.
나의 쨕될 이는 한아 잇도다.
크고 길고, 널으게 뒤덥흔 바 뎌 푸른 하날.
뎌것은 우리와 틀님이 업서,
뎍은 시비(是非) 뎍은 쌈 온갓 모든 더러운 것 업도다.
됴짜위 세상(世上)에 됴 사람텨럼,
터……ㄹ썩, 터……ㄹ썩, 턱, 튜르릉, 콱.

터……ㄹ썩, 터……ㄹ썩, 턱, 쏴……아.
뎌 세상(世上) 뎌 사람 모다 미우나
그 중(中)에서 똑 한아 사랑하난 일이 잇스니,
담(膽) 크고 순정(純精)한 소년배(少年輩)들이
재롱(才弄)텨럼 귀(貴)엽게 나의 품에 와서 안김이로다.
오나라, 소년배(少年輩). 입맛텨 듀마.
터……ㄹ썩, 터……ㄹ썩, 턱, 튜르릉, 콱.

6.1.4 김기림의 바다와 나비

김기림(金起林 1908-?)은 함경북도 성진 생으로 시인. 평론가로 보성고와 일본 니혼대학 문학예술과를 거쳐 도호쿠제대 영문과 졸업했다. 1931-32년 〈조선일보〉 기자로 재직하던 사이에 "고대(苦待)", "날개가 돋치면" 등 시각적 이미지가 선명한 시를 발표, 문단의 각광(脚光)을 받았다. 1933년 이효석과 '구인회' 결성. 이양하, 최재서 등과 함께 주지주의 문학 이론 도입하고 이후 한국적 모더니즘 문학 운동의 선구자가 되었다. 시집에 〈기상도(氣象圖)〉(1939), 〈새노래〉(1947), 시론집에 〈시론〉(1947), 〈문장론신강〉(1949)이 있고 6·25때 월북했다. 1988년 해금 조치 되었으며 작품 활동을 보면, 시 "기상도" 등에서 나타나는 바와 같이 모더니즘 이론을 충실히 이행하려 하였으며, 현대시가 지녀야 할 주지성과 회화성, 그리고 문명 비평적 태도 등을 시도하려 애썼다. 1940년대에는 시론을 발표하면서 "겨울의 노래", "소곡" 등 서정과 지성이 결합된 선명한 시각적 영상이 두드러진 시를 발표했는데, 그의 문학사적 공적은 주지주의 시론의 확립, 과학적 방법의 도입, 모더니즘적 시의 시도 등이다.

바다와 나비

김기림

아무도 그에게 수심(水深)을 일러준 일이 없기에
흰나비는 도무지 바다가 무섭지 않다.

청(靑)무우 밭인가 해서 내려갔다가는
어린 날개가 물결에 절어서
공주(公主)처럼 지쳐서 돌아온다.

삼월(三月)달 바다가 꽃이 피지 않아서 서글픈
나비 허리에 새파란 초생달이 시리다.

자유시, 서정시, 주지시로 율격은 내재율이다. 감각적, 상징적, 주지적 경향, 이미지즘 성격을 가지며 시각적 심상이 주를 이룬다. 서글픔과 애처로움이 뒤섞인 관조적 미의식. 푸른빛과 흰빛의 대비를 표현하였다. 1연은 바다가 무서운 줄 모르는 나비의 비생명체, 죽음의 세계를 표현했고 2연은 바다로 날아가다가 지쳐 돌아온 나비를 통해 가혹한 현실의 위협을 3연은 나비의 모습을 통해 지쳐 돌아오는 '서글픈' 마음의 표상 하였다. 순수한 꿈의 지향과 절망, 새로운 세계에 대한 동경과 그 좌절을 노래했다.

한국 모더니즘 문학의 문을 연 시인 김기림이 1939년 잡지 〈여성〉에 발표한 작품으로, 그의 초기 시에 자주 등장하던 낯선 외래어의 사용을 배제하고, 새로운 세계에 대한 동경과 좌절감을 선명한 색깔의 이미지를 통해 뽑아 올린 그의 대표작 가운데 하나이다.

모두 3연 7행으로 이루어진 짧은 시로, 이 작품에서 '바다'는 섬뜩하고 거칠며 냉혹한 현실로써 생명이 없는 공간 또는 죽음의 공간으로 이해되며, '나비'는 순진무구(純眞無垢)하거나 철없는 존재, 또는 식민지 현실이나 거대한 신문명 속에서 자신을 제대로 파악하지도 못한 채 우쭐거리는 지식인 정도로 이해된다.

1연에서는 바다가 무서운 줄도 모르고 바다 위를 날아다니는 한 마리 흰나비를 통해 연약하고 순진무구(純眞無垢)한 존재의 무모함을 제시한다. 무서움을 알지 못하기 때문에 아무런 두려움 없이 바다로 날아갈 수 있고, 따라서 나비에게는 푸른 바다가 거칠 것이 없다. 2연에 이르러 이러한 생각은 더욱 짙어진다. 푸른 바다가 오히려 청무 밭으로 보여 바다의 깊이도 모른 채 불쑥 내려가 보는 모험 아닌 모험을 감행한다. 그러다 퍼뜩 놀란다. 물결에 온몸이 젖는 것이다. 물결에 절어 지쳐 돌아오면서도 냉혹한 바다의 깊이는 알지 못한 채 그저 단순하고 연약하며 철없는 공주의 모습만을 보일 뿐이다.

여전히 바다의 냉혹한 현실을 깨닫지 못하는 나비에게 바다는 아직도 청무밭에 지나지 않는다. 그렇기 때문에 3연에서처럼 삼월 달에 청무 꽃이 피지 않는 것이 나비에게는 서글플 수밖에 없고, 이를 바라보는 시인의 눈에는 나비 허리에 걸린 초승달이 시리게 보일 수밖에 없다.

이 시는 무엇보다도 세상살이의 험난함을 처음부터 끝까지 바다, 청무밭, 초승달 등 가슴이 서늘할 정도로 시린 푸른빛과 흰나비로 대표되는 연약하고 순수한 흰빛의 선명한 대비를 통해 압축적으로 그려내고 있는 것이 특징이다. 여기서 흰나비는 시인 자신일 수도 있고, 당대의 무모한 지식인들을 뜻할 수도 있으며, 둘을 아우를 수도 있다. 바다 역시 냉혹한 현실 또는 죽음으로 볼 수도 있는데, 어떤 이는 한국과 일본 사이에 있는 현해탄을 상징하는 것으로 보기도 한다. 시적 자아(시인)와 시적 대상(나비)의 관계가 각 연에서 다르게 나타난다. 1연은 나비의 시각에서 정서가 표출되고 있다. 즉 나비에 대해 시적 자아가 완전히 일치하여, 무섭지 않다는 자신의 감정을 직접적으로 서술하고 있다.

이에 비하여 2연은 시인의 관점에서 여행에서 돌아오는 나비에 대한 객관적인 묘사가 이루어지고 있다. 끝으로 3연에서는 나비라는 상징물을 빌리지 않고, 시적 자아의 직접적인 정서 개입이 이루어지고 있다. 즉 나비의 모습으로 있던 시적 자아가 어느덧 나비의 몸에서 빠져 나왔다가 나비의 감정을 알 수 있는 시인의 위치에 서 있다.

요약하면, 이 시는 '흰색'의 '나비' 이미지와 '바다', '청', '파란색'의 이미지 대조를 통하여, 순진한 시인과 냉혹한 시대 현실의 관계를 드러내고 있다. 이 때 나비의 이미지는 김기림 자신의 청년기적 자아를 표상하고 있다. 나아가서는 일제 강점기의 근대적 지식인 일반이 가지고 있던 어수룩하고 순진했던 낭만적 정서를 대변하고 있다. 1930년 대 지식인 들 중에는 실체를 제대로 알지 못하면서 새로운 근대 문명을 과도하게 선망하는 이들이 있었다. 그들은 결국 근대 문명이 생각과는 달리 이상적인 것이 아님을 알고 낙담할 수밖에 없었다. 무작정 새로운 세계를 찾아 나섰던 우리의 지식인들은 근대 문명의 거대한 소용돌이에 압도되어 좌절하거나 절망했던 것이다

6.1.5 심호섭의 해양시 바다 기슭 1 - 관측

김성식 이후의 해양 시인으로 상선의 항해사로서 승선 경력을 지닌 1957년 부산에서 태어난 해양대 항해학과 출신인 심호섭이 있다. 부산해사고 교사이기도 했다. 그는 1997년 국제신문에 〈스코틀랜드 가족여행기〉가 논픽션 부문에 당선 되어 등단한 이후 해양시 창작에 열정을 쏟았다. 그는 2002 년 펴낸 〈바다기슭〉이란 시집을 '바다기슭'이란 단일 제목의 연작시 60편을 썼다. 시집 전체가 단일 제목의 연작시로, 그리고 시집 한 권이 바다 이미지를 탐구하려 한 시집은 김성식 이후 처음이었다. 서시에 해당하는 '바다 기슭 1-관측'은 시인이 바다를 어떤 관점에서 보고 있는지를 여실히 보여준다. 뭍에서 보는 바다는 수

평선과 파도, 수평선 너머로 사라지는 배가 전부다. 그에 비해 심호섭이 관측 지점으로 포착한 해발 4789피트 상공은 바다를 넓게 조망할 수 있는 곳이다. 심호섭 시인은 바다를 뭍에서 보지 않음은 물론, 김성식 시인처럼 바다와 하나가 되어 바라보지도 않을 뿐만 아니라, 하늘에서 바라다보고 있다. 이것이 그를 다른 시인들과 구별되게 할 수 있는 그만의 특장점이라 할 수 있다.

바다 기슭 1 - 관측

심호섭

지난 세기 늦게
해발 4789피트 상공에서 비행 중
나는 보았다
푸른 평원
브론토사우루스 하나가 달리다가 멈칫 서서,
거친 숨을 몰아 쉬며 마구 흘리는
허연 타액을
육중한 근육에
지하철과 레스토랑을 적재하고
가파른 봉우리를 넘어가던 14만 5천톤의 자본주의
유조선 한 척 바다

시인은 육지에서 바라본 바다의 정경이 아닌 창공에서 바라본 바다의 모습을 그려내고 있다. 푸른 평원처럼 펼쳐진 바다엔 공룡이 달리듯 유조선이 달려가고 푸른 생명이 일렁이는 역동적인 공간을 보여주고 있다. 그러나 시인은 거기서

끝나는 게 아니라 온갖 모순과 아픔을 안고 가는 육중한 자본주의 현대사회에 대한 우려와 비판의 시선으로 매서운 우려의 목소리도 함께 보여주고 있다. 바다의 이미지를 탐구하고 바다의 현장성에 천착한 작품 세계는 바다를 그리움과 기다림이 내재된 동경의 대상에서 우리 삶의 일부로 끌어내리는 시 작품으로 나타난다.

시인에게 삶의 터전이었던 바다를 통해 노동의 현장, 고독의 공간, 고단할지라도 전사처럼 나아가는 자세, 배를 내리고 난 후 적은 시에는 바다를 바라보는 시인의 애틋하고 그리운 시선이 담겨있다. 바다에서의 경험을 통해 내 안의 바다를 드러내는 것. 이것이 심호섭의 해양시다.

심호섭 외에도 부산시와 부산문인협회가 공동으로 주관한 한 국제해양문학상을 수상한 시인들의 작품도 있다. 1997년 제1회 한국해양문학상 우수상 수상작인 김명수의 '그 바다', 2003년 제7회 한국해양문학상 대상 수상작인 김왕노의 '사진 속의 바다', 2005년 제9회 한국해양문학상 우수상 수상작인 권태원의 '바다, 그리운 첫사랑', 2006년 제10회 한국해양문학상 대상 수상작인 문성해의 '부표의 승천', 2007년 제11회 한국해양문학상 대상을 받은 선장 시인 이윤길의 시집 〈대왕고래를 만나다〉, 2009년 제13회 한국해양문학상 우수상작인 김길녀의 '바다에게 의탁하다' 등이 그것이다. 이외에도 2003년부터 발행되어 온 한국해양문학가협회의 〈해양과 문학〉에도 여러 시인들의 해양시가 실려 있다.

6.1.6 뱃노래 “쉐난도어” Shenandoah

쉐난도어

작자 미상

오, 쉐난도어, 그대 목소리 그립구나, 웨이헤이, 너울거리는 강물이여!
오, 쉐난도어, 그대 곁을 떠나야 하네, 웨이헤이, 나는 떠나려 하네.
오, 쉐난도어, 그대 딸을 사랑하오, 웨이헤이, 너울거리는 강물이여!
그녀는 폭풍 이는 저 강 건너에 살고 있다네, 웨이헤이, 나는 떠나려 하네,
저 넓고 넓은 미주리 강을 건너서.
오, 쉐난도어, 그대 곁을 떠나야 하네, 웨이헤이, 너울거리는 강물이여!
오, 쉐난도어, 나는 그대를 속이지 않으리, 웨이헤이, 나는 떠나려 하네.
저 넓고 넓은 미주리 강을 건너서.

범선 시대 가장 널리 불려진 ‘쉐난도어’란 뱃노래가 있다. 진정한 의미의 해양시는 범선 시대 선원들의 노동요에서 시작되었다고 볼 수 있다. 범선 시대 뱃사람 들은 힘겹게 닻을 감아올리거나, 돛을 올릴 때 노동의 힘겨움과 지루함을 덜기 위해 뱃사람들이 입을 모아 부르던 노래이다. 이 노래는 1800년대 중반까지 해군 선원들과 함께 바다 뱃노래로 유명해졌다. 또한 그 당시 영국과 오스트레일리아 사이에 양털깎기선을 타고 전직 선원으로 일하면서 노래했던 흑인들의 의해 시작된 작업 노래로 발전했다는 설도 있다.

여기에서 ‘쉐난도어’는 인디언 추장의 이름으로, 이 노래는 본래 쉐난도어의 딸과 눈이 맞아 달아난 개척민의 이야기를 그린 민요였다. 19세기까지 비버 모피의 덫을 놓는 헌터와 상인으로 부를 쌓은 모험가들만이 서쪽으로 미주리 강

쉐난도어 이야기 Charles Deas의 The Trapper and his Family (1845)

까지 모험을 떠났다. 모피 무역 시대에 캐나다와 미국의 "항해사"의 대부분은 아메리카 원주민과 교역과 친분을 쌓았다. 1860년 이전에 이 노래의 일부 가사는 뉴욕 중부에 살았던 오네이다 이로쿼이족의 족장 셰넌도어(1710-1816)의 딸과 사랑에 빠진 상인의 이야기를 들려준다. 카누를 타는 모피 무역 항해자들은 훌륭한 가수였으며 노래는 그들의 항해문화의 중요한 부분이었다. 19세기 초 미주리 강을 건너던 플랫보트맨(뱃사람)은 "오 셰넌도어"를 포함한 뱃노래들을 부르며 다녔다. 이들이 자기 배에 맞게 개사하고 부르게 되면서 범선 시대에 뱃사람들이 가장 널리 불렀던 뱃노래가 되었다고 한다. 쉐난도어의 영어 원곡을 보면 곡조를 매우 길게 늘여 뽑고, 후렴을 강조함으로써 작업 중 에 부르기에 알맞은 음률로 되어 있다. 뱃노래는 비단 노동할 때만 부른 것이 아니라, 하루 일과를 끝내고 여가 시간에 선원 중에 노래를 잘 하는 사람이 즉흥적으로 가사를 지어내 선창을 하고, 나머지 선원들이 따라 부르기도 했다. 뱃노래는 한마디로 선원들의 힘겨운 노동을 덜어주고, 항해의 고단함을 달래주는 청량제였다고 하겠다.

6.1.7. 월트 휘트먼(Walter Whitman)의 해양시

아아! 배를 타고 항해했으면(O to Sail in a Ship!)

월트 휘트먼

배를 타고 항해하다
이 꾸준한 견딜 수없는 땅을 떠나기 위해
이 지루한 거리의 동일성을 떠나기 위해,
보도와 집
너를 떠나기 위해, 오 당신은 단단한 움직이지 않는 땅, 그리고 배에 들어가기 위해
항해하고 항해하고 항해하기 위해!

월트 휘트먼 Walter Whitman (1819년 5월 31일 ~ 1892년 3월 26일)은 미국의 시인, 수필가이자 기자였다. 초월주의에서 사실주의로의 과도기를 대표하는 인물의 한 사람으로, 그의 작품에는 두 양상이 모두 흔적으로 남아있다.

미국 문학에서 가장 영향력 있는 작가 중 한 사람이기며 종종 "자유시의 아버지"라는 호칭을 듣기도 한다. 대표적인 작품으로는 《풀잎》(The Grass, 1855) 시집이 있다. 이 책은 1855년에 처음 출판되었지만, 휘트먼은 생활의 대부분을 《풀잎》(Leaves of Grass)을 쓰고 다시 쓰며, 죽을 때까지 여러 번 수정했다. 개별 판본은 6개 또는 9개로 유지되어 왔으며, 그 결과 40년에 걸쳐 매우 다른 판이 나왔는데, 초판은 12편의 시로 구성된 작은 책이었고 마지막 판은 400편이 넘는 시집이었다. 월트 휘트먼의 시는 운문 스타일과 전통적인 내러티브에 도전하는 방식으로 혁신적이었다. 그는 사회적 관습보다 개인의 영혼을 옹호하여 자신을 거칠고 자유로운 영혼으로 제시했다. 그의 시는 새로운 세대의 미국인들에게 계속 반향을 불러 일으켰으며 미국 민주주의의 상징으로 간주된다. 1819년 미국 뉴욕의 빈농의 아들로 태어난 휘트먼은 미국 문학역사상 평등주의의 대표시인으로 손꼽히고 있다.

월트 휘트먼은 그의 해양시에서 바다와 항해, 그리고 뱃사람들에 대한 동경을 그렸다. 휘트먼은 남북 전쟁 중 워싱턴 병원에서 자원 봉사자로 복무했기도 했는데 휘트먼은 참전 경험을 시로 승화시켰다. 1865년 링컨 대통령이 암살되자 '오, 선장! 나의 선장'이라는 애도 시를 발표하였다. 이 시는 미국이란 배를 지휘하다가 인간 평등이라는 항구에 입항을 앞두고 갑판 위에 쓰러져 죽은 링컨 대통령을 선장으로 비유하여 형상화하였다. 지금도 이 시는 본래의 의미와는 다르게 대표적인 해양시로서 널리 애송되고 있다. 이 시는 보통 미국중학생들에게 처음 교육되며 로빈 윌리엄스가 선생님으로 연기한 영화 "죽은 시인의 사회"(1989)에서 인상깊은 장면으로 인용되기도 했다. 하지만 휘트먼의 시 가운데 해양시로 으뜸은 '아아! 배를 타고 항해했으면!'이란 시이다. 이 시는 무료하고 변화도 없고, 지겹기 만한 인도와 차도에서 벗어나 집을 떠나 배를 타고 항해하고 싶은 욕망을 저절로 불러일으키는 시로 지금까지 사랑받고 있다. 그의 강력한 영향력은 20세기에 파블로 네루다, 페르난도 페소아, 앨런 긴즈버그와 같은 다양한 시인들의 작품에서 볼 수 있다.

6.1.8 존 메이스필드(John Masefield)의 해양시

존 메이스필드(John Masefield ; 1878년 ~ 1967년)는 영국의 계관 시인(영국에서 가장 명예로운 시인의 칭호. 고대 그리스에서 영웅이나 시인의 명예를 표창할 때 월계관을 씌워준 것에서 유래이다. 헤이퍼드셔 지방에서 변호사의 아들로 태어났다. 15세 때부터 선원 생활을 하며 각지를 편력하고, 미국에서는 노동자로서 그의 시의 소재가 된 하층계급의 생활을 체험하였다. 《짠물의 노래》(1902년)를 써서 대중의 인정을 받았고, 《영원의 자비》(1911년), 《수선화의 뜰》(1913년), 《가난한 화가》(1913년) 등의 설화체적인 시를 써서 대중의 주목을 끌기도 하였다. 그의 작품을 모은 책 《시집》(1923년)이 20만 부 이상 팔려

1930년에 계관시인이 되었다. 1935년에 공로 훈장을 받았다. 짜임새는 매끈하지 못하지만 알기 쉬운 운문(韻文)으로 해양과 이국의 정서, 사회적 관심이 넘치는 그의 시는 한동안 많은 대중 독자들을 매료하였다, 강렬성, 남성적 ,서민성 등이 융합되었다는 점에서 높이 평가받고 있다. 이 외에도 많은 평론, 희곡, 소설 등을 썼다.

그는 어려서 아버지를 여의고 13세에 선원이 되어 여러 바다를 떠돌았고 한때는 미국에서 노동자생활을 한 적도 있다. 1895년 선원을 그만두고 뉴욕으로 건너가 노동자로 일하면서 인생의 밑바닥 생활을 체험하였고, 이때부터 문학에 대한 관심도 깊어졌다. 그런 경험으로 하층계급의 삶을 잘 이해하고 있으며, 그 밑천들이 나중 그의 시와 소설의 소재가 되었다. 특히 이 시에서는 뱃사람의 삶에 대한 생생한 묘사가 돋보이며, 막연한 바다에의 그리움이 아니라 바다와 나의 일체감에서 오는 진한 향수가 묻어있다.

"지금은 비록 떨어져 있지만 한때는 내가 바다였고 바다가 나였던, 그래서 하나였던 관계였으니 다시 바다로 가고자 하는 희망은 휴식과 여유의 귀소가 아니라 당연하고도 근원적인 귀결일 것이다."

– 존 메이스필드

"나는 다시 바다로, 외로운 바다와 하늘로, 그리고 내가 요구하는 것은 그녀를 조종 할 키 큰 배와 별, 그리고 바퀴의 발차기와 바람의 노래와 하얀 돛의 흔들림,
그리고 바다 얼굴에 회색 안개와 회색 새벽이 깨지는 것입니다."

- 존 메이스필드

"바다의 열정"은 그의 해양시의 진면목을 보여주는 작품이라 할 수 있다. 예이츠와도 친분이 두터웠던 메이스필드는 예이츠가 '이니스프리의 호수 섬'이라는 시에서 "나는 일어나 가련다. 이니스프리로 가련다."라고 노래한 것에 대구를 이루듯, "나는 바다로 다시 가련다. 저 호젓한 바다와 하늘을 찾아서"라고 읊었다. 토마스 모어의 '유토피아'와 예이츠의 '호수의 섬 이니스프리', 그리고 메이스필드의 '바다'는 모두 그들의 이상향이었다.

과거부터 지금까지 많은 시인들이 바다에 관한 시를 발표했으나, 메이스필드야말로 진정한 의미의 '바다의 시인'이라고 할 수 있다. 그는 장편시 무지와 물질주의에 대한 몽상가의 영원한 투쟁에 관한 '도우버'(Dauber)에서 "지금까지 바다를 알고 있는 사람이 내면에서 바다를 알지 못했다"고 읊은 것처럼, 짠 파도와 바람을 알지 못하는 시인들은 책상머리에서 바다를 그렸을 뿐이나, 메이스필드는 바다와 배, 그리고 항해를 제대로 그려냈다고 할 수 있다. 그는 또한 배와 바다 사람들에 대한 무한한 애정을 보여주고 있다. 그의 시에는 증기선의 화부, 헌옷을 걸친 선원, 당김 줄로 돛을 올리고 내리는 선원, 뱃노래를 부르는 선원, 꾸벅꾸벅 졸면서 키를 잡는 키잡이들의 심신이 지친 당직자들로서 꾸짖거나 조롱하는 것이 아니라 따뜻한 연민의 시선을 보내고 있다. 그런 점에서 휘트먼이 미국의 평민 시인이라고 한다면, 메이스필드는 영국의 평민 시인 또는 세계 뱃사람들의 시인이라고 칭할 수 있다.

바다의 열정

존 메이스필드

내 다시 바다로 가리.
그 외로운 바다와 하늘로 가리.
큼직한 배 한 척과 지향할 별 한 떨기 있으면 그 뿐.
박차고 가는 바퀴, 바람의 노래,
흔들리는 흰 돛대와 물에 어린 회색 안개
동트는 새벽이면 그 뿐이니.

내 다시 바다로 가리.
달리는 물결이 날 부르는 소리
거역하지 못할 거칠고 맑은 부름 내게 들리고
흰 구름 나부끼며
바람 부는 하루와 흩날리는 눈보라
휘날리는 거품과 울어대는 갈매기 있으면 그 뿐이니.

내 다시 바다로 가리, 정처 없는 집시처럼.
갈매기 날고 고래가 헤엄치는
칼날 같은 바람 부는 바다로
친구 녀석들이 지껄이는 신나는 이야기와
오랜 일의 끝에 오는 기분 좋은 잠과
달콤한 꿈 있으면 그 뿐이니.

도우버'(Dauber)

존 메이스필드

Four bells were struck, the watch was called on deck,
All work aboard was over for the hour,
And some men sang and others played at check,
Or mended clothes or watched the sunset glower.
The bursting west was like an opening flower,
And one man watched it till the light was dim,
But no one went across to talk to him.

4 개의 종이 울리고 시계가 갑판에서 호출되었습니다.
선상의 모든 작업은 한 시간 동안 끝났습니다.
그리고 어떤 사람들은 노래를 부르고 다른 사람들은 견제에서 놀았습니다.
또는 옷을 수선하거나 일몰이 빛나는 것을 보았습니다.
터져 나오는 서쪽은 열린 꽃과 같았습니다.
그리고 한 사람이 빛이 어두워 질 때까지 그것을 지켜보았습니다.
그러나 아무도 그에게 말을 걸지 않았습니다.

He was the painter in that swift ship's crew,
Lampman and painter-tall, a slight-built man,
Young for his years, and not yet twenty-two;
Sickly, and not yet brown with the sea's tan.
Bullied and damned at since the voyage began,
"Being neither man nor seaman by his tally,"
He bunked with the idlers just abaft the galley.

그는 그 빠른 배의 선원들의 화가였습니다.
램프맨과 화가 키가 크고, 체격이 작은 남자,
그의 나이에 비해 젊고 아직 22 세가 아닙니다.
병약하고 아직 바다의 황갈색으로 갈색이 아닙니다.
항해가 시작된 이후로 괴롭힘과 저주를 받았고,
"그의 집계에 따르면 사람도 선원도 아닙니다."
그는 갤리선을 가로막는 게으름뱅이와 함께 벙어리를 누볐습니다.

His work began at five; he worked all day,

Keeping no watch and having all night in.

His work was what the mate might care to say;

He mixed red lead in many a bouilli tin;

His dungarees were smeared with paraffin.

"Go drown himself" his round-house mates advised him,

And all hands called him "Dauber" and despised him. .... (syncopation)

그의 작업은 5시에 시작되었습니다. 그는 하루 종일 일했고,
시계를 지키지 않고 밤새도록 있습니다.
그의 일은 배우자가 말하고 싶어 하는 것이었다.
그는 많은 부일리 주석에 붉은 납을 혼합했습니다.
그의 던가리에는 파라핀이 묻어 있었다.
"가서 익사하라"고 그의 둥근 집 동료들은 그에게 조언했다.
그리고 모든 손은 그를 "Dauber"라고 부르고 그를 경멸했습니다. ....(중략)

6.1.9 러드여드 키플링(Joseph Rudyard Kipling)의 해양시

조지프 러디어드 키플링(Joseph Rudyard Kipling, 1865년 ~ 1936년)은 영국의 소설가이자 시인이다. 인도의 봄베이에서 태어났으며, 《정글북》 등의 동화작가로 알려져 있다. 영국 제국주의에 대한 찬사와 인도에 주둔한 영국 군인의 이야기와 시, 어린이를 위한 이야기로 주로 기억되는 영국 단편 소설 작가, 시인, 소설가이다. 1907년 노벨 문학상을 수상했다. 지금까지도 그는 가장 어린 수상자로 남아있다.

닻노래

러드여드 키플링

헤이! 배를 둘러보아라, 닻 감아라, 닻 감아라!
재빨리 감아올려 기둥 그곳에 매어라
그물 삼각돛을 펼치어라, 돛 가름대 돌려 바람 듬뿍 받아라
이물 돛은 바람부는 쪽으로, 밧줄은 모두 모두 끌어올려라

아, 정말 이제 너와 작별하는 구나
내 사링이여, 이제 떠나야만 하는구나
술병을 내려놓고, 아가시도 무릎에서 내려 놓아라
바람이 속삭인다
지금 나를 데려가렴, 네가 폭풍우 속으로 가려거든
(폭퐁우 속에 배를 데려가거라!),
오, 우리는 폭풍우 속으로 가야만 한다
바다제비 기르는 엄마에게로

헤이! 배를 둘러보아라, 아, 거기에서 늦추어라!
우현묘를 끌어내라, 곧추세워라, 수면에, 닿지 않게
좌현묘를 던지어라, 항구 바닥 진흙에 닿게하라
이 해 마지막 보게 되는 바다밑이로구나

아, 정말 떠나는구나, 다시 배를 끌고 나가야 하는구나
빈 배로 떠나간다. 정박등 불 끄고, 뱃짐도 없이
큰 밧줄 계주에 동여맬 때 떠나갈 시간이다.
앞 돛 밧줄 풀어주고, 바다의 희망 안겨 주리라

바다를 항해하려는 희망의 바다의 의미를 내포하고 있고 항해를 통해 이상향에 나아가려는 인간의 의지를 보여주는 작품이다.

6.2 해양산문문학

6.2.1 한국의 인어설화

우리에게도 안데르센의 동화에서 나오는 인어의 전설이 존재한다. 서양의 인어 이야기가 워낙 유명하다보니 한국을 포함한 동양권에는 인어 전설이 없을 것이라 생각할지도 모르지만, 엄연히 우리나라의 야담집이나 지역 전승 등에서도 인어에 대한 전설이 전해지고 있다. 서양의 동화 '인어공주'에서 나오는 인어처럼 사랑하는 사람을 위해 자신을 희생하는 존재가 아니라 아름다운 목소리로 선원들을 유혹하여 배를 난파시키게 한 후 선원들을 잡아먹는 무서운 존재였다. 오히려 동양 문화권에 등장하는 인어의 모습이 서양과 달리 인간과 친밀하게 묘사되며 좀 더 친숙하게 느껴진다는 평가다. 지역마다 다양한 인어의 설화 속 모습이 있는데 먼저 소개할 전설 속 인어는 거문도 인어설화이다.

거문도의 녹산 등대가 보이는 물개 바위에서 달 밝은 밤이나 풍랑이 칠 때면 나타나는 인어의 이야기이다. 상체는 여자이고 하체는 고기 꼬리를 단 예쁜 얼굴에 아름다운 몸매를 가진 이 여인은 '신지'로 중국 한나라 시절 일본 규슈의 이노끼섬의 여왕이었다, 사람들은 그 인어를 신지께, 신지끼 혹은 흔지끼라고 불렀다.

중국에서 불로장생 명약을 구하러 온 서복에게 반하여 함께 명약을 구하러 거문도로 왔다 좌초당하여 죽은 후 인어가 되었다고 한다. 신지가 나타나면 어부들은 태풍과 풍랑을 피해 항구로 돌아오고 만약 그녀의 예고를 무시하면 죽음을 맞게 되었다고 한다.

또 다른 설화로 한국 최초의 야담집인 조선설화집 〈어우야담〉에 수록된 이야기에는 김담령이라는 사람이 흡곡지역의 현령(수령)이 되어, 바닷가 어부 집에서 순행을 하다 자게 되었는데 그 어부에게서 인어를 보았다는 이야기다. 어부가 가지고 있는 인어는 4마리였는데, 4살 정도 된 어린 아이 같았고 얼굴이 깨끗하고 고왔으며 코가 오뚝하고 귀 바퀴가 있었고, 누런 수염에 검은 머리가 이마를 덮고 있었다. 사람 무릎에 앉히니 사람과 다를 바 없었으며, 하얀 눈물을 흘려서 김담령이 불쌍하게 생각해서 놓아주려 했지만, 어부는 인어 기름은 고래 기름보다 좋다면서 놓아주지 않으려 했다. 김담령은 억지로 뺏어서 바다에 놓아주자 인어는 거북이나 자라처럼 헤엄쳐서 바다로 돌아갔다고 한다.

어우야담에서는 〈태평광기〉 권 464에 해인어(海人魚)가 등장하는데, 남녀같이 생긴 인어가 있어서 바닷가 사람들은 그 암놈을 잡아 못에 넣어 기르면서, 수시로 꺼내 함께 잠자리를 하면 사람 남녀가 동침하는 것과 같은 기분이 났다고 한다. 이를 보아 한국에는 인어가 암수 다 존재한 것이라고 분석된다.

또한 부산지역의 동백섬에는 오른손에 수정 구슬을 들고 있는 인어 공주상이 있다. 아득한 옛날, 동백섬 무궁국의 왕과 결혼한 대마도 나란다국의 '황옥공주'의 전설이 전해지고 있다. 그녀는 용궁인의 후손들로 이루어진 '나란다국'의 '황옥공주'로서, 수정 구슬이 보름달을 비추면 고향인 나란다국을 보여줘 그녀의 향수병을 달래줬다고 전해진다. 그녀는 가야국 김수로왕의 왕비가 된 인도 아유타국의 '허황옥'이란 설도 있다. 왜냐 하면 여기서 황옥공주의 고향인 나란다는 고대 인도의 불교 대학인 날란다(Nālandā)에서 따온 것으로 보여, 설화의 내용이 가야와 인도의 교류와 불교 전파를 뜻한다는 해석이 있다.

해운대 동백섬에 있는 인어공주 동상과 송도의 인룡공주상

즉 이 전설은 고대 건국신화의 일부로써 여기의 무궁국은 가야, 은혜왕은 김수로왕으로, 황옥공주는 그의 부인인 인도 아유타국의 허황옥 공주를 표현하고 있는 것이라는게 향토사학자들의 견해다.

덧붙여 부산 송도에도 인어상이 있다. 정확히 말하면 용의 모습의 인룡공주상이다. 홀어머니를 모시고 살던 젊은 어부가 사랑하는 용왕의 딸 '인룡 공주'를 위기에서 구하려다 바다 괴물에게 생명을 잃었고, 이를 가엾게 여긴 용왕이 어부를 거북섬으로 만들어 인룡 공주와 영원히 함께하도록 했다는 내용이다. 용왕의 딸을 '인룡 공주'로 삼은 설화로서 다른 '인어 공주'설화와 차별을 두고 있다.

또한 전남 신안군 도초도의 인어설화인 〈인어를 구한 명씨 설화〉가 전한다. 옛날 도초도에 명씨 성을 가진 남자가 살고 있었는데 나이 오십이 넘도록 장가를 가지 못하고 매일매일 연명하고 살아가고 있었다. 어느 날 부둣가를 지나가다가 부두에서 사람들이 모여 있는 것을 보고 다가가보니 인어 한 마리를 잡아

도초도

와서 이걸 팔 것인지 잡아먹을 것인지 논하고 있었다. 가까이 가보니 인어가 눈물을 흘리며 슬퍼하고 있었으니 명씨는 가엾어져 그동안 모은 돈으로 인어를 사와 며칠간 몸조리를 시키고 몸이 나아지자 바다에 띄워 보내주었다. 그리고 얼마 후 명씨가 바닷가를 지나가고 있는데 인어가 물에서 나와 옥동자를 안기고 돌아갔다. 명씨는 아이를 데려와 애지중지 키우는데 이 아이가 잘생기고 영리했다. 몇 년 후 명씨 집안 선산에 마을에서 권위 있는 집안이 함부로 들어가 땅을 파고 묘를 세우려고 하고 있었다. 명씨가 가보니 자기 조상 묘위에 다시 묘를 세우는 있는 형편인데도 세도가라 감히 막지 못했다. 식음을 전폐하고 누웠는데 아들이 이를 보고 자초지종 듣고 도술을 부려 사람들을 쫓아냈다. 사람들은 아이에게 잘못을 빌고 산에서 도망쳤다. 그 후 아이는 훌륭하게 자라 도승지 자리까지 올랐다고 한다. 그리고 지금까지 명씨 집안 자손들은 그들 스스로 인어의 후손이라 여긴다.

인천시 옹진군 〈장봉도 인어 설화〉가 있다. 옛날 최씨성을 가진 어부는 이곳 옹진의 장봉도에서 고기를 잡아서 생활하는 어부였는데, 어느 때부터인지는 몰라도 흉어기가 계속되고 매일같이 그물을 올려보지만 잡히는 고기는 한 마리도 없어서 살아가기가 매우 어려운 지경에 놓인다. 그러던 어느 날 여느 때와 마찬가지로 그물을 끌어 올리던 최씨 어부는 그물이 올라오는 느낌이 아주 큰 고기가 걸린 듯하였다. 그물 안에 걸린 것의 윗몸이 완연한 사람 모양을 하고 있었기 때문이다. 더군다나 정말 아름다운 여인으로, 비록 말을 하지는 않았지

장봉도 인어상

만 살려달라는 애원하듯 바라보는 그 사람물고기가 무척 불쌍하게 보여 최씨 어부는 그것을 조심스럽게 바다로 되돌려 보내준다. 그리고 이튿날에 그렇게도 잡히지 않던 고기가 그물 가득히 차게 된다. 헌데, 이상하게도 그날 하루뿐이 아니라 그 다음날, 다음날 계속 그물 가득 고기가 잡히는 것이었다. 최씨 어부는 필시 놓아준 인어가 자신을 살려준 보답으로 물고기가 많이 잡히도록 해준 것이라 생각하였다.

마지막으로 〈비구니 낭간 설화〉가 있다. 옛날 평양 남문 밖에 이진수라는 가난한 어부가 살고 있었다. 그는 대동강에서 낚시를 하며 아내와 어린 딸 낭간과 어렵게 살고 있었는데 어느 날 바다와 강이 만나는 곳에서 배를 띄우고 낚시를 하고 있는데, 바다가 갈라지며 웬 미인이 나와 그를 데리고 용궁으로 들어간다. 용궁에서 온간 산해진미와 보물, 아름다운 여인들에 둘러싸여 며칠 동안 사치스러운 대접을 받고, 그를 데려온 여인은 먹으면 불로장생하는 인어고기를 주고 육지로 보내준다. 집에 돌아온 이진수는 인어고기를 감춰둔 뒤, 아내와 딸에게 용궁에서 보고 듣고 먹은 것들에 대해 들려준다. 이후 평소와 같이 어부 일을 하며 살아가고 있는데, 이진수의 딸인 낭간이 우연히 숨겨놓은 인어고기를 발견하고 전부 다 먹어치웠다. 세월이 흐르면서 이진수 부부는 점차 늙어갔지만, 낭간은 점점 아름다움을 더해가며 이윽고 평양 제일가는 미인으로 자라났다. 낭간의 미모는 널리 알려져 뭇 사내들의 흠모를 받았으나, 낭간의 혼사에 대한 이야기가 나오기 시작할 때 쯤 '낭간이 인어고기를 먹은 요부이며, 그녀와 함께 살면 제 명을 못 채우고 죽을 것이다.'라는 묘한 소문이 돌기 시작해, 아무도 청혼하려는 이가 없었다. 그 뒤 부부가 노환으로 세상을 뜬 다음 낭간은 지아비를 평생 구하지 못하느니 뭇 남자들을 상대하겠다고 결심하고 평양에서 수 많은 남자들을 만나기 시작하나 그녀와 만난 남성들은 허약해지면서 희생당한 수가 삼천에 이르렀다. 120살이 되던 해에 낭간은 자신의 잘못을 깨닫고 죄를 사하고자 불교에 귀의하면서 비구니가 되어 모란대 앞에 작은 암자를 세우고 30년 동안 기도를 드린 뒤, 자신 때문에 죽은 남자들을 성불시키기 위해 전국 방방곡곡의 영지와 영산을 참배하며 방랑했다. 그녀가 200살이 되던 해 모란대 암자에 돌아왔으나, 젊고 아름다운 비구니가 암자에 살고 있다는 소문이

죽향이 그린 그림과 죽향 인물상상도

퍼져 모든 남자들이 그녀를 보러 애를 쓰자 낭간은 더 이상 세상 남자들을 괴롭히면 안 되겠다고 생각하여 다시 산에 들어갔다는 설화이다.

이 설화는 실존인물로 추정되는 사람이 있는데. 생몰연대가 불명인 18세기 평양의 기생이자 화가인 죽향으로 추정하고 있다. 이 여인은 추사 김정희를 비롯한 많은 명사와 교류했고 묵죽을 잘 그렸으며 원추리나 개양귀비, 금낭화 소재는 조선 초부터 유행하던 그림들을 답습한 자취가 보인다. 또 어여쁘고 젊은 모습으로 사람의 마음을 사로잡았다고 한다. 이 기생의 호가 바로 낭간이며 다른 별호가 용간어부, 즉 연꽃호수의 어부라는 뜻이다.

비록 문헌 고증은 없는 구비문학으로 기록된 한국의 인어 설화이지만 정리하자면 한국의 인어 전승설화가 대체로 어부에게 도움을 주는 존재, 바다를 지키는 수호신이나 인어공주 등, 풍요롭고 낭만적인 모습으로 묘사되는 데기도 하고 인어고기에 대한 묘사와 인어로 인해 남성들이 불행해진다는 점에서 다른 나라의 인어전설과 유사한 점이 많다고 볼 수도 있다.

6.2.2 최부의 표해록(漂海錄)과 그 외의 표해기

표해록(漂海錄)은 조선 성종대의 학자 최부가 지은 해양표류기이다. 그는 성종 18년(1488년) 1월에 제주도에 파견되었다가 아버지의 상을 치르기 위해 배를 타고 나주로 향하던 중 풍랑을 만나 13일을 표류한 끝에 중국 영파부(寧波府)에 도착하여 중국의 강남 지역에 닿았고, 그곳에서 북경을 거쳐 의주・서울로 6개월 만에 돌아와 6월 14일에 조선으로 돌아오기까지의 여섯 달 동안의 여정을 성종에게 지어 바친 《표해록》을 기록으로 남겼다. 내용을 더 정확히 보면 그는 성종 18년 도망친 인구의 수를 조사하는 임무를 받고 제주에 경차관(敬差官)의 직위로 부임했다가 이듬해 1월 부친의 사망소식을 들었다. 날씨가 좋지

최부 초상화

않아 말리는 여러 사람의 권유에도 불구하고 그는 배를 띄워 고향인 전남 나주로 급히 향하다가 표류를 시작한다. 굶주림과 갈증에 생사를 조금도 가늠하기 어려운 상황을 겪다가 결국 일행은 중국의 저장(浙江) 해역에 당도한다. 죽을 고비를 넘기는 표류의 역정 속에서도 최부는 상복(喪服)을 벗지 않고 있었다고 한다. 이동하면서 중국, 당시의 명나라문물과 제도, 지역 풍속, 대운하의 운영 방식 등을 자세히 살펴 적었다. 이 저작 때문에 중국인들은 최부를 '동방의 마르코 폴로'라고 부르며 기념한다. 일반인에게는 낯설지만, 중국 역사를 연구하는 학자들에게 그의 이름은 매우 높다. 「표해록(漂海錄)」은 현재 전하는 5편의 표류기 중 가장 오래된 작품이다. 이탈리아 상인 마르코 폴로의 『동방견문록』과 일본 승려 엔닌의 『입당구법순례행기(入唐求法巡禮行記)』와 함께 세계 3대 중국 여행기로 꼽히는 것이 『표해록(漂海錄)』(또는 『금남표해록(錦南漂海錄)』으로 불린다)이다. 금남은 최부의 호이다.

그 밖에도 1801년 12월 소흑산도를 출발하였다가 폭풍을 만나 류큐도를 거쳐 필리핀을 지나 중국을 거쳐 의주, 서울을 통하여 1805년 1월에 귀환한 어부 문순득(文淳得)은 정약전(丁若銓)과 유암(柳菴)에게 말로 전해 주어 10여 년의 간격을 두고 2편의 「표해록」을 남기기도 하였다. 문순득이 표착한 곳은 현재 일본 가고시마현의 오시마섬, 오키나와현의 오키나와섬, 필리핀의 비간, 마카오 San Ma Lo 일대이다.

이 작품에는 중국 · 안남 · 유구 · 여송 등의 언어 · 풍속 등을 많이 소개하고 있다. 당시 오키나와 지역의 장례문화, 전통 의상, 닭싸움을 좋아하는 필리핀 사람들의 생활상, 성당, 가옥구조, 각 나라별 선박구조에 대한 묘사까지 다른 어느 기

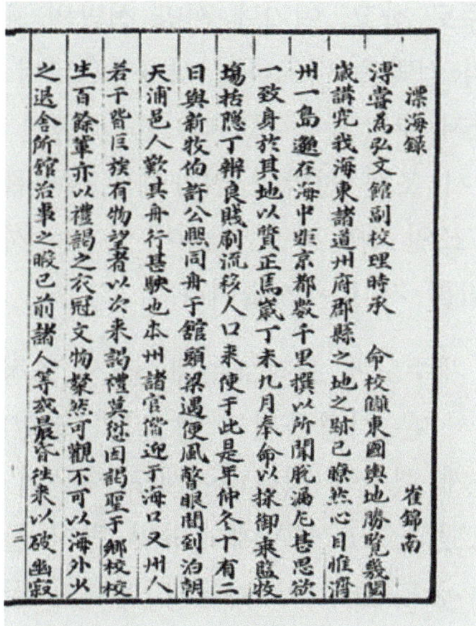
漂海錄
崔錦南
溥嘗爲弘文館副校理時承 命校讎東國輿地勝覽幾閱
歲講究我海東諸道州府郡縣之地之跡已瞭然心目惟濟
州一島邈在海中距京都數千里撰以所聞脫漏尤甚思欲
一致身於其地以質正焉歲丁未九月奉命以採御乘監牧
場括隱丁辨良賤刷流移人口來使于此是年仲冬十有二
日與新牧伯許公熙同舟于館頭梁遇便風瞥眼間到泊朝
天浦邑人歡其舟行甚駛也本州諸官儕迎于海口又州人
若干皆巨族有物望者以次來謁禮莫然因謁聖于鄕校校
生百餘輩亦以禮謁之衣冠文物槃然可觀不可以海外少
之退舍所館治事之暇已前諸人等次最昏往來以破幽寂

표해록

자료: 『최부 표해록 역주』, 박원호 역, 고려대학교 출판문화원

록에서도 찾아볼 수 없는 흥미로운 내용들이 가득하다. 이 작품은 해양문학 자료로서 가치가 있으며, 한 사람의 경험을 듣고 자기의 체험처럼 사실화(寫實化)한 실기(實記)라는 점에서 기록문학적(記錄文學的) 가치가 있다. 부록으로 있는 112개의 유구어와 여송어(필리핀어)는 귀중한 언어학 연구자료로 평가된다, 112개의 한국어 단어를 한자로 적은 뒤 류큐어(81개)와 일로카노 어(54개)로 번역되어 있어 언어학적으로 가치가 높다. 이 때문에 일본에서는 이미 100여 년 전에 이 책이 완역되었으며, 한국에서도 2005년에 완역본을 발간하였다.

문순득의 표류기는 정약전의 동생인 정약용에게도 전해졌으며, 필리핀 도독령에서 사용하는 화폐의 유용함을 전해들은 정약용은 경세유표에서 조선의 화폐 개혁안을 제안하게 된다. 또한 정약용은 강진에서 유배 생활을 하는 동안 제자인 이강회(李綱會)를 우이도로 보내 문순득을 만나게 하였고, 『운곡선설(雲谷船說)』을 집필하게 한다. 『운곡선설(雲谷船說)』은 문순득이 견문한 유구, 마카오,

중국, 필리핀 등에서 얻은 선박 제조법을 위주로 하고, 여기에 서양 선박의 제도까지 첨부하였다. 특히, 저들의 선박과 조선의 선박을 비교하여 서술함으로써 그 우열을 드러나도록 하여 조선 선박의 특징까지 부각되어 보인다. 중간 중간 친구인 이청의 견문과 견해를 소개하기도 하면서 조선 선박의 취약성을 날카롭게 비판하였다. 선박 제조법에 관해 조선시대에 쓰인 전문적인 저술이 있다는 사실이 알려진 바 없어 이 또한 매우 중요한 의미를 지니는 저술이다.

1801년(순조 1년) 8월에 5명의 외국인이 제주도에 표착했는데, 조선 조정에서는 이들과 말이 통하지 않아 어느 나라에서 온 사람들인지 알 길이 없었다. 그래서 일단 북경으로 보내 고향으로 돌아가게 했지만 청나라에서도 이들이 어느 나라 사람인지 모른다고 하여 되돌려 보냈고, 그 사이에 1명이 병이 들어 죽었다. 그러다 조선에 표착한 유구국 사람 궁평(宮平)이 이들과 대화한 끝에 루손(여송-필리핀) 사람이라는 것을 알게 된다. 이에 조선 조정에서 표류인들을 궁평과 같이 보내려고 했는데, 곧바로 그가 고국으로 되돌아가게 되어 그대로 무산되었다. 그렇게 이 표류인들은 9년이나 제주도에 머무르고 있었는데 그 사

문순득이 표류 때 이용했던 필리핀 비간지역의 세인트폴 대성당

이에 또 1명이 죽었다. 그러다가 누군가가 문순득의 이야기를 듣고 그를 이들에게 데려다줬는데, 문순득이 일로카노 어로 말을 걸자, 그들이 "드디어 집에 갈 수 있을 것 같다"며 대성통곡을 했다고 한다. 그리하여 그들은 마침내 고향인 루손으로 돌아갈 수 있었다고 순조 실록에 기록되어 전해진다. 한국사 최초의 필리핀 어 통역을 한 셈이다. 이에 조정에서는 1835년(헌종 원년) 문순득의 공을 치하하여 가선대부 종2품 공명첩을 하사했다고 한다.

문순득의 표류경험이 담긴 『표해시말 (漂海始末)-표류의 시작과 마지막』은 해양국가인 대한민국의 소중한 해양문화유산이다. 19세기 서남해 도서 해양문화 특징을 살필 수 있는 동시에 표류를 통해 습득한 동아시아 해양세계에 대한 인식이 담겨져 있는 기록이라는 측면에서 높은 사료적 가치를 지니고 있다. 이는 여송(필리핀)에 대한 유일한 표류기록이다. 또한 조선 후기 류큐에 대한 풍속과 문화가 상세하게 다뤄지고 있고 선박과 언어에 대한 특별한 의미가 부여된 기록이다. 그리고 아시아 국가에 진출한 천주교와 서구문화에 대한 내용이 간접적으로 묘사되어 있다, 해양문화와 관련되어 당시 동아시아 국제사회의 항구도시와 해양네트워크에 대한 단서가 수록되어 있다. 국제항과 바닷길을 통해 습득한 동아시아 해양세계에 대한 인식과 체험이 수록되어 있다. 이상과 같은 측면에서 볼 때 문순득의 효해록인 『표해시말』은 다른 어떤 표류기록보다 국제적이고, 해양문화적인 사료로

문순득 표해 이동 정황

서 높은 가치를 지니고 있다. 아쉽게도 정약전이 집필한 『표해시말』의 원본은 현재까지 발견되지 않았다. 다만, 우이도에 전해온 『유암총서(柳菴叢書)』라는 책에 그 원문이 필사되어 있어 내용이 세상에 알려지기 시작했다. 1818년에 그 섬으로 유배된 유암(柳菴)이 문순득의 글을 참조하여 쓴 「표해시말(漂海始末)」이 『유암총서(柳菴叢書)』에 전하는 것이다. 「표해시말」은 정약전이 지은 「표해록」에 누락된 내용을 보완하고 있다.

영역 상 그가 표류한 지역은 동남아시아를 벗어나지 못했다. 하지만 당시 필리핀은 스페인의 식민지였고, 마카오는 포르투갈이 만든 국제항이었다. 서양문화가 진출해 있는 특수지역에 머물면서, 당시 조선사회에서는 상상할 수 없었던 새로운 문화를 목격하고 경험한 것이다. 표류기간 중 일요일이면 세인트폴 대성당에서 예배를 했다. 국제무역선을 타고 항해도 했다. 이러한 점 때문에 정약전은 문순득에게 '천초(天初)'라는 별칭을 지어주었다. 이는 "세상에서 너가 처음"이라는 의미이다. 천주교를 믿는다는 이유로 낯선 섬에 유배와 있던 정약전에게 문순득의 경험은 놀라움 자체였다.

우이도의 문순득 동상

문순득은 19세기 초에 필리핀과 마카오를 최초로 여행한 조선인이라 할 수 있다. 그의 표류는 개인적으로는 힘들고 불행이었지만 그로 인해 많은 이들이 필리핀과 서양에 대한 새로운 정보를 얻게 되었다.

현재 전하는 표해기 중에는 부산을 떠나 동해안을 끼고 강릉으로 가다가 폭풍을 만나 북해도에 표착하여 에도(江戶), 오사카(大阪)를 거쳐 부산으로 귀국한 이지항(李志恒)의 「표주록 漂舟錄」도 있다. 부산에서 영해(寧海)로 가던 중 파선되어 일본의 북해도(北海道-홋카이도)까지 표류되었다가 돌아온 기록이다. 1756년(영조 32) 4월 13일부터 이듬해 3월 5일 부산에 도착할 때까지 약 1년여의 기록이다. 표류되었던 동안의 기록이 많고 나머지는 어디에 머물렀다는 정도의 메모에 불과하다. 날짜도 정확한 날을 적지 않고, '다음날 6일 뒤' 등으로 적고 빠진 날도 많다. 저자는 무관이었으나 일본에서 지은 몇 편의 시와 일기로 볼 때 학문도 상당한 수준이었다. 특히, 어려운 상황에 처하여 일행을 안정시키고, 물이 떨어지자 증류수를 만들어 마셨으며, 갑자기 물개가 나타나 요동하자 괘(卦)를 풀어 위안하는 등 말이 전혀 통하지 않는 이국땅에서 지혜롭게 대처하였다. 이들 일행은 부산을 출항한 지 16일째 되는 날 일본의 북해도 서해안에 표착하여 아이누인에게서 음식을 얻어먹으며 연명하다가 마쓰마에(松前)에 도착, 에도(江戶)와 오사카(大阪)를 거쳐 대마도에 도착하였다가 이듬해 부산에 귀항하였다. 이 책의 내용 가운데 이들이 마쓰다에 있을 때 그곳 태수 등과 불교·신(神)·유교에 관한 이야기와 예수교 포교에 관하여 필담한 것이 매우 많다. 맨 끝에는 강항(姜沆)의 『간양록(看羊錄)』가운데 에조(蝦夷)지방에 언급된 부분을 발췌하여 수록하였고, 정유왜란 때 포로가 되어 일본에 갔다가 왜상선을 타고 안남국(安南國)을 세 번이나 내왕한 조완벽(趙完璧)에 대하여도 간략하게 소개하였다. 최초로 표류해서 아이누인과 접촉했던 기록이 흥미롭다.

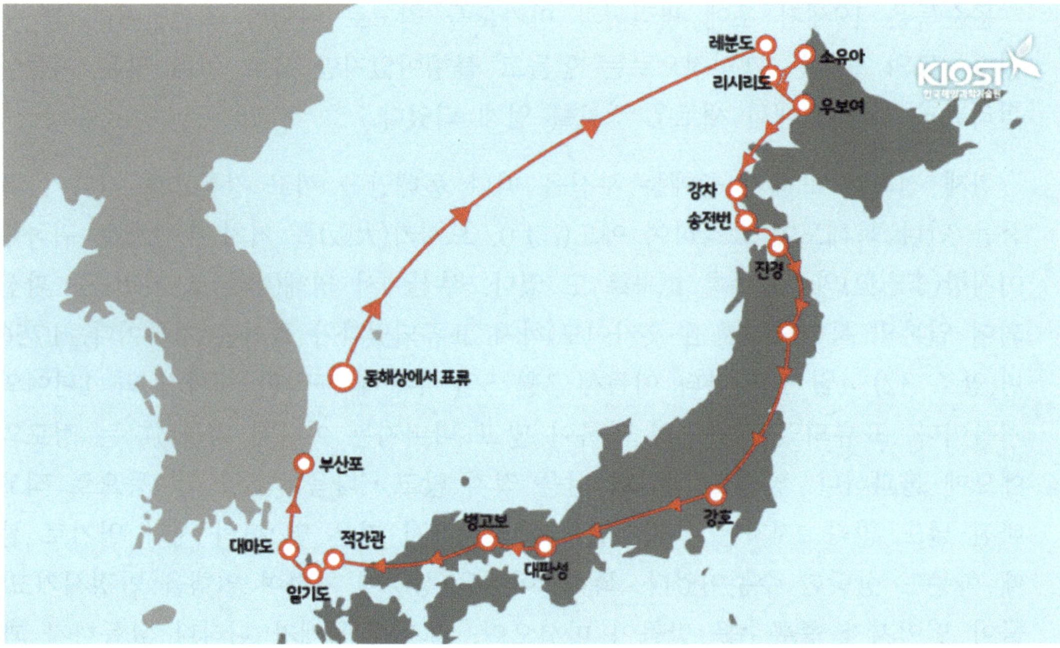

이지항의 표해

또한 지은이의 해박한 지리상식과 재치있는 남녀 애정 경험을 잘 묘사하고 있는 장한철(張漢喆)의 「표해록」은 조선 영조 47년, 1771년에 제주도 선비였던 장한철(張漢喆)이 과거를 보러 가다가 태풍을 만나 류큐 왕국(오키나와)으로 표류해 겪었던 일을 기록한 책이다. 표류 당시의 상황과 류큐에 대한 자세한 묘사뿐만 아니라, 표류한 경로를 따른 해로와 물의 흐름, 계절풍의 변화 등을 담고 있어 해양지리서로의 가치 또한 높다. 현재의 일본 오키나와 지역에 표착하였다가 지나는 중국인과 월남인 상선에 구조되어 돌아온 기록이다.

장한철 일행을 태운 배는 육지를 눈앞에 두고 갑자기 태풍을 만나 지향 없이 표류하면서 갖가지 고초를 겪고 사경을 헤매다 나흘 만에 유구 열도의 어느 무인도에 도착한다.

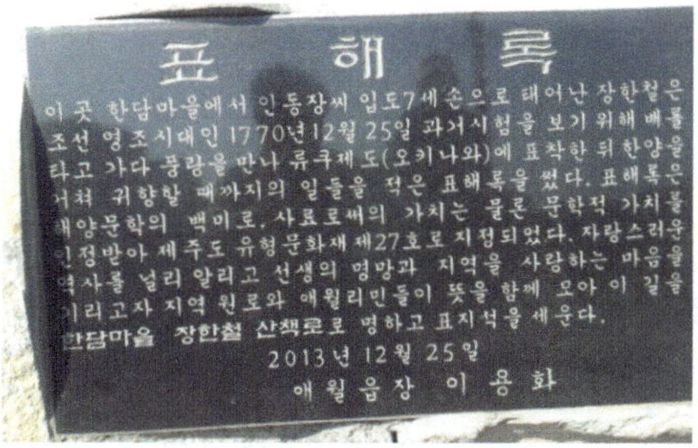

제주도 장한철 표해록 기념비

5일만 인 영조 47년 정월 초사흗날 무인도에서 안남(安南, 현재의 베트남)의 상고선(商賈船)을 만나 구사일생으로 구원을 받았으나 다시 본토 상륙 직전에 태풍으로 선체가 파손되고 21명의 동행자를 잃고 8명만이 가까스로 살아남았다. 태풍으로 노도근해에서 조난당하고, 류큐열도 호산도에 표착하여 왜구의 습격을 받고, 구사일생으로 안남 상고선에 의해 구조됐으나 상선에서 봉변당하고, 청산도 근해에서 또다시 조난당해 사경을 헤매다 21명은 죽고 8명만이 살아남은 과정이 세밀하게 기록돼 있다.

장한철은 『표해록』을 쓴 후 4년만인 영조 51년(1775년) 정월 과거시험에 합격해 대정현감 등을 지낸 바 있고, 문집으로 『녹담집(鹿潭集)』을 남겼다.

그리고 최두찬(崔斗燦)은 제주에서 나주로 오다가 풍랑을 만나 중국 영파부에 표착하여 뛰어난 글재주로 중국인들에게 우대받으며 북경, 의주를 거쳐 귀환한 뒤 「승사록(乘槎錄)」을 썼다. 권1에는 시문이 실려 있다. 시는 저자가 제주도에서 지은 「제주록(濟州錄)」과 표류 중에 짓거나 표착 직후에 지은 자작시 및 중국인들과 창수(唱酬)한 작품을 모은 「정해록(定海錄)」·「절강록(浙江錄)」·「산동록(山東錄)」·「연경록(燕京錄)」 등으로 되어 있다. 문은 「주중고천문(舟中告天文)」 등의 4편을 싣고 있다. 권2는 일기(日記)와 추록(追錄)과 부록(附錄)으로 되어 있다. 일기는 1818년 4월 8일부터 기록하기 시작하였다. 저자가 제주(濟州)에서 배를 타고 전라도 나주(羅州)로 오다가 표류하여 중국의 북경(北京)을 거쳐 귀국하기까지의 표해 기록이다. 최두찬은 남녀 50여 인과 함께 제주 앞바다에서 풍랑을 만나 표류하여 중국 영파부(寧波府)에 닿았다. 북경(北京)을 거쳐 10

월 2일에 요동의 책문(柵門)에 이르렀다. 『강해승사록』은 그 때까지의 노정과 듣고 본 것을 기록한 것이다.

19세기 조선의 승려 풍계 현정이 풍랑을 만나 일본에 표류하고 체제하면서 겪은 경험을 서술한 일본 표해록도 있다. 분량은 짧지만 매우 세밀하게 기술되어 있어 사학계에서도 굉장히 소중한 자료로 평가 받는다. 능주(綾州 현 전남화순) 쌍봉사(雙峰寺)의 화원승(畵員僧)인 풍계 현정(楓溪賢正)은 해남 대둔사 천불전의 천불 조성을 담당했던 승려였다. 그는 경주에서 천불 제작에 쓸 옥과 자재를 구해 장진포(長津浦)에서 자재를 배에 싣고 해남으로 출항했으나 1817년 11월 27일, 일본 후쿠오카 인근 오시마(大島)에 동해상에서 큰 풍랑을 만나 일본까지 흘러가게 된 것이다. 오시마에서 나가사키, 그리고 대마도를 거쳐 다시 조선으로 돌아오는 동안 보고 들은 일을 세세히 기록했는데 개인적으로 느끼는 감상의 서술을 줄이고 최대한 객관적인 사실만 기록하였다. 표해록 전체에서 현정이 불쾌한 감정을 드러내 보이는 대목은 두어 군데에 지나지 않는다. 딱딱한 역사서처럼 보일 수도 있지만 의외의 사실도 알 수 있어서 여러 가지로 흥미롭다. 무엇보다 분량이 짧아서 읽기에 부담이 없다. 역사적으로 중요한 사료지만 저자인 풍계 현정의 이후 행적에 대해서는 생몰연도를 포함해 알려진 바가 없으며 알려진 저서도 이거 한 권뿐이다. 이 기행문은 일본에서 승려 일행이 겪은 고난이나 차별에 대해 서술하는 것이 아니다. 내용을 보면 상당히 친절한 대우를 받았고 저자인 헌정도 대부분 친절한 사람들이었다고 기술한다. 당연한 것이 일본은 불교가 오랫동안 국교였던 시절이 있었고, 이후로도 신토와 공생하며 성장했기에 옆 나라 사람이라도 승려이므로 잘 대해줘야 한다는 인식이 있던 시절이었다.

또, 가사(歌辭) 작품으로는 이방익(李邦翼)의 「표해가(漂海歌)」가 유명하다. 1914년『청춘(靑春)』 창간호에 소개되었다. 제주도에서 태어난 작자는 1796년(정조 20)에 상경하여 무과에 급제하고, 충장장(忠壯將)의 직명으로 근친차(勤親

次) 고향에 내려왔다. 이 때 선인 7명과 함께 뱃놀이를 하다가 폭풍으로 표류하여, 대만과 중국 내륙지방, 북경(北京), 요동벌판을 거쳐 고국으로 무사히 돌아오기까지의 고행담을 자세히 술회한 작품이다. 이 작품은 술회가사이므로 음수율도 자유롭고 길이도 아무 제한 없이 자유롭게 서술된 장편가사이다. 폭풍이 거세게 몰아치는 망망대해에서 일엽편주에 몸을 의지하여 생사의 갈림길에서도 절망하지 않고 무사히 헤쳐 나옴으로써 굳세게 살아난 작자의 내면세계를 엿볼 수 있는 훌륭한 해양문학 작품이라 하겠다.

> "……(전략)……/어화 이내 몸이 하향(遐鄕)의 일천부(一賤夫)로/해도중(海島中) 죽을 목숨 천행(天幸)으로 다시 살아/천하대관(天下大觀) 고금유적(古今遺蹟) 역역히 다 보고서/고국에 생환(生還)하야 부모처자 상대(相對)하고/또 이날 천은(天恩) 입어 비분지직(非分之職)하였으니/운수도 기이(奇異)할사 전화위복(轉禍爲福) 되었도다/이 벼슬 과만(瓜滿)하고 고토(故土)로 돌아가서/부모께 효양(孝養)하며 지낸 실사(實事) 글 만들어/호장(豪壯)한 표해광경(漂海光景) 후진(後進)에게 이르과져/천하에 위험(危險)한 일 지내노니 쾌(快)하도다."
>
> – 표해가(漂海歌)

6.2.3 최남선 〈해상대한사〉

육당 최남선이 1908년 잡지〈소년〉지 1권 1호에 발표한 글로 근대적인 해양의식을 드러낸 최초의 글이다. 이를 통해 최남선은 우리 민족이 해양기질을 되찾아야만 세계의 주역이 될 수 있음을 역설하고 있다. 또한 삼면이 바다로 둘러싸인 대한제국의 미래를 개척하는 데 바다의 개척이야말로 최상의 방법이라고 생각했다. 최남선에게 바다는 문명의 보배이자 대한제국 소년들의 꿈을 키워줄 수 있는 지식과 지혜의 보고였던 것이다.

계몽주의적 문화사의 아이디어를 제공한 「해상대한사」는 세 부분으로 구성되어 있다. 먼저, "삼면환해 三面環海한 우리 대한의 세계적 지위"(2~5회)에서는 한반도를 둘러싼 일본, 아메리카합중국, 지나, 만주 및 러시아의 형세를 기술했다. 둘째, "반도와 인문(문화)"(6~10회)는 반도라는 지리적 조건과 문화 발달간의 일반적 관계에 대한 설명이다. 여기서는, 반도가 해륙 양편의 문화를 소개·전파하고, 성장시키고, 집대성해왔을 뿐 아니라 스스로 문화를 창조하고 개척해 왔다는 점을 상술했다. 셋째 "태동에 처한 우리 반도의 기왕의 공적"(11~12회)은 한반도의 역사적·문화적 업적에 대한 기술이다. 세계문화와 태동문화의 발달에서 한반도가 이룩한 공적이 이 글의 "본제"에 해당한다. 이 글에서 최남선의 역사관을 지배하고 있는 것은 계몽주의적 문명사관이다. 최남선은 "세계문화사", "세계문화발달사"를 열심히 읽었고 이를 통해 유럽에서 형성된 총체적 세계발전관, 즉 계몽주의적 역사 패러다임과 문화사의 아이디어를 수용하게 되었다. 문화사는 유럽 사회의 근대화 과정을 문명의 보편적 진보과정으로 해석하는 문명사 양식의 역사였다. 그가 과거로 관심을 돌린 것은, 계몽주의적 문명사가 제시한 보편적인 역사 전개 법칙에 조선을 합치시킬 자료(증거)를 찾기 위해서 이었다.

한반도가 대륙문명과 해양 문명이 합류하는 요충임을 설파하고 '해양입국'을 통해 나라의 발전을 도모하자고 했다. 육당의 그와 같은 주창은, 그의 친일 행적에 대한 논란에도 불구하고 탁월한 선견(先見)이 아닐 수 없다.

이는 세계 여러 지역에 존재하는 반도의 지리적, 역사적 우월성을 지나칠 정도로 강조하고 있고 이를 통해, 반도국인 우리나라의 무한한 지리적 가능성과 민족적 자긍심을 독자들에게 심어주고자 하고 있다. 이러한 사항은 현대 세계를 바라보는 시각과 지리교육에 있어 시사 하는바가 매우 크다고 생각된다.

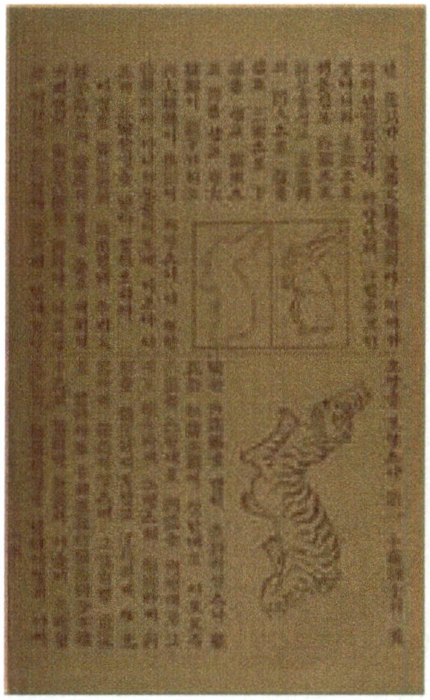

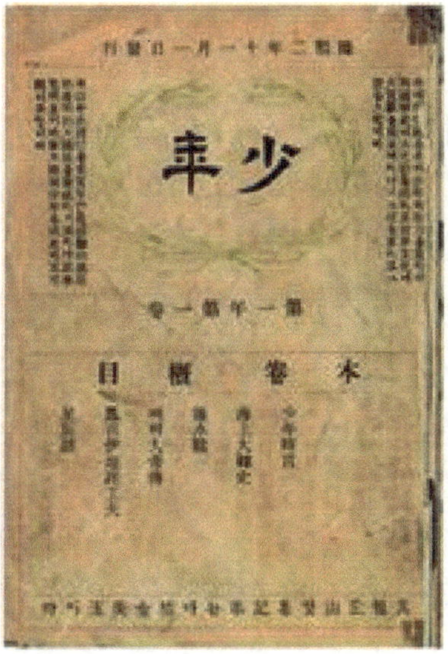
少年

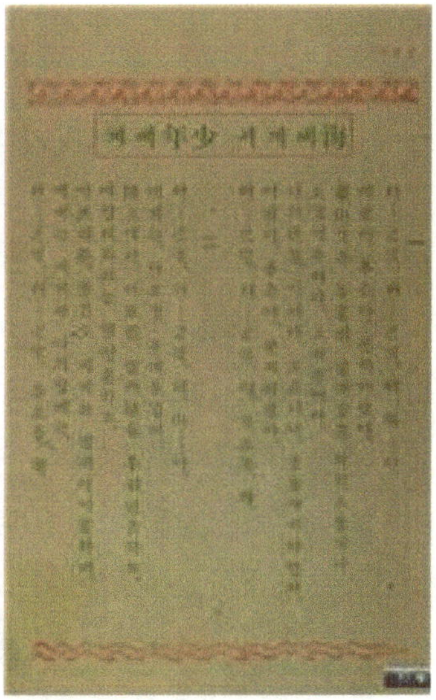

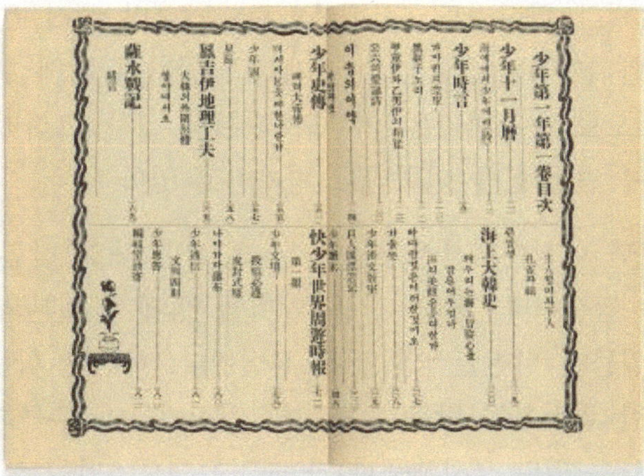

6.2.4 이상춘 〈서해풍파〉

이 작품은 "우리나라에서 집필된 최초의 근대 해양소설"이라는 타이틀을 가지고 있다. 〈서해풍파〉는 국어학자인 백야 이상춘이 1914년에 발표한 작품으로 대대로 어부 집안 인 이해운과 이해동 두 형제가 큰 바다로 나아가겠다는 꿈을 이루기 위해 서해로 출항했다가 겪게 되는 고초와 이를 극복해 가는 과정을 그린 작품이다. 서해에서 풍파를 만나 바다에 빠져 헤어진 뒤 구사일생으로 살아난 형 해운은 동생을 찾아 일본과 미국으로 전전하고, 동생 해동은 조선술을 공부하기 위해 일본으로 건너가지만 제국대학 시험에 낙방한 뒤 미국의 샌프란시스코대학으로 유학을 간다. 결국 두 형제는 샌프란시스코에서 조우하여 남극 탐험에 나선다. 〈서해풍파〉는 장르상 해양소설의 주요 모티프인 바다-배-항해를 모두 내포하고 있지만, 배와 항해가 전체 줄거리에서 차지하는 위치는 주변부에 머물고 있고, 배와 바다에 대한 희망을 이루기 위한 육상에서의 전전이 주된 줄거리를 이루고 있다는 점에서 본격적인 해양소설이라고 하기에는 다소 한계가 있다. 그렇다 하더라도 〈서행풍파〉는 남녀의 애정 문제를 다룬 통속물이 주류를 이루던 1910년대에 넓은 세계로 나아가기 위해 항해술과 조선술 등 신문명을 적극적으로 수용하려는 어부의 진취적 삶을 그려냈다는 점에서 분명 그 의미와 가치를 인정해 줄 만하다고 평가받고 있다.

결론적으로 보면 이상춘의 『서해풍파』는 최초의 '해양 탐험 소설'이라고 불려도 손색이 없을 작품이다. 물론 작품 말미에 형제가 일본과 미국으로 유학을 떠나면서 겪는 일들이 비현실적인 것은 사실이다. 하지만 학문에 대한 열정, 특히 신학문에 대한 열정적인 탐구는 당대의 지식인들이 추구하는 학문을 대하는 태도라고 짐작할 수 있다. 『서해풍파』가 출간된 1914년을 생각할 때, 일반인들에게 생소하게 느껴졌을 '남극'이라는 지역을 탐험하고 신문에 대서특필되었다는 가상의 사실은 식민의 삶을 살던 당대의 사람들에게는 신선하게 느껴졌을 것이다. 하지만 받아들이기에 약간의 불편한 부분이 보이기도 한다. 문화 국수주의와 사대주이가 그것이다. 조선 땅에 살고 있는 사람들, 특히 리해운과 리해동은 마을 사람들은 무시하고, 다른 사람을 배려하지 못하는 것으로 그려져 있다. 반면 주인공들에게 도움을 주는 일본인과 미국인은 문면에서 긍정적으로 그려져 있다. 이것은 교육을 받았는가, 아닌가에 대한 작가 이상춘의 차별적 인식이 드러난다고 할 수 있겠다. 하지만 일제강점기에 출판된 '신소설'의 목적에 걸맞게 새로운 학문 습득의 필요성을 드러내고 있다는 점에서, 새로운 땅을 찾아 떠나는 진취적인 기상을 드러내고 있다는 점에서 의미가 크다고 하겠다. 이상춘은 한국의 국어학자이다. 《조선어사전》편찬위원회 준비위원 등으로 활동하였고, 약 7만의 어휘를 모아 사전 원고를 작성하여 조선어학회에 기증하였으며, 소설도 발표하였다. 저서에 《주해용비어천가》(1946), 《조선옛말사전》(1949) 및 소설《박연폭포》(1913), 《서해풍파(西海風波)》(1914) 등이 있다.

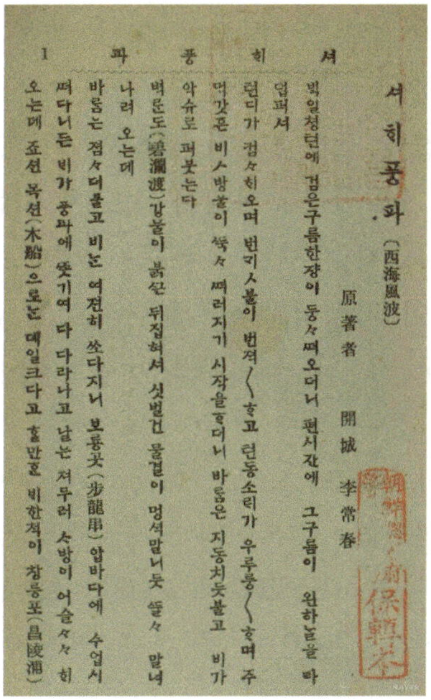
서 히 풍 파 1

서히풍파 (西海風波)

原著者 開城 李常春

빅일청텬에 검은구름한장이 둥々떠오더니 편시간에 그구름이 원하늘을 따
덥퍼셔
련디가 컴々히오며 번ㄱ人불이 번쩍〳〵ᄒᆞ고 텬동소리가 우루룽〳〵ᄒᆞ며 주
먹갓흔 비ㅅ방울이 뚝々 떠러지기 시작을ᄒᆞ더니 바람은 지동치듯불고 비가
악슈로 퍼붓는다
벽란도(碧瀾渡)강물이 붉은 뒤집혀서 싯벌건 물결이 멍석말니듯 뚤々 말녀
나려 오는데
바람은 점々더ᄒᆞ고 비는 여젼히 쏘다지니 보룡곳(步龍串)압바다에 수업시
떠다니든 비가 풍파에 쫏기여 다 다라나고 날은 져무러 ᄉᆞ방이 어슴々々히
오는데 죠션 목션(木船)으로는 대일크다고 ᄒᆞᆯ만ᄒᆞᆫ 비한척이 창릉포(昌陵浦)

6.2.5 정한숙(鄭漢淑)의 「이여도 IYEU島」

〈이여도〉는 1960년에 발표된 정한숙의 작품으로서, 제목 '이여도'에서 알 수 있듯이 인간의 이상향이란 멀리 있는 것이 아니라 인간의 마음속에 있다는 주제 의식을 서정적으로 그려낸 소설이다. '이여도'란, 지도상에 존재하지 않는 섬이지만 제주도 어부들의 마음속으로 그리는 이상적인 섬이다. 즉, 어부들의 마음속에 심층적으로 자리 잡고 있는 유토피아를 의미한다. 이러한 '이여도'에 관한 전설적인 소재는 이청준의 〈이여도〉에서도 다루어진 바 있다.

〈이여도〉는 제주도 근처를 배경으로 하면서 주인공인 '나'의 회상과 추억을 그려낸 1인칭 주인공 시점의 작품이다. 이여도를 지키는 외로운 등대지기인 '나'가 노를 저으면서 어린 시절을 회상하는 내용이 중심을 이루고 있다.

'나'와 순복이, 상운이는 한 마을에서 같은 해 같은 날에 태어난 친구이다. 어린 시절 셋은 이어도를 찾아 나섰다가 표류한 적이 있는데, 다른 배의 도움으로 집에 돌아오지만 그때의 기억을 잊지 못하고 살아간다. 그날의 일 이후 '나'는 '이어도'의 환상을 좇으며 사는 사람이 되었다. 순복이도 '나'와 같은 환상에 사로잡히지만, 그는 곧 '이어도'가 현실이 아니라는 사실을 깨닫고 길자와 결혼하여 가정생활속에서 이어도의 꿈을 실현시키고자 한다. 그러나 6·25 전쟁이 나고 세 친구의 운명은 어두워진다. 상운이는 전사하고 '나'와 순복이는 귀향한다. 순복이는 행방이 묘연해진 아내를 찾아 다른 지역을 헤매다 좌절만 하고 돌아온다. 어느 날 '나'는 순복이에게 밀수선을 탈 것을 제안하고 둘은 바다로 나가는데, 순복이가 바닷속에 투신하여 자살한다. 그 후 길자가 돌아오고, '나'는 순복이의 죽음에 자책감을 느낀다. 순복이의 아들 길남은 아버지가 이어도에 있다고 믿으며 '나'에게 바다로 나가자고 한다.

이 작품의 배경이 되는 '바다'는 주인공 '나'의 삶과 어부들의 운명적 삶의 터전을 상징한다. 제주도 어부들이 이상적으로 그리고 있는 섬에 얽힌 이야기를 전아한 숨결이 느껴지게 다듬은 〈이여도〉를 통해서 정한숙은 인간의 숙명적인 삶의 세계, 혹은 과거와 추억 속에 잠겨 있는 인물을 통해서 전통적인 삶의 정한을 깊이 있게 탐구하고 있다.

고난의 역사를 딛고 새로운 방향을 모색하려는 작가의 의도가 담긴 작품으로, 이상향은 멀리 있는 것이 아니라 인간의 마음속에 있다는 것을 그리고 있다. 작가는 이어도를 지키는 외로운 등대지기인 '나'의 회상을 통해 과거의 경험들을 관련지어 주제를 효과적으로 표현하고 있으며, 사건을 체험한 사람이 직접 서술하는 방식을 취해 작품 내용의 신빙성을 얻고 있다. 또한 '나'를 비롯한 어부들의 운명적 삶의 터전인 바다를 배경으로 전통적인 삶의 정한을 깊이 있게 탐구하고 있다.

제주 지역에서 전해지는 '이어도 설화' 속에 등장하는 섬은 태풍이나 해일, 가난 등이 없는 낙원이다. 즉, 제주도 어부들이 마음속으로 그리는 이상적인 섬이며 유토피아이다. 그러나 이 작품에서 이야기하는 이상향은 현실과 동떨어진 공간을 의미하는 것만은 아니다. 자신들이 현재 살고 있는 곳, 즉 현실에 대한 믿음과 사랑에 바로 이어도가 존재함을 이야기하고 있다.

이어도 위치

이 같이 정한숙의 작품 세계는 전통적인 삶의 세계에 대한 현대적 해석을 하고 있는 것이 한 특징이다. 그는 어느 한 편에 얽매이지 않고 다양한 소재와 그에 합당한 필치를 사용하여 우리의 현실 속에서 사라져 가는 전통미에 대한 그의 관심을 드러내고 있다. 따라서 그의 작품 속에는 고유의 삶의 숨결을 지닌 소박한 인물들이 등장하여 자신들의 삶의 숨결을 통하여 고전적인 삶의 세계에 대한 현대적 의미를 깨닫게 해 준다. 정한숙의 소설에는 다양한 현실성이 있다. 불합리하고 모순이 많은 사회 현실을 포착하는 눈이 한군데에 고착되어 있지 않으므로, 그의 작품엔 사회 현실의 여러 단면이 드러나고 있다.

정한숙은 강렬한 이상주의자이기도 하다. 낙원을 찾으려는 인간의 희망과 그 좌절을 그린 〈이어도〉 등에서 드러나듯이 그는 냉정한 시선으로 현실을 관찰하면서도 꿈을 좇는 이상주의자로서의 면모를 버리지 않았다. 현실의 여러 가지 불합리, 모순, 병폐 등을 파헤쳐 드러내고, 그것에 대한 비판의식이 강하면 강할수록 이상주의적 경향을 띠게 되는 것은 당연한 귀결이라 하겠다. 즉 그는 현실성이 있는 이상주의다. 그의 모든 작품에는 강렬한 이상주의가 밑받침하고 있지만, 그 경향이 가장 농후하게 드러난 작품이 〈이여도〉이다. '이여도'는 지도상에는 없는 섬으로 제주도 어부들이 마음속에 그리고 있는 이상향의 섬에 지나지 않는다. 작가는 이 작품을 발표하면서 이여도를

> "이여도! 오늘도 탐라의 나라 남해 한가운데서 노를 젓는 어부와 미역을 따는 해녀들이 이 노래를 부르며 먼 수평선을 바라보곤 한다. 그러나 그들이 그리는 이 섬은 슬프게도 판도 위에서는 찾아볼 수 없는 섬이다. 수천 년을 두고두고 그들의 입에서 오르내리는 이여도는 그들의 행복이요, 또한 추억이기도 하다. 현실에 몰리는 그들의 이상향…… 언제 그들의 마음속에 실현될 것인가……"

라고 말하고 있다. 이 작품에서는, '이여도'를 그리는 그들의 낭만적 꿈이 빚어낸 비극성을 그리고, 동시에 '이여도'가 먼 수평선 저쪽에 있는 것이 아니라

바로 이 땅에 있음을 강조하고 있다. 선과거와 후과거, 과거와 현재가 연상에 의하여 결합되는 장면이 많이 나온다. 유럽의 심리주의 소설의 수법인 '의식의 흐름'을 그대로 채용한 것이라고 할 수는 없고, 다만 시간을 처리하는 방법에는 유사점이 있다. 이러한 방법을 쓰면, 소설의 구조가 입체성과 복잡성을 띠게 되는 것 같다고 평가된다.

6.2.6. 천금성(千金城) 해양문학

소설가이자 선장으로 한국일보 신춘문예에 당선한 단편소설 〈영해발부근〉(1969)을 시작으로 본격 해양 장편소설인 《표류도》《가블린의 바다》와 창작집 《허무의 바다》등을 발표했다. 1941년 경상남도 진주에서 태어난 천금성은 1966년 서울대 농대 임업과를 졸업한 뒤 유엔 국제식량농업기구(FAO)가 설립한 해기사 양성기관에서 1년간 단기훈련 과정을 거친 후 항해사 면허를 취득했다. 곧 원양어선의 항해사로 인도양으로 출어했다. 그에게 바다는 곧 인간의 능력을 훨씬 뛰어넘는 경이로운 대자연이자 인간에게 정복되기를 거부하는 세계였다.

천금성 한국 해양소설의 기틀을 마련한 선구자로 꼽힌다. 1968년 고려원양 참치 잡이 원양어선 제53광명호 항해사로 승선해 인도양으로 출어했으며, 바다에서 틈틈이 쓴 단편 해양소설 〈영해발 부근〉이 한국일보 신춘문예에 당선돼 등단했다. 2년 후 선장이 되어 10여 년간 세계의 바다를 두루 항해한 그는 남다른 해상 체험을 바탕으로 〈표류도〉 〈지금은 항해 중〉 〈남지나해의 끝〉 〈시지푸스의 바다(상,하)〉 〈인간의 욕망〉 등 장편소설과 〈허무의 바다〉 〈은빛 갈매기〉〈이상한 바다〉등 창작집을 잇달아 출간하면서 우리 문학계에 해양문학의 기틀을 마련했다는 평가를 받고 있다.

소설가 천금성의 『불타는 오대양』은 평생 바다에 살면서 써온 체험적 항해기다. 3년간 잡지 '현대해양'에 연재한 〈나의 평생에 걸친 항해 이야기〉 중에 참치 잡이에 대한 사건사고만 압축해서 담아냈다. 〈인간의 욕망〉은 10여 년간 해양생활을 하며 주로 바다를 배경으로 한 작품을 냈던 저자의 장편소설로 미모의 여주인공 장하령을 둘러싼 사랑. 배신. 음모 속에서 변질된 인간의 본능을 신랄하게 파헤쳤다. 중편소설《漁夫, 바다로 안 가다》이외에 여섯 편의 단편소설이 담겨 있는데, 작품 모두 작가의 직접적인 항해체험이 바탕이 되고 있는 만큼 일반 문학에서 취약점으로 지적되고 있는 사실성과 현장감이 극대화되고 있다. 도대체 고기잡이를 평생의 삶의 근간으로 삼아 온 어부가 바다로 안 나가겠다면 그것은 무엇을 말하는 것일까? 우리는 그 사연이 궁금하지 않을 수 없다.

이밖에도 「1968년 印度洋, 흐림」은 작가의 초기 항해사 시절을, 「콜럼버스의 달걀」은 선장 시절의 체험에 각각 근거하여 지극히도 나약할 수밖에 없는 인간이 어떻게 바다라는 대자연과 사투를 벌이는가를 소상히 그려내고 있고, 「바이킹의 후예」는 우리 문학에 전무한 북극해 아이슬란드를 배경으로 바이킹 후손인 그곳 어부들이 어떻게 바다와 대결하고 있는가에 대한 현장 리포트이다. 그는 다큐멘터리와 해양 드라마 제작도 기획했다. 사모아, 라스팔마스 등 현지 로케를 감행하며 거금의 제작비를 투자해 촬영한 해양 특집드라마 '남태평양 3,000마일'이 그것이다. 이 드라마는 문화방송 창사 24주년 기획 드라마로 전파를 탔다. 그는 해양에 대한 국민적 인식을 확 바꾸어보자는 취지로 야심찬 기획안을 냈다. 그리고 한국 TV 사상 최초의 해양다큐멘터리라 할 수 있는 '의지와 도전의 현장-오대양을 가다'를 만들었다. 그가 기획한 프로그램으로 늘 세상의 뒷전에서만 맴돌던 우리 수산 업계에 대한 일반적 인식이 크게 달라졌다는 사실과 그 위상이 한 단계 높아지면서 그림의 떡으로만 생각되던 참치라는 생선이 비로소 우리 식탁에도 일상적인 식단의 하나로 자리 잡았다는 평가를 받았다. 지난 1993년 한국소설문학상을 수상했으며, 한국해양문학가협회 초대 회장을 역임했다. 늘 바다를 동경했던 그는 한국 원양어업 60년이 낳은 한국의 생텍쥐페리라 평가받는다.

> 나 또한 바다가 좋아 평생을 바다에서 살았다. 덕분에 생텍쥐페리를 흉내 내어 그 동안의 갖가지 항해 체험을 근거로 몇 권의 해양소설을 남긴 바 있지만, 너무 흥분한 나머지 나 또한 생텍쥐페리처럼 '바다가 좋아 바다를 항해하다가 아직도 미귀항(未歸港)인 채로 바다를 항해하고 있다' 는 덕담을 들었으면 하는 설익은 바람도 피력했던 것이다.
>
> –천금성

6.2.7 옥태권의 해양소설

1961년 경남 거제 출생으로 한국해양대학을 졸업한 지 10년 만에 동아대 국문과에 다시 들어가 학부부터 대학원까지 마치고 문학박사를 취득했다. 범양상선(주)에서 3년간 승선근무한 뒤, 월간 《해기》 편집장을 거쳐 부일전자디자인고등학교 교사로 재직중이고 한국해양대학에 출강하였다. 1994년 국제신문 신춘문예 단편소설이 당선되어 등단했으며, 국제신문에 두 번의 중편 소설-「논개는 없다」, 「오나시스에게 독배를」를 연재했고, 창작집 『항해를 꿈꾸다』, 『해양소설의 이해』 등의 저서를 펴냈다.

상선에 승선해 대서양을 항해한 경험을 바탕으로 다양한 작품을 선보이며 해양문학의 폭을 넓혔다는 평가를 받았다. 소설집 〈달콤 쌉싸름한 초콜릿, 이야기〉로 2008년 부산작가상을 수상했고 부산작가회의 부회장, 부산소설가회협회 회장 등을 역임했다. 2016년 향년55세로 사망했다.

『해양소설의 이해』는 한국 현대 해양소설을 개괄적으로 살펴보는 『해양문화문고』 제11권이다. 저자가 10여 년간의 연구로 얻은 결과물인 학위논문을 바탕으로 구성하였으며, 해양소설의 모든 것을 담아내기보다는 해양소설의 저변확대를 위한 논의를 시도하고 있다. 해양문학과 해양소설의 개념과 해양문학의 개념, 근대성과 해양소설의 범주, 해양소설의 구성 요소, 해양서사의 기본 구성, 해양소설의 공간 인식 등을 서술했다. 해양소설에 새로이 지평을 연 젊은 작가 옥태권의 〈항해를 꿈꾸다〉는 지금까지 해양서사가 다루던 범주, 즉 낭만적인 여행자의 경험이나 모험가의 영웅적인 투쟁을 다루던 흥밋거리 위주에서 벗어나 선원들의 구체적인 삶에 주목하는 등의 대자연과 인간의 윤리 문제에 보다 관심을 기울인 작품이다. 이런 옥태권을 두고 '우리의 타락한 세계와 인간 삶의 진정성이라는 문제의 탐구에 힘쓰는 자(者)'라 평가하고 있다.

작가 본인이 승선경험을 했던 까닭에 소설 속에는 해양과 관련한 정보, 지식, 삶의 양식, 풍속 등이 다양한 시각에서 잘 녹아들어 있다. 또한 그의 소설은 서술 시점 또한 매우 다양하여 읽는 즐거움이 매우 크다. 예컨대 선장의 이야기나 선박의 중간 간부나 사관에 대한 이야기, 혹은 하급선원들에 관한 것, 남성 중심적인 해양소설에서 드물게 여성의 입장을 드러낸 것, 기계인 배의 주기관을 서술주체로 삼은 것 등이다. 한편, 〈오나시스에게 독배를〉이라는 소설에서는 교환가치가 지배하는 자본주의 사회에서, 쉽게 훼손되고 마는 사랑의 낭만적 사랑의 진정성을 다루며, 타락한 사회에서 진정한 가치를 추구하는 과정을 상세히 그려내고 있다. 이 소설의 주인공인 제세상선 글로벌 스타호 1등 항해사 김인

하는 낭만적 사랑의 소유자이다. 이러한 낭만적 사랑은 제세상선 사장 박종석의 음모에 의하여 파괴되고 만다. 김인하가 사랑한 민서린이 남성중심적 자본제의 희생물이 되었기 때문이다. 이리하여 그는 그의 낭만적 사랑을 환멸로 만든 이들에게 복수하고 그리스 에게해에서 민서린과 함께 죽음을 택한다.

'이유는 묻지 마시고 그냥 절 잊어주세요. 미안해요. 서린.' 이 한 줄의 문장은 인하에게 있어 낭만적인 항해의 종말을 고하는 선고에 다름없었다. 해도(海圖) 위에 그은 선 하나가 뱃길을 정하고 목적지에 도착시켜준다는 사실에 감탄하며, 배를 내린 이후 자신의 삶도 해도에 표시하던 항로처럼 그렇게 정확하리라고 믿어 의심치 않던 그에게는 청천벽력 같은 소식이었다…(중략)…그가 대학시절에 내린 낭만적인 정의는 그때 이후 자신의 사전에서 완전히 삭제되어버렸다. 이제 그에게 있어 항해의 의미는 '바다가 있기에 배가 있고, 배가 있기에 항해가 존재한다.'는 것 이상도 이하도 아니었다. 뿐만 아니라 '바다에 낭만이 있다고 생각하는 자, 돈을 벌기 위해 배를 탄다는 자, 부두에서 흘리는 여인들의 눈물을 믿는 자들이야말로 이 세상에서 가장 어리석은 부류들'이라는 자조적인 말들을 술을 마실 때마다 중얼거렸다. 그러던 인하를 또 한번 변하게 만든 건 사보에 실린 신년 특집 화보였다. 제세상선 사장 박중석의 바로 옆에 한복을 곱게 차려 입은 여인이 민서린 바로 그녀였던 것이다. 온몸의 힘이 바람처럼 빠져나가 비틀거리는 발걸음을 침실로 옮기는 순간 '역시, 돈은 있고 볼 일이야. 우리 사장 새 장가 들었다더만 어디서 저런 영계를 물었지. 아무리 봐도 처녀 같은데……' 누군가가 비아냥거렸다.

–오나시스에게 독배를

6.2.8 천승세(千勝世)의 희곡 〈만선〉

희곡(戱曲, play, drama)은 대사(臺詞)를 중심으로 하여 인물의 동작이나 무대 효과에 관한 스테이지 디렉션(stage directions)을 첨가하여, 문자로 표현한 것을 가리킨다.

인류 최초의 문학이다. 그리스 비극에서 모든 문학이 기원하였고, 이후에 시와 소설 등으로 분화하였다. 본래 희곡(戱曲)이라는 단어는 가무가 중심이 되는 중국의 전통 극을 가리키는 말이었다. 이것을 근대 일본에서 서구의 '드라마(Drama)'에 대한 번역어로 사용하면서 널리 쓰이게 되었다. 그리고 Drama라는 용어는 그리스어인 dran(행동하다라는 뜻의 동사) + ma(결과를 뜻하는 명사 어미)의 합성어에서 그 어원을 찾을 수 있다. 그러니까 행동하기로 표현되는 문학 양식이라는 소리다.

문학의 4대 장르 중에 맏형 격인 셈이고, 유럽과 미국에서는 극작가를 소설가보다 더 높게 평가할 정도로 극문학이야 말로 문학의 정수이자 원류로 인식되고 있다. 프랑스의 철학자이자 문학평론가인 사르트르는 저서 〈문학이란 무엇인가〉에서 '문학의 역사는 희곡의 역사이다.'라고 까지 말하기도 했다. 실제로 노벨문학상 수상 작가들의 3분의 1은 극작가이다. 그러나 한국은 문학과 공연 예술의 역사가 부족하기 때문에 문학으로서 희곡에 대한 인식이 아직은 얕은 편이였으나 최근에 뮤지컬과 같은 종합예술희곡의 인기로 자리를 잡아가고 있다.

희곡은 연극과 뗄 수 없는 문학양식이므로 그 기원도 연극과 궤를 같이 한다고 보아야 할 것이다. 연극은 어느 민족에서나 제천의식과 밀접한 관계를 지녔고, 실제로도 제의에서 발생하였다는 것이 정설이다. 그것은 동서양이 다를 바 없다. 드라마(drama)의 어원도 그리스어 드로메논(dromenon)에서 온 것인데, 드로메논은 제천의식이라는 뜻과 연관된다. 즉, 고대 그리스 사람들에게 있어서 제의는 무엇인가 느끼는 것에 그치지 않고 그것을 행동으로 표현하는 것을 의미하였으며, 제의는 행사 즉 모의무용이나 그와 비슷한 일들을 행하는 것을 뜻한 데에서 유래되었다. 그들이 원하는 바를 모방하는 데에서 제의와 예술은 시작되지만 그것은 단순히 모방을 위한 모방이나 기원으로서가 아니라 그들의 기원이 이미 응답된 모습, 성스러운 일(things done)로 집행된다. 그리스 사람들은 이것을 드로메논이라고 불렀으며 드라마의 어원은 바로 이 드로메논이며 다 같이 '성스러운 일'을 뜻한다. 거기에 인간의 유희본능이 가미됨으로써 제의는 연극예술로 바꾸어진 것으로, 희곡 또는 연극이라는 말이 모두 '놀다(play, spiel, 戱 등)'라는 뜻과 통하는 것도 우연한 일이 아니다.

희곡은 독자보다는 관객을 상대로 한 문학형태라는 점에서 시나 소설과 차이가 난다. 즉, 소설에서는 주인공의 행동을 기술하는 데 그치나 희곡에서는 주인공이 기술, 설명하는 것이 아니라 자기에게 주어진 대사를 가지고 무대에서 스스로 사건을 만들고, 성격을 구축하며 최후의 목적을 향하여 움직여야 한다.

희곡의 4요소는 플롯 · 인물(성격) · 대사(언어) · 주제(사상)이다.

플롯은 구성이라 번역되는 것으로서 일종의 이야기 줄거리이다. 그런데 스토리와 근본적으로 다른 점은, 스토리가 시간순서에 따른 이야기 줄거리라면, 플롯은 이야기의 각 부분을 인과적이고 논리적인 상호관련과 질서 아래 배열한 것이다. 쉽게 말하면 플롯은 한 건물의 골조와 같은 뼈대인 것이다.

희곡에서의 인물(성격)은 플롯 못지않게 중요한 것이다. 왜냐하면, 희곡이라는 것은 어디까지나 인간을 중심으로 그 행동과 정서, 욕망과 의도의 엇갈림 속에서 빚어지는 움직임이기 때문이다.

대사(언어)는 희곡에 있어서의 대사는 인물의 성격을 규정해 주면서 동시에 사건교류의 매개체의 기능을 하는 것이므로 매우 중요하다. 그런데 희곡에서의 대사란 관객들에게 직접적으로 전달, 이해되어야 하며 배우들에 의해 연기되어야 하므로 소설과는 달리 간결하고 흥미로워야 하며 구어체여야 한다. 따라서 희곡에서의 언어는 청각적 효과와 발성적 효과를 얻을 수 있어야 하는 것이다.

주제란 작가가 희곡작품을 통해서 말하려는 삶에 대한 견해라 볼 수 있다. 조금 고답적인 말로 표현한다면 사상성이다. 희곡의 궁극적 목적이 교육과 각성에 있다고 볼 때, 사상성이란 곧 과일 속의 자양분에 해당되는 것인 만큼 대단히 중요한 것이다.

종류로서는 비극, 희극, 멜로드라마, 소극이 있다.

비극을 뜻하는 영어 'tragedy'는 그리스어 'tragoidia'에서 유래하였는데, 그것은 'goatsong'이라는 뜻이다. 디오니소스제전에서 산양이 제물로 바쳐졌다는 데에서 온 말이다. 비극은 대체로 고양된 내용을 지니고 불행하게 끝나는 매우 진지한 극을 말 한다.따라서 비극을 최초로 정의한 아리스토텔레스가 "공포와 애련의 감정을 일으키는 사건으로서 이를 통하여 정서의 정화를 이룩하는 것"이라고 정의한 것은 매우 적절하고 볼 수 있다.

희극이라는 영어 'comedy'의 어원도 'comos(시골축제에 참가한 흥겨운 놀이꾼들의 행렬이라는 뜻)'에서 유래한 것이다. 그런데 불행한 결말을 짓는 것이 비극이고, 그 반대로 행복한 결말을 짓는 것이 희극이라는 정의는 대체로 맞는 말이지만 그렇지 않은 경우도 종종 있다. 흔히 멜로드라마를 비극의 타락된 형태라 부르기도 한다. 그만큼 독립된 장르로 볼 수 없다는 이야기이다. 물론 멜로드라마가 대체로 불행한 사건을 골간으로 한다는 점에서는 비극과 같지만 차이점도 적지 않다. 즉, 비극이 진지하게 인생의 가치를 추구하는 데 비하여 멜로드라마는 흥미 위주의 사건만을 추구하며, 비극이 영원한 선과 아름다움을 부각하고자 하는 반면에 후자는 오히려 인생으로부터의 도피를 꾀한다. 그리고 비극이 영원한 인간정신을 파고 들어가는 데 반하여 멜로드라마는 오히려 순간적인 사건을 포착한다. 소극은 희극의 일종이라고도 하지만 정통적인 희극에 들어갈 수 없는 특수성도 지니고 있다. 즉, 소극은 순전히 웃음을 목적으로 한다.

따라서 일관된 논리가 없고 과장된 인물과 사건이 그 중요한 수법이 된다. 그리고 사건이나 극적 상황이 인물의 성격보다 위에 있으며 또한 지배하는 것이다. 동시에 우연히 많은 것도 소극의 특징이다. 희곡도 다른 문학 장르처럼 고전주의 · 낭만주의 · 사실주의 · 자연주의 · 표현주의 등의 사조적 변화를 거치면서 발전하여 왔다.

고전주의 희곡고전주의 희곡은 그리스와 로마시대에 발생된 것으로서 그것이 하나의 사조로 불린 것은 대체로 17세기 프랑스에서였다. 고전주의 극은 그리스인 · 로마인들이 이성을 중시한 것처럼 엄격한 형식을 중요하게 여겼다.

낭만주의 희곡은 고전주의의 엄격한 제약에 대한 반발로부터 시작된 형식인 만큼 자유분방함을 그 특징으로 한다. 낭만주의 극작가들은 삼일치법이라는 제약을 깨고 장소와 시간과 사건을 자유롭게 확대하였다. 장소도 자유자재로, 또 시간도 수년에 걸친 이야기로 가져갔으며, 사건도 다채롭게 끌고 갔다. 이처럼 낭만주의 희곡은 자유, 다양성, 상상, 괴이한 아름다움이 주요한 요소였다.

사실주의 희곡낭만주의에 대한 반발에서 생겨난 사실주의 희곡은 유럽에서 봉건제도가 완전히 붕괴되고 소시민사회가 형성될 때 발전한 형식이다. 따라서 주인공은 평범한 서민이 되었고, 대사도 일상에서 쓰는 말 그대로 산문으로 바뀌었으며, 무대지시도 구체적으로 제시되었다. 그리고 밑바닥 삶을 사설 그대로 묘사하기 위해 과장이나 우연을 배제했다.

표현주의 희곡은 제1차 세계대전을 전후해서 일어난 표현주의는 과거 문예사조와는 달리 인간 내면에 초점을 맞춘 희곡형식이다. 표현주의를 가리켜 존재의 통증을 표출한 사조라고 부른 이유도 그 때문이다. 현대극이라는 것도 사실은 표현주의 희곡형식부터라고 볼 수 있다.

만선은 1964년에 국립극장 당선작으로 공연된 천승세(千勝世)의 희곡으로 토속성이 강한 작가가 어촌을 무대로 하여 쓴 희곡으로서 자연과 대결하는 한 어민 가족의 군건한 의지와 비극적 삶을 그렸다. 사실적인 입담을 통해 근대화와 산업화 과정에서 소외된 주변부의 삶을 다루어 바다와 어촌에 사는 사람들을 묘사한 일련의 한국희곡 가운데서 돋보이는 작품이다.

곰 치 : 가난한 어부로, 자기가 타는 배의 주인 임제순에게 빚을 진 상태이다. 수많은 시련 속에서도 만선을 꿈꾸는 우직하고 강인한 성격. 하지만 그의 성격에는 무모하고 아집스러운 면이 있다. 곰치의 이러한 만선에 대한 고집스러움이 오히려 파멸의 원인이 된다.

구포댁 : 곰치의 아내. 모성애가 매우 강한 인물로, 자식의 죽음으로 인해 실성을 한다. 곰치에 맞서 갈등을 일으킨다.

도 삼 : 곰치의 아들. 고기를 잡으러 바다에 나갔다가 풍랑을 만나, 친구인 연철이와 더불어 목숨을 잃게 된다.

슬슬이 : 곰치의 딸. 곰치로 인해 애인인 연철을 잃고 실의에 빠져 자살하는 비극적 인물.

성 삼 : 곰치의 친구이자 어부. 곰치의 가정에 연민을 가지고 있는 인물로, 만선에 대한 곰치의 고집을 만류한다.

임제순 : 곰치네 배의 선주. 곰치가 1막에서 만선으로 얻은 이득을 모두 가져가는 역할.

범 쇠 : 곰치네 마을 사람. 곰치의 딸 슬슬이를 노리고 있다. 곰치네에게 슬슬이를 넘겨주면 곰치네 빚을 갚아주겠다고 말한다.

이 작품은 전 3막 6장으로 이루어진 창작 희곡으로, 제1막은 2장, 제2막은 3장, 제3막은 1장으로 구성되어 있다.

[1막 1-2장]

곰치는 부서 떼를 발견했다는 기쁨에 뿌듯하여 어쩔 줄 모르고, 마을 사람들도 모두 만선이 되어 신이 나서 춤을 춘다. 그러나 곧 곰치가 낚은 것이 모두 선주인 임제순에게 진 빚의 이자로 넘어가자 다들 억울해 하며 이를 간다. 이에 더하여 임제순이 빚을 빨리 갚지 못하면 배를 묶어 버리겠다고 말하여 분위기가 심상치 않게 된다. 범쇠가 능글거리며 빚을 대신 갚아 줄 테니 슬슬이를 자기에게 달라고 하나 구포댁과 도심은 범쇠의 말은 들은 척도 하지 않고 배를 띄우지 못하게 된 것에만 화를 낸다. 곰치는 성수기인데도 불구하고 배가 없어 고기잡이를 못하게 되자 안타까워서 발을 동동 구른다. 그러나 간신히 그는 뱃삯을 이틀 후에 꼭 갚기로 하고는 배를 띄우게 된다.

[2막 1-2장]

슬슬이는 연철과 만나 정을 나누지만 곧 범쇠의 일로 시무룩해 한다. 그런 슬슬이를 보며 연철은 절대로 범쇠에게 지지 않겠다고 말해 슬슬이를 다독거려 준다. 그리고서는 둘이 희망을 약속하며 힘차게 껴안는다. 곧 곰치는 자신감으로 가득 차서 연철, 도삼과 함께 바다로 고기를 낚으러 나간다. 도삼과 연철은 새로운 기술을 받아들이지 않고 원시적인 방법만을 고집하는 곰치를 보며 답답해하나 곰치는 눈 하나 깜빡하지 않고 막무가내이다. 드디어 배는 바다에 오르고 구포댁은 남편과 아들이 무사히 돌아오기를 간절히 기도드린다.

[2막 3장]

다음 날 초저녁. 바다에 나간 배가 돌아오질 않자 모두들 초조해 한다. 슬슬이가 무당을 데려와 굿을 하니 무당은 반드시 만선이 되어 돌아올 것이라고 말하고 이에 마을 사람들은 모두 안심을 한다. 그러나 곧 곰치가 실려 들어오고 같이 따라온 어부는 배가 심한 바람에 떠밀려 갔는데 곰치는 건졌으나 도삼과 연철은 보지도 못했다고 말한다. 구포댁은 무리하게 배를 띄운 곰치에게 자기 아들을 어쨌냐며 달려들고 슬슬이 또한 대성통곡하여 전체가 울음바다가 되고 만다.

[3막]

구포댁은 실신 지경에 이르고 슬슬이도 애가 타서 어쩔 줄 몰라 한다. 그때 임제순이 나와 밀린 뱃삯을 갚으라고 독촉을 하고 범쇠는 슬슬이를 넘어보며 자기에게 팔라고 유혹한다. 구포댁은 도삼이 분명히 아직도 살아 있을 것이라면서 고집을 부리지만 익사했을 것이라는 순경에 말에 결국에는 미치고 만다. 그녀는 등에 업고 있던 갓난애마저 죽일 수는 없다며 배에 태워 바다에 띄어 뭍으로 보낸다. 이를 안 곰치는 구포댁을 죽이려고 하다가 그 배를 쫓아 나가고 이런 틈에 슬슬이는 목을 매어 자살하고 만다.

〈만선〉은 바다와 어촌에 사는 사람들을 묘사한 일련의 한국희곡 가운데서 돋보이는 작품으로, 이런 유의 자연주의적 희곡이 빠지기 쉬운 도식적 전개에도 불구하고, 주인공의 강인한 의지와 자연 및 환경에 대한 끈질긴 도전으로 연극무대에서도 성공한 작품이다.

작품의 주인공인 곰치는 바다에 모든 의미를 둔 인물이다. 여러 대를 바다에서 생활 근거를 마련하며 살아오면서, 근원적인 한(恨)을 쌓아 온 인물이다. 가난에 찌들면서도 늘 만선에서 꿈을 저버리지 않는다. 그래서 풍랑이 심한 날에도 바다에 나가 그물질을 하는 억센 사나이다. 그러다가 아들도 바다에서 잃고, 아내까지 실성해 버린다. 그래도 그는 여전히 자신의 의지를 굽히지 않고 바다에 도전한다.

이와 같이 '만선'은 대자연과 싸워 나가는 어민들의 비극을 그린 작품으로, 싱그의 '바다로 가는 기사(騎士)'를 연상시키는데, 싱그의 작품과는 달리 의지의 한국인을 그린 점에서 뛰어나다. 사실 주인공인 곰치는 호한(浩瀚)한 바다 그 자체라 할 만큼 끈질기고 억세고 순수하다. 곰치는 독특한 인물로서 돋보인다,

제목인 '만선'은 인간이 이루고자 하는 삶의 목표이자 가치를 상징한다. 따라서 곰치와 그의 아내 구포댁을 중심으로 한 인간과 자연의 대결, 부성과 모성의 갈등 속에는 인간의 도전과 한계, 희망과 비극을 그려 내려는 작가의 의도가 담겨 있다. 이 작품은 곰치라는 독특한 인물에 초점을 맞추어 개성 창조에 성공하고, 그로 인한 인생의 비극을 형성화하는 데 역점을 둔 거둔 희곡이다.

작품의 제목 '만선(滿船)'은 우리들의 삶의 욕망이며, 지향하고자 하는 가치를 상징한다. 여기서 곰치는 이러한 욕망 성취를 위해 행동하고 의지를 발하는 인간의 실존적 초상(肖像)으로 그려지고 있다. 따라서 이 작품은 이 작품은 바다를 운명으로 알고 살아가는 어민들의 삶을 통해 인간의 삶에 대한 강인한 집념, 그들의 욕망과 일상, 그리고 비극적 한(恨)을 사실적으로 그린 작품이다. 한 어부의 만선에 대한 집념과 도전 의지와 인간이 현실에 대한 도전과 좌절이 핵심이다. 주제의 의미에서는 다소 차이가 있을 수 있지만 마치 한국의 〈노인과 바다〉의 또 다른 확장판 같다. 1967년 김수용 감독의 가족 영화로도 제작되었다. 김승호 등이 주연으로 출연하였고 이종벽 등이 제작에 참여하였다.

6.2.9 어니스트 헤밍웨이 〈노인과 바다〉

〈노인과 바다〉(The Old Man and the Sea)는 미국의 소설가 어니스트 헤밍웨이의 단편소설이다. 1952년에 쓰였으며 낚시가 취미였던 저자의 해박한 지식이 배경이다. 어부인 산티아고 노인이 커다란 청새치를 낚시로 잡지만, 항구로 돌아오는 길에 모두 상어들에게 빼앗기는 모습을 보여준다. 특히 마지막 상어와의 결투는 인간의 열망을 잘 보여주고 있다. 쿠바를 좋아하여 쿠바로 자주 놀러가던 헤밍웨이가 잘 알던 쿠바인 어부 그레고리오 푸엔테스(Gregorio Fuentes, 1897~2002)가 실제로 겪은 이야기를 토대로 새롭게 창작하여 집필했다고 한다. 소설 발표 당시 푸엔테스는 50대였다.

20세기 미국 문학을 개척한 작품으로, 호사가들은 더 나아가 세계 현대문학계의 지평을 열었다고 평가한다. 1952년 라이프지에 발표되자마자 이틀 만에 500만부 이상이 팔려나갔고 인기에 힘입어 단행본으로 출간하여 전 세계 독자들의 시선을 끌었다. 1952년에 저술한 노인과 바다의 성공은 이후 헤밍웨이에게 1953년 퓰리쳐상을 안겼고, 1954년 노벨문학상 수상을 하는 데도 영향을 끼쳤다. 문학적으로 노인과 바다는 헤밍웨이의 군더더기 없는 명료하고 사실주의적 문장을 통한 객관적 어조를 유지하면서도 섬세한 시적인 표현이 탁월하다고 평가받는다. 쿠바 아바나 인근의 헤밍웨이 박물관(Museo Memorial Ernest Hemingway)은 헤밍웨이가 쿠바에 살면서 '노인과 바다' 작품을 쓴 곳이다. 저택 내부는 헤밍웨이가 머물던 당시의 상태를 최대한 유지하며 노인과 바다 책이 있는 저택 내부의 방, 헤밍웨이가 사용하던 타자기, 9,000여권의 서적들이 보관되어 노인과 바다를 읽은 사람들에게 있어 좋은 관광장소가 되었다.

늙은 어부 산티아고는 84일 째 물고기를 한 마리도 잡지 못한다. 사람들은 그의 운이 다했다고 말하지만, 그는 포기하지 않고 다시 바다로 나간다. 먼 바다까지 나간 노인은 마침내 거대한 청새치 한 마리와 마주친다. 하지만 그의 조각배보다 더 크고 힘이 센 청새치로 인해 노인은 3일간의 고독한 사투를 벌이게 된다. 죽을힘을 다해 잡게 된 청새치, 기쁨도 잠시 피 냄새를 맡은 상어 떼의 공격으로 결국 노인은 녹초가 되어 소년이 기다리는 항구로 뼈만 남은 물고기를 들고 돌아온다. 결말의 테라스의 웨이터와 관광객의 대화를 통해 그들은 노인이 잡은 청새치를 상어로 착각한다. 하지만 마을의 다수를 차지하는 어부들 사이에는 청새치의 뼈가 승리의 증거로 남아 노인의 일화는 신화로 회자되고 기억될 것이다. 노인의 사투는 결코 무의미하지 않았던 것이다. 기다림과 노인의 사투, 그리고 승리, 그러나 고기를 뺏기는 허탈함. 하지만 그 속의 인간의 진정한 무의미하지만 무의미하지 않는 그 무엇인가가 존재하는 것을 보여준다.

> "이젠 집까지 그리 멀지 않을 거야, 노인은 생각했다. 나를 크게 걱정하는 사람이 아무도 없으면 좋겠는데. 물론 걱정할 사람은 그 애밖에 없겠지만. 하지만 그 앤 틀림없이 날 믿고 있을 거야. 그래도 나이 든 어부들 중엔 걱정하는 사람들이 꽤 있겠지. 다른 사람들 역시 많이 걱정하고 있을 거야, 노인은 생각했다. 난 좋은 마을에 살고 있어."
>
> – 상어와 싸움에서 패배한 뒤 집으로 돌아가면서 노인이 한 말

〈노인과 바다〉의 중심 주제는 패배를 모르는 노인이 보여주는 불굴의 의지다. 한 인간이 바다를 무대로 노인의 몸이지만 결코 나약하지 않는 인간의 강인한 승리의식을 보여준다. 강인한 남성성으로 대표되는 어부의 모습에서 인간은 죽을 때까지 포기할 수 없는 강인한 의지의 대상임을 보여준다. 하지만 노인의 독백에서 느껴지는 소년과의 유대감을 통해 독자는 또 다른 감동을 느낀다. 노인은 낚시하는 도중에도 자신이 살아가는 이유가 소년 때문이라고 말하며 소년의 빈자리를 보며 아쉬움을 느낀다. 소년은 아침마다 노인을 찾아와 이야기 상대가 되어주고, 노인이 돌아온 뒤 진심으로 마음 아파하고 울음을 터뜨린다. 그리고 또한 노인은 잡은 고기에 대한 겸손과 미안함 등 일종의 동질감을 느낀다. 여기서 바다를 단순히 지배의 대상과 정복의 대상으로 보지 않고 공존의 대상으로 보고자 하는 작가의 의식이 나타나는 명작임을 다시 한 번 보여준다.

1958년과 1990년에 영화로 제작되었고 1999년 헤밍웨이 탄생 100주년을 기념해 러시아, 캐나다, 일본 세 나라가 합작하여 20분 분량의 단편 애니메이션을 제작했다. 감독은 러시아인 "알렉산드르 페트로프"로 약 4년이 넘는 시간 동안 29,000여 장의 유화 이미지를 엮어 완성했다. 유리판 위에 그림을 그려 만드는 페인트 온 글라스 기법으로 만들어졌다.

제72회 아카데미상 최우수 단편 애니메이션상과 2000년 프랑스 안시 국제 애니메이션 영화제 단편부분 대상을 수상했다. 이 영화의 스타일은 페트로프의 다른 영화에서 사용된 스타일과 유사하며 낭만적인 사실주의의 한 유형으로 특징 지어질 수 있다. 사람, 동물 및 풍경은 매우 사실적인 방식으로 그려지고 캐릭터의 내면의 생각과 꿈을 시각적으로 보여주려고 하였다. 예를 들어, 영화에는 어부가 어린 자신과 청새치가 바다와 하늘을 헤엄치는 형제가 되는 꿈을 꾸는 장면이 포함되어 있다.

오리지널 책 표지

6.2.10 조지프 콘래드의 해양소설

조지프 콘래드(Joseph Conrad, 1857년 ~ 1924년)는 폴란드 출신의 영국 소설가이다. 본명은 유제프 테오도르 콘라트 코제니오프스키 (Józef Teodor Konrad Korzeniowski)이다.

그는 베르디추프(현재는 우크라이나의 베르디치우)에서 독립투사이자 문필가(시인 · 극작가 · 번역가)인 아버지 아폴로 코제니오프스키와 어머니 에바 코제니오프스키 사이에서 외아들로 태어났다. 당시 폴란드는 러시아의 지배하에 있었으나, 문학적 소양을 지닌 아버지의 영향으로 폴란드어로 교육받고 프랑스어 문학가 작품에도 관심을 갖게 되었다. 그러나 열두 살에 고아가 되는 등 불우한 어린 시절을 보낸 그는 열여섯 살에 학업을 중단하고 선원이 되기 위해 프랑스 마르세유로 갔다. 프랑스에서 수습 선원으로서 4년을 보내는 동안 그는 도박 빚을 지고 권총 자살을 시도하기도 했다.

그 후 영국으로 건너가 1880년과 1884년에는 각각 이등항해사와 일등항해사 자격시험에 합격했고, 세계 여러 나라를 오갔다. 그는 1886년 8월에 영국으로 귀화하고, 그해 11월에 일반선장 자격시험에 합격했다. 하지만 그는 1894년 1월에 선원으로서의 삶을 마감하고 서른일곱이라는 늦은 나이에 작가로서의 제2의 인생을 시작했다.

조셉 콘래드라는 영어식 이름으로 개명하고, 1895년 4월에 그의 첫 번째 소설 《올메이어의 어리석은 행동》(1895)이 언윈 출판사에서 출간되었다. 1896년 3월, 그는 언윈 출판사에서 알게 된 제시 조지(Jessie George)와 결혼했다. 그는 20여 권의 소설을 남겼는데, 배를 탔던 경험을 살린 해양 문학의 정수를 보

여주는 작품들이 많다. 주요 작품으로는 《암흑의 핵심》(1899), 《로드 짐》(1900), 《노스트로모》(1904), 《서구인의 눈으로》(1911) 등이 있다. 1924년 8월 3일, 콘래드는 예순일곱 살의 나이에 심장마비로 세상을 떠났다.

이 중 로드짐에 대해 알아보자.

《로드 짐》Lord Jim)은 콘래드가 전성기에 쓴 소설 중 하나로, 전 세계적으로 널리 읽히는 작품이다, 20세기 모더니즘을 선도하는 동시에 모더니즘을 뛰어넘었다는 평가를 받는다. 이 소설은 파트나 호와 파투산에서 벌어지는 사건을 중심으로 전개된다. 일등항해사였던 짐이 파트나 호 침몰과 관련해 양심의 가책과 죄의식을 느끼게 되는데, 이러한 짐의 내면 심리 묘사에 초점을 맞추고 있다.

이 소설은 짐에 대한 소개로 시작된다. 목사 가문에서 태어난 짐은 대중문학의 영향을 받아 선원이 되기로 결심한다. 짐은 선원을 양성하는 연습선에서 2년간의 훈련을 무사히 마친 뒤, 낡은 파트나 호에 일등항해사로 취직하게 된다. 그러나 불행하게도 800여 명의 순례자들을 싣고 항해하던 중 파트나 호는 침몰할 위기에 처한다. 선장과 선원들은 도망치고 짐도 이에 연루된다. 이후 재판에서 일등항해서 자격을 박탈당한 짐은 말로의 소개를 받아 스타인을 만나게 되고, 파투산 무역사무소 지배인으로 부임한다. 짐은 파투산의 부기스족의 우두머리인 도라민과 협력하여 억압받던 사람들을 거둬들여 자신만의 독자적인 세력을 구축하게 된다.

이 소설에서 가장 두드러진 특징은 이야기를 전개하는 서술자다. 소설은 전지적 서술자에 의해 이야기가 시작되지만 극화된 서술자인 말로의 이야기로 끝난다. 등장인물인 서술자가 독자에게 제공하는 정보는 제한되어 있고, 불완전할 수밖에 없다. 말로는 전지적 서술자가 아니기 때문에 주관적인 입장에서 짐을 묘사하고 해석할 수밖에 없다. 짐에 대한 그의 해석은 맞을 수도 있고 틀릴 수도 있다. 이는 독자들이 말로의 이야기를 전적으로 신뢰할 수 없다는 것을 뜻한다. 콘래드는 말로라는 신뢰할 수 없는 서술자를 등장시킴으로써 전지적 서술자에 의존하는 전통적인 서사기법에서 탈피한 것이다.

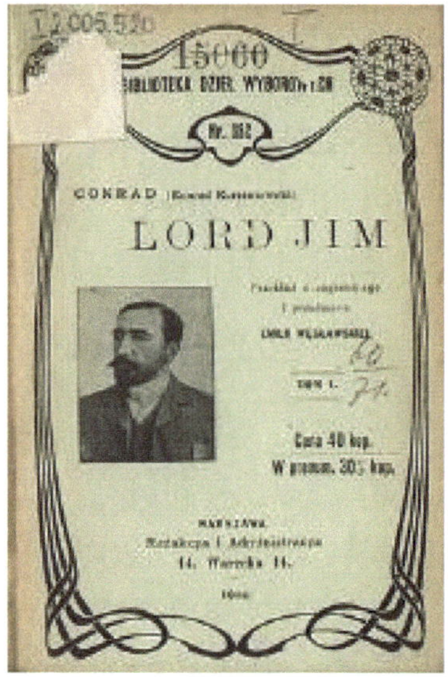

로드짐

《로드 짐》의 두 번째 특징은 이 작품이 연대기적 서술 방식에서 벗어났다는 점이다. 19세기 이전의 소설들이 시간 순으로 사건을 배열하는 경향이 강했다면, 이 소설은 현재와 과거, 미래의 사건들이 뒤죽박죽되어 있다. 그렇기 때문에 말로의 이야기는 사건의 순서가 아닌 그의 기억의 순서에 따라 모자이크처럼 구성되어 있다.

《로드 짐》은 모더니즘 문학의 핵심적인 작품들 가운데 하나로 평가받는다. 하지만 이 소설을 단지 모더니즘에만 한정하게 되면, 이 소설 또는 콘래드의 참된 가치를 망각하거나 훼손할 우려가 있다. 이 소설은 19세기와 20세기의 문학적 전통과 시대정신을 아우르는 작품이다. 이는 콘래드가 자신이 살았던 시대를 충실하게 반영하는 동시에 뛰어넘은 작가임을 의미한다.

6.2.11 대니얼 디포의 해양소설 〈로빈슨 크루소〉

다니엘 디포(Daniel Defoe)는 59세 때 그의 최초의 소설 『요크의 선원 로빈슨 크루소의 생애와 이상하고 놀라운 모험(The Life and Strange Surprising Adventures of Robinson Crusoe of York)』을 썼다. 이때 그는 인생에서 온갖 산전수전을 겪고 난 후였다. 디포는 파산을 당한다는 것이 어떤 일인지를 알았으며, 자신의 존재의 폐허로부터 건져낸다는 것이 어떤 것인지도 알았다.

로빈슨 크루소라는 영국 상인이 어느 날 졸지에 한 무인도에 표류한다는 디포의 이 유명한 소설은 실은 스코틀랜드의 선원 알렉산더 셀커크(Alexander Selkirk)에 대한 이야기에서 영감을 받았다. 1704년 셀커크는 항해 중 자신의 선장과 다툼을 벌여 칠레 해안에서 떨어진 후안 페르난데스 재도의 섬에 버려지고 그곳에서 4년 동안 살았다.

로빈슨 크루소 섬 위치

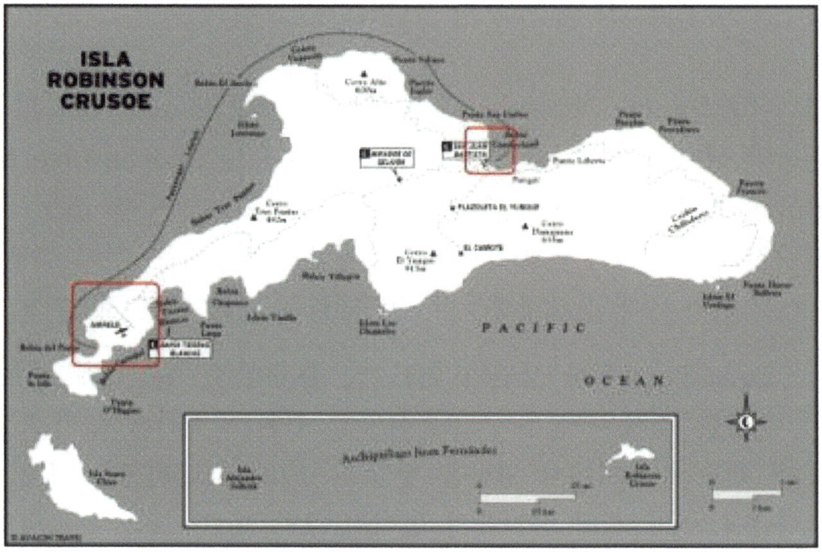

로빈슨 크루소 섬

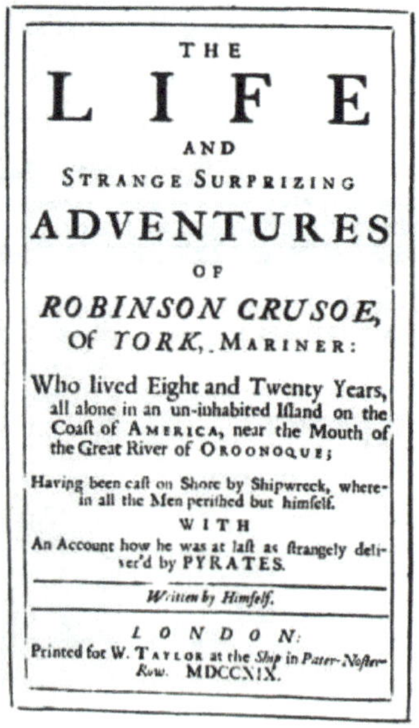

THE
LIFE
AND
STRANGE SURPRIZING
ADVENTURES
OF
ROBINSON CRUSOE,
Of YORK, MARINER:

Who lived Eight and Twenty Years, all alone in an un-inhabited Iſland on the Coaſt of AMERICA, near the Mouth of the Great River of OROONOQUE;

Having been caſt on Shore by Shipwreck, wherein all the Men periſhed but himſelf.

WITH

An Account how he was at laſt as ſtrangely deliver'd by PYRATES.

Written by Himſelf.

LONDON:

Printed for W. TAYLOR at the *Ship* in *Pater-Noſter-Row*. MDCCXIX.

초판 제목페이지

로빈슨 크루소 섬(Isla Robinson Crusoe)은 후안페르난데스 제도에서 가장 큰 섬이다. 원래 이름은 마스아티에라섬(Más a Tierra, "육지에 가까움") 또는 아과스부에나스섬(Aguas Buenas, "좋은 물")이었다. 남아메리카 대륙에서 서쪽으로 약 600 km 떨어져 있다. 아마 셀커크 사건은 디포가 소설을 쓰게 된 동기가 되었을 것이다.

이 책은 1719년 4월 25일에 출판되었다. 디포는 비교적 덜 알려진 속편인 로빈슨 크루소의 더 먼 모험(1719)을 썼다.

등장인물을 알아보자.

로빈슨 크루소	:	난파된 소설의 화자.
프라이 데이	:	크루소가 식인 풍습에서 구한 카리브해 부족민은 이후 "금요일"이라는 이름을 붙였다. 그는 크루소의 하인이자 친구가 된다.
수리	:	함께 로버 선장의 노예 탈출을 한 크루소의 하인. 그는 나중에 계약 하인으로 포르투갈 선장에게 주어졌다.
미망인	:	그가 없는 동안 그의 자산을 살펴보는 크루소의 친구.
포르투갈 선장	:	노예 제도에서 탈출한 크루소를 구출한다. 나중에 그의 돈과 농장을 도움.
스페인 사람	:	크루소에 의해 구출된 남자가 나중에 그가 섬을 탈출하도록 도와줌.
로빈슨 크루소의 아버지	:	크로이츠나어라는 상인.
로버의 선장	:	크루소를 붙잡아 노예로 만드는 샐리의 무어족 해적.
배신자 승무원	:	소설의 끝 부분에 나타나는 반란선의 구성원
야만인	:	크루소의 섬에 와서 크루소의 종교적, 도덕적 신념과 자신의 안전에 위협이 되는 식인종.

중류 가정에서 태어난 로빈슨 크루소는 안정된 생활 속에서 누리는 행복에 관해 설득시키려는 아버지의 말에 귀 기울이지 않고 가출하여 선원이 되었다.

아프리카 연안에서 무어인에게 붙들려 노예가 되지만, 거기서 도망하여 친절한 선장의 도움으로 브라질 농장에 일자리를 얻게 되었다. 그곳에서 농장주의 의뢰를 받아 흑인 노예를 구하러 아프리카로 가던 도중에 배가 파선하는 바람에 무려 28년간에 걸친 무인도에서의 생활이 시작되는 것이다. 그는 난파당한 배로부터 식량, 무기, 의류, 연장 등을 운반하여, 그것을 바탕으로 해서 자급자족의 생활을 영위하기 시작했다. 다행히도 섬에는 맹수가 없었고, 기후 또한 따사로웠고 맑은 물도 있었다. 15년째 되는 해 어느 날, 바닷가 모래밭에서 하나의 커다란 발자취를 보게 된 크루소는 깜짝 놀랐다. 계속 경계를 강화하는 가운데 2년의 세월이 흘렀고, 그 어느 날 그는 바닷가에 흩어져 있는 사람의 뼈와 손발을 보고 그 섬이 식인종들이 사는 곳임을 알고 두려움을 느끼게 되었다. 24년째가 되는 어느 날, 식인종에게 붙들린 토인을 아슬아슬한 가운데 구출해 내어 자기 하인으로 삼았다. 그날이 금요일이었기 때문에 그의 이름을 프라이 데이라고 지어 주었다. 그 뒤로 프라이 데이의 아버지와 스페인 사람 하나를 구하여 그는 고독에서 해방될 수 있었다. 27년째 되는 해에 영국 배가 기항했다. 크루소는 선장편에 서서 선원들의 반란을 진압하고 반역자들을 섬에 남겨둔 채 영국으로 돌아가게 되었다. 『로빈슨 크루소』는 현대 자본주의의 근원이 청교도의 종교적 윤리에서 나왔다는 막스 베버의 주장을 구체적으로 보여주는 대표적 예다. 경제와 종교 사이의 관계가 『로빈슨 크루소』를 이해하는 열쇠다. 청교도 디포는 '채무'의 개념을 '죄'의 개념과 동일시했다. 그의 파산 체험이 로빈슨의 난파와 상응한다는 것은 이런 이유에서다. 디포가 경제적 손실을 당했다면 로빈슨은 도덕적인 재난을 당한 것이다. 디포가 채무를 진 것처럼 로빈슨은 죄를 지었던 것이다.

소설에서 크루소는 돈벌이를 위해 식민지를 개척하고 노예무역을 한다. 이것은 도덕적으로 온당치 못한 일이다. 크루소는 자신을 구해준 포르투갈 선장에게 자신을 도와주었던 동료노예 수리(Xury)를 팔아넘긴다. 영악한 상업혼이 드러나는 부분이다. 또한 크루소는 무인도에서 신의 섭리를 확인한다. 바다에서 격렬한 폭풍을 만나지만 그 폭풍우에서 살아남는다면 충실한 그리스도인이 되어 부모의 뜻대로 집으로 돌아갈 것이라고 하나님께 약속한다. 로빈슨은 섬에서 난파된 후 극도의 고립으로 고통을 받는다. 그는 앵무새와 같은 동물에게 말을 걸지만 인간과의 접촉을 그리워한다. 그는 혼란의 시기에 위안과 인도를 찾아 그의 신인 하나님께로 향한 그는 해안을 따라 씻겨 내려간 배에서 성경을 꺼내 구절을 암기하기 시작한다. 곤경에 처했을 때, 그는 성경을 무작위로 펴서 하나님이 그를 펴서 읽게 하셨다고 믿는 구절을 읽었고, 그것은 그의 마음을 편하게 하였다. 크루소가 난파된 시기에 그는 매우 종교적이 되었고 종종 하느님께 도움을 청한다. 또한 그는 난파된 배에서 식량, 무기을 꺼내오는데 이것들은 생존을 위한 필수품들이다. 무기는 외부의 위협으로부터 자신을 보호하기 위한 것이고, 성경은 고립과 시련 속에서 정신적 버팀목으로 삼기 위한 것이다. 사료자루 부대를 털자 밀 이삭이 나오고 이를 심자 싹이 자라는 기적을 체험한다. 식량을 계속 조달할 수 있다는 점을 깨닫게 된 순간 그는 신의 섭리를 확인한다.

무인도에 밀을 심고, 영국인 반군들이 남게 되면서 이곳은 영국의 영토(식민지)가 된다. 이런 성공담을 접한 영국인들은 식민지 개척의 욕망을 계속 갖게 된다. 또한 크루소는 원주민을 '문명화'시키려 한다는 점에서 식민주의자이다. 그는 금요일에 만난 한 원주민에게 '프라이데이'란 이름을 붙여주고, 영어와 기독교를 가르치면서 그를 '문명화'시키려 한다. 원주민들을 식인종으로 취급하고, 원주민의 종교와 의식을 미신과 야만풍습으로 간주하는 것은 서구식 일방주의의 실행이다.

그는 프라이 데이에게 하나님과 천국과 지옥이 무엇인지에 대해 최선을 다해 가르치려고 노력한다. 그의 목적은 프라이 데이를 기독교인으로 바꾸고 그의 가치와 신념으로 바꾸는 것이다.

"프라이 데이는 이제 나와 함께 있고 그가 나에게 말하고 나를 이해하기 시작한 오랜 시간 동안, 나는 그의 마음에 종교적 지식의 기초를 놓고 싶지 않았다. 특히 누가 그를 만들었는지 한 번 물었다." [1]: 158

탈식민주의 관점에서 본다면 크루소는 자급자족하는 위대한 모험가가 아니다. 그를 영웅으로 미화시키는 것 자체가 문제가 된다. 크루소는 자신과 원주민 사이의 차이를 부각시키면서 자신의 우월성, 좀 더 넓게는 백인문명과 기독교문명의 우월성을 드러낸다. 디포는 이런 식민담론을 텍스트 속에서 구현하고 있는데, 비서구 독자 입장에서는 작품 속에 내재한 이런 식민담론을 비판적으로 읽어낼 필요가 있다. 여기에 드러난 원주민을 지배하는 방식과 식민지를 만드는 과정은 19세기 말에서 20세기 초에 이르는 식민주의의 속성을 잘 예증한다. 그 주요 속성으로는 원주민을 노예로 만들기, 식민지 영토 확보, 원주민 노동력 착취, 주인의 언어(영어)와 종교(기독교) 보급을 통한 권력인 헤게모니 장악을 꼽을 수 있다.

다니엘 디포와 프라이 데이를 식민화 하는 크루소

단순한 내러티브 스타일에도 불구하고 『로빈슨 크루소』는 문학계에서 호평을 받았으며 종종 문학 장르로서 사실주의 소설의 시작을 알리는 것으로 인정받고 있다. 1719년이 끝나기 전에 이 책은 이미 4판이 발행되었으며 역사상 가장 널리 출판된 책 중 하나가 되어 문학뿐만 아니라 영화, 텔레비전, 라디오에서도 너무 많은 모방을 낳았기 때문에 그 이름은 장르를 정의하는 데 사용된다. "Robinsonade"라는 용어는 Robinson Crusoe와 유사한 이야기의 장르를 설명하기 위해 만들어 졌을 정도다. 같은 이름의 영화가 개봉되기도 하고 사회, 문화, 경제적으로 영향을 준 분야가 많다.

고전, 신고전주의 및 오스트리아 경제학에서 이 소설은 무역, 돈, 가격이 없는 생산 및 선택 이론을 설명하기 위해 일반적으로 사용된다. 크루소는 생산과 여가 사이에 노력을 할당해야 하며 자신의 필요를 충족시키기 위해 대체 생산 가능성 중에서 선택해야 한다. 프라이 데이는 무역의 가능성과 그로 인한 이익을 설명하는 데 사용되고 있다.

로빈슨 크루소 프랑스판 삽화

『로빈슨 크루소』 7년 후에 출판된 조나단 스위프트의 걸리버 여행기는 인간의 능력에 대한 디포의 낙관적인 설명에 대한 체계적인 반박으로 읽을 수 있다.

19세기 말까지 서양 문학사에서 로빈슨 크루소보다 더 많은 판본, 스핀오프 및 번역본이 있는 책은 없었으며, 그림동화 같은 어린이 버전을 포함하여 700개 이상의 다른 버전의 작품이 있다.

책속에 책 **더 읽어 보기**

인어이야기

인간의 머리와 상체, 물고기의 꼬리를 가진 전설적인 해양 생물로 신성한 또는 반 신성한 존재로 고대 신화에 나타난다. 바다의 신이나 물의 정령을 의인화해서 총칭한 것을 머피플(merpeople- 바다인간)이라 한다. 남자인 경우는 mermen, 소년은 merboy, 여자인 경우는 merwomen, 그보다 나이 적은 소녀인 경우는 mermaid라고 한다. 우리나라에서는 보통 인어(人魚)라고 부르고 있는데 이는 적절한 말이 아니다. 정확히 하자면 바다 소녀나 인녀가 더 맞을 수도 있다. 지역마다 인어의 의미와 이름은 다양하다.

유럽 민속에서 인어(때로는 사이렌 또는 세이렌이라고도 함)와 인어는 요정처럼 마법과 예언의 힘을 가진 자연적 존재였다. 그들은 음악을 좋아했고 종종 노래를 불렀다. 그들은 매우 오래 살았지만 필멸의 존재였으며 영혼이 없었다. 19세기 중반 이전까지 뱃사람들은 매너티와 듀공을 인어로 생각했다. 민속학에서 인어는 여성 인간의 머리와 상체와 물고기의 꼬리를 가진 수생 생물이다. 인어는 유럽, 아시아 및 아프리카를 포함한 전 세계 여러 문화의 민속에 나타낸다. 인어는 때때로 홍수, 폭풍, 난파선 및 익사와 같은 위험한 사건과 관련이 있다. 다른 민속 전통에서 그들은 자비롭거나 혜택을 주거나 인간과 사랑에 빠질 수 있다.

존 윌리엄 워터하우스, 인어(1900)

인어에 대한 전통과 목격은 인어의 전통보다 덜 일반적이지만 일반적으로 여성과 공존하는 것으로 간주된다. 하지만 남성 여성인어가 모두 존재한다고 본다. 인어를 아름답고 매혹적인 가수로 보는 서양의 개념은 원래 기독교 시대에는 반쯤 물고기와 같은 것으로 묘사된 그리스 신화의 사이렌의 영향을 받았을 수 있다. 크리스토퍼 콜럼버스가 카리브해를 탐험하는 동안 보고한 것과 같은 인어에 대한 역사적 설명은 바다소나 이와 유사한 수생 포유류를 목격했을 수 있었다. 인어가 민속 외부에 존재한다는 증거는 없지만 인어 목격에 대한 보고는 오늘날까지 계속되고 있다.

인어는 한스 크리스티안 안데르센의 문학 동화 "인어공주"(1836)와 같이 최근 몇 세기 동안 예술과 문학의 인기 있는 주제였다. 이런 주제는 이후 오페라, 그림, 책, 만화, 애니메이션 및 실사 영화에서 묘사되었다. 많은 민담은 인어와 남성 사이의 결혼을 기록했다. 대부분의 경우 남자는 인어의 모자나 벨트, 빗이나 거울을 훔친다. 물건이 숨겨져 있는 동안 그녀는 그와 함께 산다. 잃어버린 것들을 발견하면 그녀는 즉시 바다로 돌아간다.

그녀들은 때로는 친절하기는 하지만, 인어는 대개 인간에게 위험했다. 그들의 선물은 불행을 가져 왔고, 기분을 상하게 하면 홍수나 다른 재난을 일으켰다. 항해중에 인어를 목격하면 난파의 징조였다. 그들은 때때로 라인강의 로렐라이처럼 사람들을 유인하거나 영국 콘월의 젠노르 교회의 벤치에 이미지가 새겨진 인어처럼 젊은이들을 물속에서 함께 살도록 유혹했다.

사이렌은 초기 그리스 시대에는 인간의 머리를 한 새의 형태로 묘사되었다. 사이렌의 부분 물고기 모양은 중세 시대에 점점 인기를 얻었다. 중세 사이렌이 새에서 물고기로 바뀌는 것은 튜턴 신화의 영향이었다고 여겨진다. 쉽게 말해 인어는 모든 문화와 문명의 이야기에 등장하며 여성 인간의 머리와 몸통과 물고기의 꼬리가 달린 전설의 동물이다. 반 여자와 반 물고기로 이들은 수생 생물이었다. 그들은 부드럽고 자비롭고 성격이 그렇게 악하지 않았고 온화하고 자비로운 본성 때문에 그들은 항상 인간을 도왔다. 그에 반해 사이렌은 그리스 신화에서만 나타나며 여자의 머리를 가진 새들로 표현되었다. 반은 새, 반은 인간이며 수생 생물이 아니었다. 그들은 악한 의도와 본성을 가지고 있었고 선원을 최면술을 사기 위해 노래를 부르며 익사를 일으켰다. 사이렌의 어원은 '끈으로 묶다'라는 뜻을 가진 단어인 'Seirazein'이라는 설이 가장 일반적이다. 이러한 세이렌이라는 단어는 영어 사이렌(Siren)의 어원이 되었다는 것은 잘 알려진 사실 중 하나다. 사이렌의 의미는 경보, 신호라고 할 수 있는데, 이외에도 다른 뜻으로는 괴이한 미녀, 마녀, 남자를 유혹하는 여자 등의 뜻이 있다. 이러한 뜻은 세이렌으로 묘사되는 특성과 일치한다. "사이렌"이란 단어는 소리를 내는 경보음 장치 사이렌과 같은 말이다. 사이렌이라는 마녀의 소리가 들리면 위험해진다는 그리스 신화에 착안하여 이 장치의 발명자인 프랑스의 투르(Charles Cagniard de la Tour, 1777-1859)가 붙인 이름이다.

바다에서 수영하는 사이렌

문학 및 신화에서도 그러하듯 사이렌의 상징은 여성의 유혹이나 속임수 등을 상징한다. 이러한 이유는 섬에 선박이 가깝게 다가오면 사이렌의 아름다운 노랫소리로 선원들을 유혹하여 바다에 뛰어드는 충동을 일으켜 죽게 만드는 잔혹한 힘을 가졌기 때문이다. 특히 사이렌이 여울목, 암초 등에 거주하는 이유도 매혹적인 노랫소리로 유인한 선박들이 난파당하기 가장 쉬운 장소이기 때문이다.

고대 중동 신화에 등장하는 쿨룰루(아시리아 신화에 등장하는 물고기 여인, "물고기 여자"를 의미하는 kulilitu에서 파생)는 인간의 상체와 물고기의 꼬리를 가진 개체로 묘사되어 고대 바빌로니아 시대 이후의 메소포타미아 예술 작품에서 나타난다. 기념비적인 조각품과 작고 보호적인 인형으로 제작되었다.

쿨룰루: 비다의 거인 와다의 어머니

『오디세이아』를 보면 트로이 전쟁의 용사 오디세우스가 사이렌의 아름다운 노랫소리를 듣고 싶어서 동료들의 귀를 밀랍으로 막게 하고 자신은 배 마스트에 몸을 묶었다고 한다. 마녀 키르케가 오디세우스에게 사이렌을 피하는 방법을 이야기해준 대로였다. 사이렌의 아름다움과 마법을 다른 마녀가 저지한 셈이다. 그러나 키르케 또한 유혹의 대명사인 동시에 남자를 파멸시키는 여인으로 등장한다.

서유럽에서 인어 멜루신(Melusine)은 유럽 민속의 인물로, 거룩한 우물이나 강에서 사는 여성을 뜻한다. 그녀는 일반적으로 허리 아래에서 뱀이나 물고기로 두 개의 꼬리를 가진 여성으로 묘사된다. 그녀의 전설은 특히 프랑스, 룩셈부르크 및 저지대의 북부 및 서부 지역과 관련이 있다. 멜루신은 유럽 민속에 나오는 인어 같은 캐릭터로, 허리부터 뱀의 형태를 취하는 저주를 받았다. 이후 이것을 물고기 꼬리로 바꾸었고, 문학에서 그녀의 이름은 때때로 두 개의 꼬리를 가진 인어에게 사용되었다. 결국 유명한 문학 인어 이야기인 한스 크리스티안 안데르센의 동화 "인어공주" 탄생의 모티브가 되었다.

오디세이아에 등장하는 사이렌

중국에서는 인어 종족은 기원전 4세기부터 시작된 중국 지리와 신화와 관련된 책 산해경(Shanhaijing)에 등장한다. “chiru” 또는 "red ru fish"와 같은 여러 유형의 인간 머리 물고기와 렌유(人魚)라 불리는 "인간 물고기"와 같은 인간과 같은 특성을 가진 생물을 묘사했다. 이후 하이렌유(海人魚; "바다 인간 물고기")라 불리고 그 종류의 암컷은 아름다운 여자와 같은 머리, 말의 꼬리 같은 머리카락, 비늘이 없는 옥과 같은 하얀 피부, 여러 가지 빛깔의 솜털 (또는 복숭아 솜털)로 덮여 있고 다리가 없었다. 수컷과 암컷은 인간과 같은 성기를 가지고 있었기 때문에 인간처럼 또는 인간과 정상적으로 관계를 가질 수 있었다.

일본에서는 인어를 닌교(人魚)라 하며 "반은 여자이고 반은 물고기 멋진 생물"로 묘사하며 인어는 반드시 여성이 아닐 수도 있다고 한다. 사전에는 반쯤 여자 반 물고기의 모습을 하고 있다고 나와 있지만, 이 생물은 완전히 물고기와 같은 몸에 인간 여성 머리가 앉아 있는 존재로 묘사되었다.

인도 힌두교에서 수반나마차(Suvannamaccha, 황금 인어)는 캄보디아와 태국 버전의 라마야나에 등장하는 라바나의 딸이다. 그녀는 랑카로 가는 다리를 건설하려는 하누만의 계획을 망치려 하지만 대신 그와 사랑에 빠지는 인어 공주다. 인도네시아의 자바 문화에서 Nyai Roro

일본의 닌교

Kidul은 바다의 여신이자 남해의 여왕이다. 인어 여왕은 자바의 남쪽 해변에 서식한다. 그녀는 외형을 변형시킬 수 있고 인어 모습일 때 Nyai Blorong이라고 불린다.

수반나마차와 하누만, 방콕 왓프라깨우의 벽화

필리핀의 타갈로그어에서 인어는 각각 시레나와 시오코이로 표기된다. 또한 인어 개념이 인종 그룹마다 다르다. 비날라통간족에서 인어는 한동안 인류를 지배한 바다의 여왕이고 일로카노족 사이에서 인어는 물의 신인 리타오의 결합을 통해 번식하고 퍼졌다고 한다. 비콜라노족 사이에서 인어는 아름다운 목소리와 사악한 성격으로 유명한 마긴다라(Magindara)라고 불렸다. 삼발족 사이에서 맘부부노라고 불리는 인어는 지느러미가 하나가 아닌 두 개가 있는 것으로 묘사된다.

뉴질랜드에서는 인어는 마오리 신화의 잘 알려진 이야기인 "암초의 파니아" 신화의 등장인물로, 세계 다른 지역의 바다 사람들의 이야기와 많은 유사점을 가지고 있다.

아프리카 민속에서 마미 워터 (물의 어머니)는 서부, 중부 및 남부 아프리카와 카리브해의 아프리카 디아스포라와 북미, 중미 및 남미 일부에서 숭배되는 물의 정령이다. 그들은 보통 여성이지만 때로는 남성이다. 그들은 악마적인 존재로 간주되며 종종 사람들을 죽음으로 유인한다. 페르시아어 "پری دریایی" 또는 "마넬리"는 "인어"를 의미한다.

짐바브웨에서는 인어를 "njuzu"로 알려져 있습니다. njuzu는 자비롭거나 악의적일 수 있다. 호수나 강 근처에서 사람이 실종되면 njuzu에 의해 잡혀 갔다고 생각한다. 제물로 맥주를 njuzu에게 받쳐 돌려달라고 요청한다. njuzu가 사람을 풀어 주면 약초, 약용 식물 및 치료법에 대한 지식을 가진 전통 치료사가 된다고 생각한다.

아라비아 천일야화에는 "바다에서 태어난 줄라나르와 그녀의 아들 페르시아의 바드르 바심 왕

"과 같은 "바다 사람들"에 등장하는 여러 인어 이야기가 포함되어 있다. 다른 신화의 인어 묘사와 달리 이들은 육지에 갇힌 인간과 해부학적으로 동일하며 숨을 쉬고 수중에서 사는 능력만 다르다. 그들은 육지 인간과 교배 할 수 있으며 그러한 결합의 아이들은 수중에서 살 수 있는 능력을 가지고 있다. "어부 압둘라와 인어 압둘라"라는 이야기에서 주인공 어부 압둘라는 수중에서 숨을 쉴 수 있는 능력을 얻고 육지 사회의 거꾸로 된 모습으로 묘사되는 수중 사회를 발견한다. 수중 사회는 돈과 의복과 같은 개념이 존재하지 않는 원시 공산주의의 한 형태를 따른다. "Bulukiya의 모험"에서 주인공 Bulukiya는 불멸의 약초를 탐구하여 바다를 탐험하고 인어 사회를 만난다.

미국 카리브해의 지역에서는 여신 재규어의 속성과 히비스커스 꽃을 가진 아이카이아라는 인어가 있다고 여긴다. 현대 카리브해 문화에는 인어가 부와 아름다움을 상징한다고 여기고 있다.

브라질 민속에서 mãe-d' agua (물의 숙녀 또는 물의 어머니)라고도 알려진 iara는 아름다운 인어가 있다. Iara는 강에 살면서 최면과 매혹적인 목소리로 노래하면서 남자를 유혹하는 금발의 파란 눈을 가진 아름다운 백인 여성이다. 남자가 유혹을 받으면 강으로 끌려가 영원히 사라진다. Iara는 유럽 사이렌 인어의 이미지와 흡사하다.

대탐험 시대의 유럽 사람들에 의해 인어의 신화를 전파됐고 회화를 통해 해적시대에 인어의 이미지가 바다의 아름다운 요괴로 굳어졌다.

1895년부터 1905년까지 라파엘 이전의 화가 존 윌리엄 워터 하우스 (John William Waterhouse)에 의해 인어가 그려졌다. 후기 영국 아카데미 스타일의 예술작품이 이 그림은 상당한 찬사를 받으며 데뷔했지만(왕립 아카데미의 회원으로서 워터하우스의 자리를 확보함) 개인 소장품으로 사라져 1970년대까지 다시 등장하지 않았다. 워터하우스의 인어는 그녀를 유혹하는 상징으로 묘사하기 위해 인어의 전형적인 도구인 빗과 거울로 그녀의 머리를 손질하고 그녀의 빨간 머리를 강조하고 있다. 일종의 언어로 묘사하여 팜므파탈을 대표하여 사람들을 매료시켰다. 현대에는 "사이렌"이라는 단어가 팜므파탈의 동의어로 사용된다. 현재 이 작품은 앤드류 로이드 웨버 화랑에 있다.

문학에서 인어의 가장 잘 알려진 예는 아마도 1837년에 처음 출판 된 한스 크리스티안 안데르센의 동화 "인어 공주"일 것이다. 인어왕의 딸 중 막내 공주는 인간 왕자와 사랑에 빠지고 수

명이 짧음에도 불구하고 인간과 같은 영원한 영혼을 갈망한다. 두 가지 갈망은 서로 얽혀 있다. 진정한 사랑을 성취함으로써 그녀의 영혼은 인간의 영혼과 결합되어 영원해질 것이었다. 그러나 인어의 물고기 꼬리는 인간을 유혹하는 데 극복 할 수 없는 걸림돌이 되고, 바다 마녀는 대가(인어의 혀와 아름다운 목소리)로 인간의 형태로 변신할 수 있는 물약을 제공한다. 인어는 인간의 다리를 가진 극심한 고통을 견뎌내고, 말을 할 수 없음에도 불구하고 왕자와 결혼하는 데 거의 성공하지만 운명의 반전을 겪는다. 인어는 결혼식 밤에 마법의 칼로 왕자를 찔려야 할 운명이었다. 그녀는 그를 해치는 것을 거부하고 죽어 거품으로 녹는다. 그러나 그녀의 이타심은 그녀에게 구원의 두 번째 기회를 얻고 그녀는 공기의 영으로 부활한다.

안데르센의 작품은 100개 이상의 언어로 번역되었다. 안데르센의 인어에 대한 주요 문학적 영향 중 하나는 인간과 결혼해야만 불멸의 영혼을 얻을 수 있는 물의 요정에 관한 초기 독일 중편소설인 운디네(Undine)였다. 안데르센의 여주인공은 코펜하겐 항구의 청동 조각에 영감을 주었고 오스카 와일드의 "어부와 그의 영혼"과 H.G. 웰스의 "바다 여인"과 같은 서양 문학 작품에 영향을 미쳤다.

수 몽크 키드(Sue Monk Kidd)는 성스러운 세 나라의 전설과 인어전설 바탕으로 한 "인어의자"라는 책을 썼고. 인어를 소재로 한 음악 작품 중 가장 유명한 것은, 펠릭스 멘델스존의 "Fair Melusina" 전주곡과 리하르트 바그너의 니벨룽의 반지 내 '라인강의 딸들'도 있다. 로렐라이는 하인리히 하이네 시에서 불멸의 라인강 인어의 이름은 사이렌의 동의어가 되었다. "눈물을 흘리는 인어"는 대만 작곡가 Fan-Long Ko의 오케스트라 작품이다.

바르샤바 문장의 시렌카

문장학에서 인어는 종종 빗과 거울을 든, '도도한' 금발 머리의 여인으로 등장한다. 폴란드의 수도 바르샤바의 문장에는, 방패와 칼을 든 인어(시렌카)가 그려져 있다. Syrenka는 바르샤바의 수호자로 간주 된다.

버지니아주의 노퍽 시 역시 시의 상징으로 인어를 사용하며 시 주관 예술프로젝트 때는 다양하게 장식된 인어상이 도시 전역에 전시된다. 버뮤다의 수도 해밀턴 시 전역에 걸려 있는 문장도 인어 그림을 사용한다. 미카엘 장, 캐나다 총독, 심비 일가의 문장, 서포터에도 인어가 들어가 있다. 부두교에는 인어와 흡사한 영적 존재가 등장한다. 인어는 신화나 전승 외에 대중 매체에서도 종종 등장한다.

대표적인 것으로 안데르센이 쓴 동화를 기초로 만든 월트 디즈니의 캐릭터와 스타벅스 커피 체인점의 로고(별 아래 왕관을 쓴, 두 갈래 꼬리를 지닌 인어)를 들 수 있다. 디즈니의 작품에서 인어의 속성은 두 가지로 그려지고 있는데, 하나는 물속에서 '어린 아이'로 지내는 것이고 다른 하나는 물 밖으로 나와 '두 발로 스스로 서는' 어른이 되는 것이다. 애니메이션의 대부분 장면에서 여주인공 아리엘은 두 세계 사이에서 갈등한다. 스타벅스 로고의 인어는 타로(Tarot- 서양에서 오컬트적 상징 및 점술을 위한 도구)점에 쓰이는 '별' 카드에 그려진 인어에서 따온 것이다(스타벅은 허먼 멜빌이 쓴 모비딕에 나오는 등장인물의 이름이기도 하다). 스타벅스 창업주 하워드 슐츠는 사이렌이 뱃사람을 홀리는 것처럼, 사람들을 홀려서 커피를 마시게 하겠다는 의미를 담아 로고 심벌마크로 사이렌을 선택했다고 한다.

일본의 만화 및 애니메이션 원피스에서는 인어족 뿐 만 아니라 상반신이 물고기인 어인족도 등장한다. 원피스 세계에서는 인어족과 어인족 둘 다 남녀가 있다.(한 예로 인어와 어인이 결혼하면 남자 어인, 남자 인어, 여자 어인, 여자 인어가 태어날 수 있다고 한다.) 영화 미란다(1948), 나이트 타이드 (1961), 로맨틱 코미디 스플래시 (1984), 아쿠아마린 (2006)에서도 인어의 이미지가 가장 큰 주제이다. 앞서 언급한 영화 “캐리비안의 해적: 낯선 조류”는 인어에 대한 오래된 신화와 새로운 신화를 혼합했다. 선원들에게 노래를 불러 죽음으로 유인하고, 마른 땅에 데려갈 때 다리가 자라고, 마법의 치유력으로 키스를 한다. 또한 미야자키 하야오의 포뇨는 인간 친구 소스케의 도움으로 인간 소녀가 되고 싶은 닌교에 관한 애니메이션 영화다.

인어의 조각품과 동상은 많은 국가와 문화에서 찾을 수 있으며 전 세계적으로 130개 이상의 공공 예술 인어 동상이 있다. 공공 예술 인어 조각품이 있는 국가에는 러시아, 핀란드, 리투아니아, 폴란드, 루마니아, 덴마크, 노르웨이, 영국, 스코틀랜드, 아일랜드, 독일, 네덜란드, 벨기에, 프랑스, 스페인, 이탈리아, 오스트리아, 스위스, 그리스, 터키, 인도, 중국, 태국, 한국, 일본, 괌, 호주, 뉴질랜드, 브라질, 에콰도르, 콜롬비아, 멕시코, 케이맨 제도, 멕시코, 사우디아라비아(제다), 미국 (하와이 및 미국령 버진 아일랜드 포함) 및 캐나다다. 이 인어 상 중 일부는 도시나 국가의 아이콘이 되었으며 그 자체로 주요 관광 명소가 되었다. 앞서 말 한 코펜하겐의 인어

공주 동상은 덴마크뿐만 아니라 그 도시의 아이콘이다. 하비스 아만다 동상(Havis Amanda)은 헬싱키시의 재탄생을 상징하기도 한다.

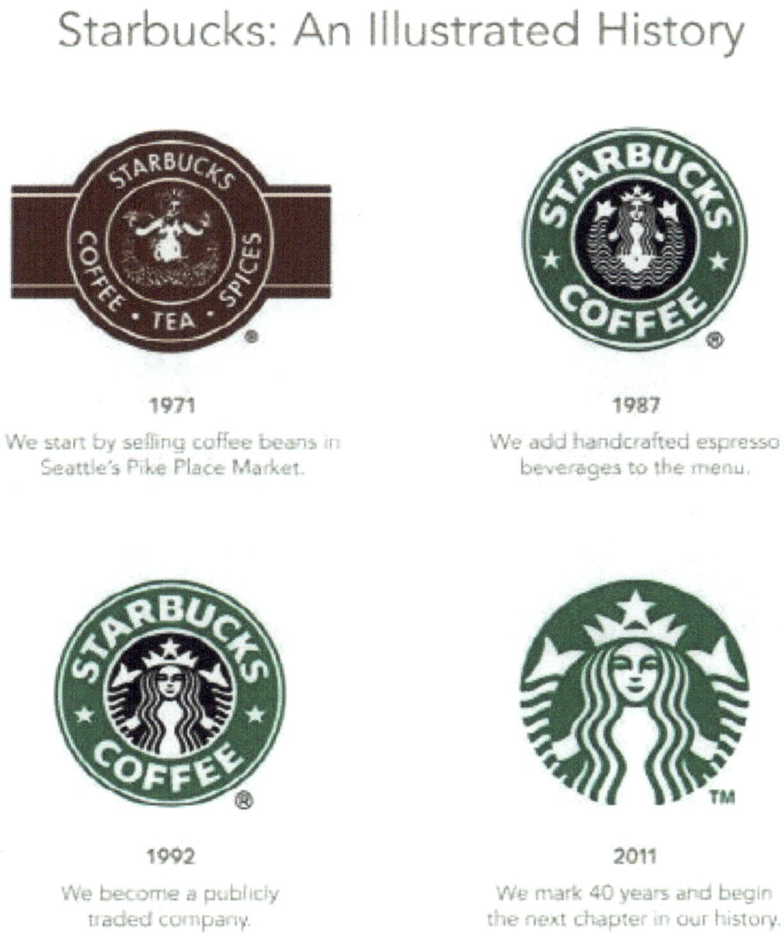

스타벅스 로고 이미지 변화

하비스 아만다는 빌레 발그렌(Ville Vallgren)의 작품 중 하나다. 청동으로 주조된 이 작품은 화강암으로 만든 분수 위에 놓여 있다. 조각품은 물에서 올라올 때 해초 위에 서 있는 인어의 모습이며, 네 마리의 바다사자에 둘러싸여 네 마리의 물고기가 그녀의 발에 물을 뿜어내고 있다. 상의 높이는 1.94미터(6피트 4인치)이고 받침대의 높이는 5미터(16피트)이며 동상의 모델은 당시 19세의 파리 여성인 Marcelle Delquini 였다.

인어공주 코펜하겐의 동상/ Havis Amanda 동상

더 생각해 보기

1. 해양 문학 작품 속에서 나온 모티브와 벤치마킹(bench-marking)이 된 또 다른 전 산업분야에 적용된 키워드와 문화콘텐츠에 대해 알아보고 논의해 보자.

2. 학습한 내용을 바탕으로 해양시를 작성하여 시의 주제와 의미 및 의의를 기존 해양시와 분석해 해양시의 적용범위를 연구해보자.

참고문헌

[1] 강전섭(1981). 이방익(李邦翼)의 표해가(漂海歌)에 대(對)하여. 한국언어문학 20

[2] 강봉룡, 김경옥 외 3명 (2007). 해양사와 해양문화. 경인문화사

[3] 강봉룡 (2008). 해양인식의 확대와 해양사. 역사학보 200, 67-97

[4] 강정숙 (1991), 한국 근대시에 나타난 서구 지향성과 전통 지향성의 변모양상 연구. 국내석사학위논문 건국대학 교육대학원

[5] 강은정 (2020). 이어도 해양경계획정과 해양주권 국민인식 확산 방안. 2016 년과 2020 년 국민인식조사 비교 분석. 평화학연구 21.4, 301-323

[6] 구모룡 (2002). 해양 인식의 전환과 해양문화. 부산광역시 해양수도 21, 26-49

[7] 김남석 (2018). 해양문화와 영상문화. 이담북스

[8] 김동철 (2014). 부산 해양축제의 시공간적 형태와 변화 특성 연구. 국내석사학위논문 부산대학교 대학원

[9] 김명희 (1982). 박재삼 시론 - 바다와 저승의 이미지. 새 국어교육

[10] 김소영 (2013). 영화 속 등대의 상징 분석과 콘텐츠 활용방안 연구. 글로컬 창의문화연구 3, 48-64

[11] 김영돈 (1983), 제주도민요연구, 조약돌

[12] 김종규, 김정현 (2021). 해양공간정보학. 전남대학교출판문화원

[13] 김선태 (2012), 목포해양문학의 흐름과 과제. 도서문화 40, 261-288

[14] 김상구 (2011). 부산광역시 해양문화 발전방향에 관한 시론적 연구. 한국지방정부학회 학술대회자료집, 105-121

[15] 김성귀,박수진 (2010). 국제 해양 주도권 확대 방안 연구. 한국해양수산개발원

[16] 김성민 (2021). 해양인문학연구 〈해양인문학의 정의와 적용분야를 중심으로〉. 국내박사학위논문 부경대학교 대학원

[17] 김성준 (1999). 세계에 이름을 남긴 대항해자들의 발자취. 신서원

[18] 김성준 (2001). 유럽의 대항해시대. 신서원

[19] 김성준 (2003). 영화로 읽는 바다의 역사. 혜안
[20] 김성준 (2007). 해양탐험의 역사. 신서원
[21] 김성준 (2009). 영화에 빠진 바다. 혜안
[22] 김성준 (2014). 해양과 문화. 문현
[23] 김성준 (2015). 서양항해선박사. 혜안
[24] 김성준 (2014). 한국항해선박사. 문현
[25] 김성준 (2015). 역사와 범선. 교우미디어
[26] 김성준 (2019). 대항해시대. 문현
[27] 김성희 (2010). 한국 해양극문학의 '바다' 연구. 국내석사학위논문 원광대학교 일반대학원
[28] 김순제 (1982). 한국의 뱃노래. 호악사
[29] 김승수 (2007), 정보자본주의와 대중문화산업, 한울 아카데미
[30] 김열규 (1998). 한국인의 해양의식. repository.kmou.ac.kr, 1-45
[31] 김정흠 (2001). 중고생을 위한 해양과학 이야기. 연구사
[32] 김지은 (2019). 해양환경교육의 관점에서 해양박물관의 의미. 한국환경교육학회 학술대회 자료집, 165-170
[33] 김창겸 (2017). 신라 문무왕 (文武王) 의 해양의식 (海洋意識). 탐라문화 56, 117-14
[34] 김학민 (2010). 블루 캔버스(바다보다 더 매혹적인 바다그림 이야기). 생각의나무
[35] 김홍섭 (2011). 해양강국 실천을 위한 행정조직 부활의 필요성 연구. 한국항만경제학회지 27.4. 313-346.
[36] 김홍섭 (2010). 우리나라 새로운 해양문화의 도입과 확장 전략에 관한 연구. 한국항만경제학회지 26.4. 269-288
[37] 김혜영 (2008). 지속가능한 해양관광지 개발 연구." 국내박사학위논문 경기대학교 일반대학원
[38] 나승만, 신순호 외 3명 (2007). 해양생태와 해양문화. 경인문화사

[39] 남송우 (2013). 해양 인문학의 모색과 해양문화콘텐츠의 방향. 해안과 해양 6.2, 24-27

[40] 남진숙, 이영숙 (2019). [玆山魚譜] 의 해양생태인문학적 가치와 융합연구 제언. 문학과 환경 18.2, 139-174

[41] 류민영(1982). 한국현대희곡사. 홍성사

[42] 류인숙 (1984). J.M.W.Turner의 繪畵연구. 국내석사학위논문 홍익대학교

[43] 마광 (2016). A Legal Study on the Chinas practice of marine legislation. 국제법무 8.1, 239-257

[44] 마츠다 히로유키 (2015). 해양보전생태학 (현명한 바다 이용). 자연과생태

[45] 미에다 히사키, 콘도 타케오 외 1 (2012). 바다와 해양건축 (21세기에는 어디에서 살 것인가?). 기문당

[46] 박경하 (2019). 21세기 해양 생활사 연구 동향과 방향. 역사민속학 57, 7-23

[47] 박대석 (2015). 해양 어메니티를 활용한 대지미술 사례연구: 모래조각을 중심으로. 도서문화 45, 239-273

[48] 박성쾌(2011). 해양과 육지의 통합 철학에 대한 제언. 계간 해양수산 2, 30-32

[49] 박이문 (2004). 사유의 열쇠, 창비

[50] 박인태 (1997). 해양자원과 활용. 학문사

[51] 박홍균.(2018) 해양산업에서 해양관광의 트랜드 분석. 해운물류연구 34.3 473-488

[52] 변동명 (2010). 여수해양사론. 전남대학교출판부

[53] 변지선 (2021). 해양관련 구술채록 기록물 활용 빅데이터 연구 시론. 문화와 융합 43. 851-866

[54] 백종현 (2004). 철학의 주요 개념 1 · 2. 서울대 철학사상연구소

[55] 서애영 (2012). 등대를 활용한 해양문화콘텐츠 활성화 방안 연구. 국내석사학위논문 건국대학교 대학원

[56] 손동주,서광덕 (2021). 동북아해역인문학 관련 연구의 동향과 전망 - 부경대 HK+사업단 아젠다 연구와 관련하여. 인문사회과학연구 22.1, 115-140

[57] 손율 (2019). 바다풍경을 통한 심상적 표현 연구. 국내석사학위논문 경북대학교 대학원
[58] 심경훈 (2000). 바다에 관한 회화적 이미지 연구. 국내석사학위논문 중앙대학교 대학원
[59] 신정호 (2009) 한중 해양문학연구 서설:'해양인식'의 기원과 '해양문학'범주. 중국인문학회 학술대회 발표논문집, 353-363
[60] 신정호 (2012). 한중 해양문학 비교 연구 서설-시론 (試論)적 접근. 도서문화 40, 289-320
[61] 아키미치 토모야 (2005). 해양인류학. 민속원
[62] 양구어전(楊國楨) (2010).해양인문사회과학 되돌아보기. 해양도시문화교섭학 vol3, 225-251
[63] 옥태권 (2006). 해양소설의 이해. 전망
[64] 엄태웅, 최호석 (2008). 해양인문학의 가능성과 과제. 동북아 문화연구, 17, 159-178
[65] 알프레드 베게너 (2010). 대륙과 해양의 기원. 나남
[66] 오어진, 오성찬 (2013). 해양소설의 서사 전략 연구. 인문학연구 15, 171-193
[67] 옥태권 (2004). 한국 현대 해양소설의 공간의식 연구. 동남어문논집, 211-239
[68] 유민영 (1982). 한국현대희곡사. 홍성사
[69] 윤명철 (2014). 한국해양사. 학연
[70] 윤선영 (2010). 세계박람회 테마관 전시 콘텐츠 및 연출에 관한 연구-여수세계박람회
[71] 해양산업기술관을 중심으로. 정보디자인학연구 15, 131-140
[72] 윤수진 (2011). 바다를 주제로 한 회화표현 연구 - 본인작품을 중심으로-." 국내석사학위논문 영남대학교 대학원
[73] 윤정임 (2014). 「바다의 편지」에 나타난 최인훈의 예술론. 국내석사학위논문 숙명여자대학교 교육대학원

[74] 윤옥경 (2006). 해양 교육의 중요성과 지리 교육의 역할. 대한지리학회지 41, 91-506

[75] 윤일 (2017) 일본문학의 해양성 연구: 일본 해양문학 담론에 나타나는 '해양성'. 동북아 문화연구 51, 467-477

[76] 윤치부 (1994) 한국해양문학연구(韓國海洋文學研究). 학문사

[77] 윤홍주, 김성민 (2021). 해양인문학의 이해. 인터비전

[78] 원용태, 이말례, 노효원, 곽훈성 (2008). 해양 에듀테인먼트 게임의 개발과 활용. 한국컴퓨터게임학회논문지. vol 2008, 37-46

[79] 이경란 (2016). 용신 (龍神) 신앙을 통해 본 해양종교문화. 동북아시아문화학회 국제학술대회 발표자료집, 462-466

[80] 이경호 (2002). 한국의 해양화와 부산의 전망. 국제해양문제연구 13.1, 205-215

[81] 이동근, 한철환, 엄선희(2003). 역사와 해양의식: 해양의식의 체계적 함양방안 연구. 연구보고서, 1-219

[82] 이석용 (2007). 국제해양분쟁해결. 글누리

[83] 이석우 (2004). 해양정보 130가지. 집문당

[84] 이윤선 (2007). 해양문화의 프랙탈, 竹幕洞 水聖堂 포지셔닝. 도서문화 30, 85-129

[85] 이원갑(2010). 해양관광 활성화를 위한 해양문화콘텐츠 활용방안 연구. 연구보고서, 1-165

[86] 이응백, 김원경, 김선풍(1998). 국어국문학자료사전. 한국사전연구사

[87] 이재우 (2019). 영미 해양문학산책. 문경출판사

[88] 이초희 (2013). 해양교육 정책도구가 해양의식수준에 미치는 영향. 세계해양발전연구 22, 245-275

[89] 임세권(1994). 한국 선사시대 암각화의 성격. 국내박사학위논문 단국대학교대학원

[90] 임환영 (2015). 아리랑 역사와 한국어의 기원. 나남

[91] 조선화 (2009). 복합문화공간의 특성을 적용한 박물관 공간계획. 국내석사학위논문 국민대학교 디자인대학원

[92] 조숙정 (2014). 바다 생태환경의 민속구분법. 국내박사학위논문 서울대학교 대학원
[93] 정규상, 이현성 외 1명 (2013). 해양 공간디자인. 미세움
[94] 장이브 블로 (1998). 해양고고학 (암초에 걸린 유물들). 시공사
[95] 전망편집부 (2017). 해양과 문학 20호. 전망편집부
[96] 정승건 (1999). 해양정책론. 효성출판사
[97] 정해상 (2017). 해양과학과 인간. 일진사
[98] 조정희 (2020) 해양성의 기표를 통한 바다 이미지 변천에 관한 연구:〈갯마을〉과 〈명량〉을 중심으로. 영화연구 85, 355-382
[99] 주수완 (2016). 반구대 암각화 고래도상의 미술사적 의의. 강좌 미술사 47, 89-107
[100] 재단법인해양문화재단 (2000). 우리나라 해양문화. 실천문학사
[101] 채동렬 (2017). 해양자원의 웰니스 산업적 이용가능성과 해외치유관광 개발 전략. 해양관광연구 10, 65-81
[102] 최성두, 우양호 외 1명 (2013). 해양문화와 해양 거버넌스. 도서출판선인
[103] 최복주 (1993). 정지용의 〈바다시〉 연구. 국내석사학위논문 공주대학교
[104] 최성애 (2016). 한・중・일 해양교육 현황과 시사점: 학교 해양교육을 중심으로. 연구보고서, 7-41
[105] 최영호(1998). 국민해양의식 고취와 교육문제. 해양문화연구, vol 24, 39-56
[106] 최형태, 김웅서 (2012). 해양과 인간. 한국해양과학기술원
[107] 하세봉 (2019). 조공시스템론과 그 이후 - 해양인문학에의 시사점 탐색. 인문사회과학연구 20.2, 439-458
[108] 한겨레신문사 (1999). 해양과 문화. 편집부
[109] 한국언론정보학회 (2011), 현대사회와 매스커뮤니케이션, 한울
[110] 한국의 신화 (1964) 장주근, 성문각
[111] 한국해양수산개발원 (2003). 역사와 해양의식 pp.1-254
[112] 한국해양연구소 (1995). 해양개발의 현재와 미래. 편집부
[113] 한국해양학회(2017). 한국해양학회 50년사. 지성사

[114] 한승원 (1992). 작가의 말: 내고향 남쪽바다. 청아출판사

[115] 홍승용 (2019). 해양책략 1. 효민

[116] 홍석준 (2005). 인류학적 관점에서 본 해양문화의 특징과 의미 : '해양문화의 지역체계 만들기'의 사례를 중심으로" 해양문화학 [Journal of Maritime Culture] 창간호 .12. 45-66

[117] 홍순일 (2007). 서해바다 황금갯벌의 구비전승물과 해양정서. 도서문화 30, 287-335

[118] 홍장원 (2017). 해양문화 정책 방향에 관한 연구. 연구보고서, 1-145

[119] 황인철 (2020). 바다의 순환적 생명력에 대한 연구. 국내석사학위논문 단국대학교 대학원

[120] 후지이 키요미츠(2019). 해양개발. 전파과학사

[121] Calza, Gian Carlo (2003). Hokusai. London: Phaidon. ISBN 978-0-7148-4304-9.

[122] Harmanşah, Ömür (ed) (2014), Of Rocks and Water: An Archaeology of Place, 2014, Oxbow Books, ISBN 1-78297-674-4, 9781782976745

[123] Cotterell, Arthur, ed. (2000). World Mythology. Parragon. ISBN 978-0-7525-3037-6

[124] Kim, Jeong-Sik(2009). Proceedings of the Korean Institute of Navigation and Port Research Conference. Korean Institute of Navigation and Port Research, 25-49

[125] Kim, Sam-Kon, and Cheol-Pyo Cha.(2009). A Study on objective and content domains of marine education in the fish and marine high school. Journal of Fisheries and Marine Sciences Education 21.2, 237-246

[126] Kim, Hong-Seop (2013): A Study on the Development and Activation of Marina Port for the Expansion of the Marine Leisure Sports. Journal of Korea Port Economic Association 29.1, 215-245

[127] LEE, Sang-Cheol, and WON Hyo-Heon (2015) A Study on the Level of the Occupational Basic Competencies of Fisheries and Maritime High School Students. Journal of Fisheries and Marine Sciences Education 27.4, 1202-1210

[128] Mack, John (2011). The Sea: A Cultural History. Reaktion Books. ISBN 978-1-86189-809-8

[129] Pak,Sung-Sine.(2011). A study on architectural type and design characteristics of floating architecture. Journal of Navigation and Port Research 35.5 407-414

[130] Pontoppidan, Erich (1839). The Naturalist's Library, Volume 8: The Kraken. W. H. Lizars. pp. 327–336. Archived from the original on 25 March 2021. Retrieved 27 August 2020

[131] Rawson, Jessica (ed). The British Museum Book of Chinese Art, 2007 (2nd edn), British Museum Press, ISBN 978-0-7141-2446-9

[132] Raban, Jonathan (1992). The Oxford Book of the Sea. Oxford University Press. ISBN 978-0-19-214197-2

[133] Russell, F. S.; Yonge, C. M. (1929). "The Seas: Our Knowledge of Life in the Sea and How It is Gained". The Geographical Journal. 73 (6): 571–572

[134] Sickman, Laurence, in: Sickman L. & Soper A., The Art and Architecture of China, Pelican History of Art, 3rd ed 1971, Penguin (now Yale History of Art), LOC 70-125675

[135] Stow, Dorrik (2004). Encyclopedia of the Oceans. Oxford University Press. ISBN 0-19-860687-7

[136] Westerdahl, Christer (1994). "Maritime cultures and ship types: brief comments on the significance of maritime archaeology". International Journal of Nautical Archaeology. 23 (4): 265–270

[137] 미국국립기록보관소 https://www.archives.gov/research
[138] 국립해양문화재연구소 https://www.seamuse.go.kr
[139] 미국국립해양역사학회 https://seahistory.org/
[140] 브리태니카 www.britannica.com
[141] 위키피디아 www.ko.wikipedia.org
[142] 한국민족문화대백과사전 www.encykorea.aks.ac.kr
[143] 해양교육포털 www.ilovesea.or.kr
[144] 미국해양고고학 연구소 https://nauticalarch.org
[145] 현대해양 http://www.hdhy.co.kr
[146] 윌리엄 터너 https://www.william-turner.org
[147] 미국해양 관리국: Maritime Heritage Program https://sanctuaries.noaa.gov

해양문화 산업의 이해 Ⅰ

인쇄발행 2024년 1월 20일 발행
저　　자 김성민 · 윤홍주 · 송성수 · 김은철 · 표중규 · 정한석
발 행 인 송기수
발 행 처 위즈덤플
편 집 처 위즈덤플
표지디자인 디자인붐
인 쇄 처 트윈벨미디어
등록번호 제 2015-000009 호

주　　소 서울 은평구 증산로 15길 69, 2층
전　　화 02-976-7898
팩　　스 02-6468-7898
이 메 일 gsinter7@gmail.com
홈페이지 gsintervision.kr

I S B N 979-11-89342-49-4(94600)
979-11-89342-51-7(세트)

정　　가 30,000원

도서출판 위즈덤플